HOT TOPIK II

HOT 읽기

저자 김순례, 김종숙, 오선화

한글파크

머리말

토픽 II 2차 개정판을 내면서

2014년, TOPIK(한국어능력시험) 개편 이후 새로운 유형의 시험에 대비하기 위해 『핫토픽 II 읽기』를 출간한 지 벌써 11년이라는 시간이 흘렀습니다. 그동안 많은 분의 관심과 성원 덕분에 2019년의 개정판에 이어 2025년에 재개정판을 출간하게 되었습니다. 『핫토픽 II 읽기』를 사랑해 주신 선생님들과 학습자들에게 먼저 진심으로 감사드립니다.

TOPIK II 읽기 영역에서 높은 점수를 얻기 위해서는 다양한 주제의 지문을 접하고 어휘를 꾸준히 익히며 여러 유형의 문제에 익숙해져야 합니다. 이에 기출문제를 분석하여 문제의 유형별, 주제별로 전략을 다르게 한 읽기 시험 대비서인 『핫토픽 II 읽기』를 집필하였습니다.

그러나 출간 이후 시간이 흐르면서 새로운 이슈들은 계속 등장하고 있고 이러한 이슈를 주제로 한 문제들도 시험에 출제되고 있습니다. 읽기 시험을 준비하는 학습자와 교사는 더욱 다양해진 주제의 문제를 준비할 필요가 있습니다. 따라서 시대적 흐름을 반영하여 2차 개정판을 출간하게 되었습니다.

『핫토픽 II 읽기』 2차 개정판은 혼자 시험을 준비하는 학습자들의 이해를 돕기 위해 유형 설명과 문제 해설에 쉬운 어휘를 사용하려고 노력하였습니다. 또한 실제 시험에서 시간 부족으로 문제를 풀지 못하는 상황을 예방하기 위해 각 문제를 푸는 데에 사용해야 하는 시간과 실제 소요 시간을 기록할 수 있게 하였으며, 학습자 스스로 꾸준히 학습할 수 있도록 학습 계획표를 함께 실었습니다.

모쪼록 본 대비서가 TOPIK II 읽기 시험을 준비하는 학습자들에게 조금이나마 도움이 되기를 바라며 이 책의 출간을 흔쾌히 허락해 주신 엄태상 대표님과 이 책이 나오기까지 물심양면으로 도움을 주신 한글파크 편집진 여러분께도 진심으로 감사를 드립니다.

김순례, 김종숙, 오선화

TOPIK Ⅱ 읽기 시험이 궁금해요

 개정된 TOPIK(한국어능력시험) Ⅱ에는 듣기, 쓰기, 읽기만 있는데요, 그럼 읽기 시험을 준비할 때 어휘·문법은 공부하지 않아도 되나요?

 어휘·문법은 듣기, 쓰기, 읽기처럼 시험 과목으로 독립되어 있지 않지만 듣기, 쓰기, 읽기에 이미 다 포함되어 있습니다. 그래서 어휘·문법을 모르고 듣기, 쓰기, 읽기 시험을 잘 치를 수는 없습니다.

 읽기 시험을 볼 때 모르는 어휘가 많아서 힘들어요.

 한국 사람이라고 한국어 어휘를 모두 다 아는 것은 아닙니다. 앞뒤 문맥의 흐름과 문장을 통해 모르는 어휘를 추측해서 이해하는 것이지요. 그러니까 시험을 볼 때 모르는 어휘가 있어도 당황하지 마세요. 그리고 모르는 어휘에만 집중하지 말고 글 전체를 빨리 읽고 무슨 내용인지 추측하고 파악해야 합니다.

 특정 분야의 전문 용어가 나오면 어떡하지요?

 TOPIK에서는 사회, 문화, 과학, 경제, 상식 등 다양한 주제가 읽기 문제로 출제될 수 있습니다. 따라서 다양한 주제의 문장을 많이 읽고 접하는 것이 좋습니다.

 읽기 시험을 볼 때 시간이 부족해요.

 시간이 부족하다면 너무 천천히 읽는 것은 아닌지 생각해 봐야 합니다. 그리고 읽기 문제의 유형이 다양하므로 유형별 문제에 익숙해지는 것이 중요합니다. 또한 연습문제나 모의고사를 풀 때는 꼭 시간을 체크하면서 시간을 단축시키는 연습을 하세요.

이 책의 구성

Part 1 유형편

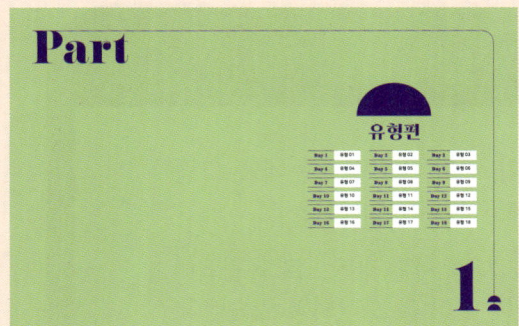

🔍 최신 기출문제를 분석하여 18개의 유형으로 나누고 각 유형별로 '유형 적중 Tip'을 넣어 해당 유형의 문제를 풀기 위해 학습자가 어떻게 공부하고 준비해야 하는지 설명하였다. 또한 해당 문제를 푸는 데 걸리는 시간을 제시하여 시간 배분에 유의하게 했다.

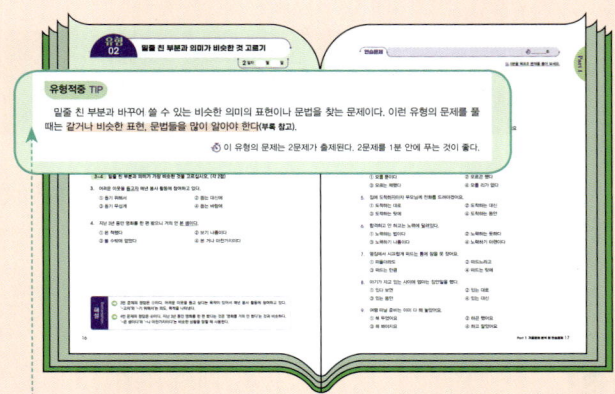

🔍 '유형 적중 Tip'을 활용하여 기출문제를 풀어본 후에는 문제를 맞게 풀었는지 확인할 수 있도록 풀이와 정답을 제시했다. 또한 각 유형에 맞는 연습문제를 함께 수록하여 시험에 대비할 수 있게 했다.

Part 2 주제편

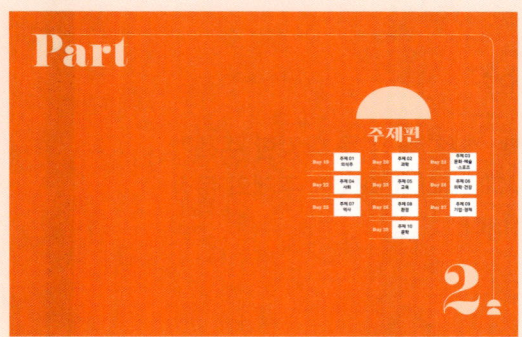

🔍 한국어능력시험 II (읽기) 시험에 출제되었던 텍스트를 분석하여 내용에 따라 10개의 주제로 분류하였다.

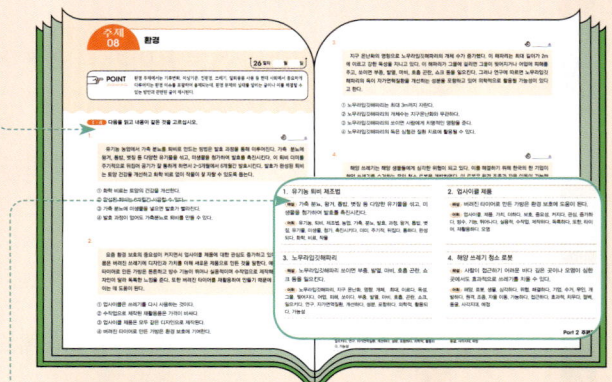

🔍 각 문제의 유형은 읽기 시험에서 가장 많이 출제되는 '내용 파악하기', '괄호 넣기', '주제 찾기'의 세 유형으로 나누었고 하나의 유형을 4개의 문제로 구성하였다.

🔍 각각의 문제를 푸는 데 걸린 시간을 확인할 수 있도록 하였고 혼자 공부하는 학습자들도 이해할 수 있게 해설과 주요 어휘도 함께 제시하였다.

🔍 하나의 주제가 끝날 때마다 주요 어휘를 한데 묶어 영어, 중국어, 일본어, 베트남어로 번역하여 제시함으로써 학습자들의 독해 능력 향상에 도움을 주고자 하였다.

❰ Part 3 모의고사 2회 + 최신 기출문제 ❱

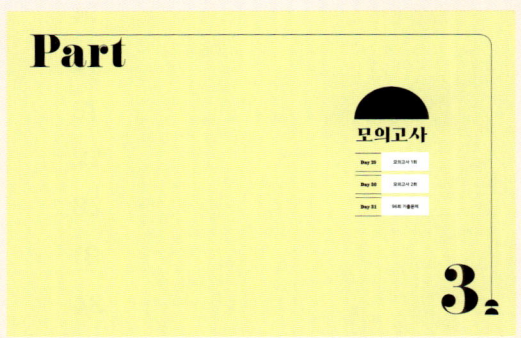

🔍 유형편과 주제편으로 읽기 시험을 준비한 후 자신의 실력이 어느 정도인지 스스로 체크해 볼 수 있도록 2회분의 모의고사와 최신 기출문제를 수록하였다.

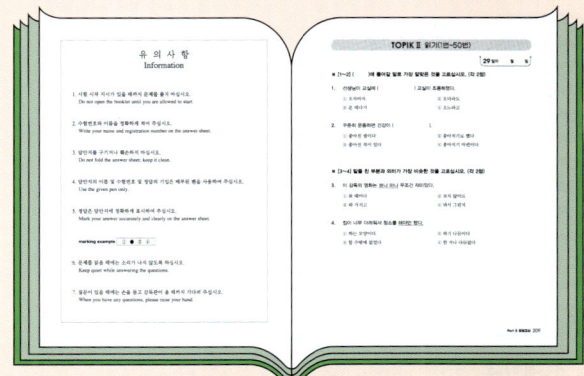

🔍 실제 시험을 치르는 것처럼 시간을 정해서 풀어본다면 자신의 실력이 어느 정도인지 확인해 볼 수 있고, 어떤 부분이 부족한지도 스스로 확인해 볼 수 있을 것이다.

❰ 부록 ❱

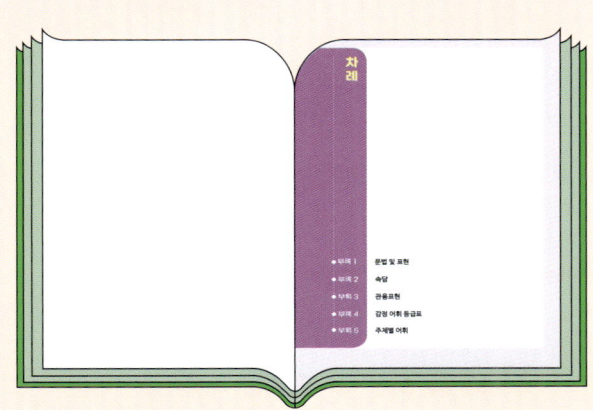

🔍 부록에는 문법 및 표현, 속담, 관용표현, 감정 어휘 등급표, 주제별 어휘(가나다순)를 실었다.

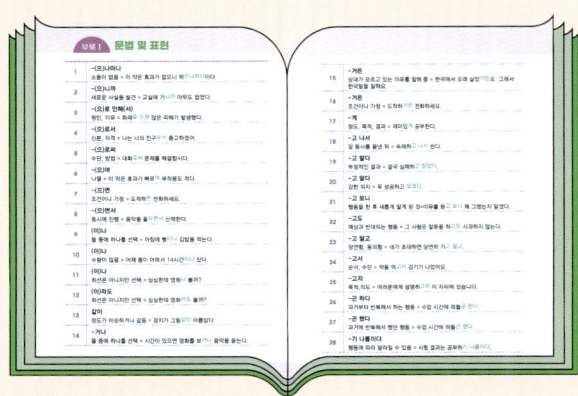

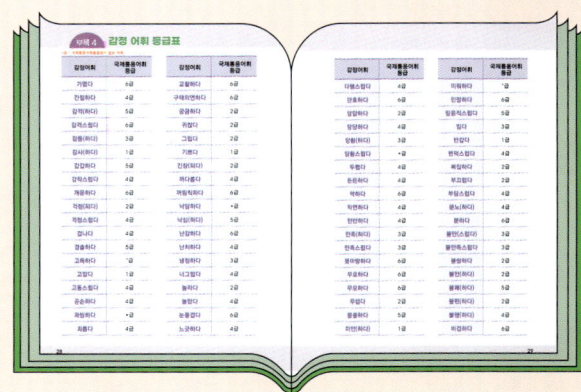

차례

Part 1 유형편

유형 01	빈칸에 들어갈 맞는 문법 고르기	14
유형 02	밑줄 친 부분과 의미가 비슷한 것 고르기	16
유형 03	내용과 관계있는 것 고르기	18
유형 04	글이나 도표의 내용과 같은 것 고르기	22
유형 05	글의 순서 배열하기	28
유형 06	빈칸에 들어갈 알맞은 내용 고르기	31
유형 07	빈칸에 들어갈 어휘 찾기 및 주제 고르기	34
유형 08	빈칸에 들어갈 관용 표현이나 속담 찾기 및 내용과 같은 것 고르기	36
유형 09	밑줄 친 부분에 나타난 인물의 심정 및 본문의 내용과 같은 것 고르기	38
유형 10	가장 잘 설명한 신문 기사 제목 고르기	41
유형 11	빈칸에 들어갈 말로 가장 알맞은 것 고르기	44
유형 12	글의 내용과 같은 것 고르기	48
유형 13	글의 주제로 가장 알맞은 것 고르기	51
유형 14	문장이 들어갈 곳으로 가장 알맞은 것 고르기	55
유형 15	밑줄 친 부분에 나타난 인물의 심정 및 본문의 내용으로 알 수 있는 것 고르기	58
유형 16	빈칸에 들어갈 말과 주제로 가장 알맞은 것 고르기	61
유형 17	필자의 태도로 가장 알맞은 것 고르기 및 내용과 같은 것 고르기	64
유형 18	글의 목적과 빈칸에 들어갈 말로 알맞은 것 고르기 및 내용과 같은 것 고르기	67

Part 2 주제편

주제 01 의·식·주 — 72
1. 한옥 72 2. 부대찌개 72 3. 한복 73 4. 한식 73 5. 김밥 74 6. 갓 74 7. 김장 75
8. 떡 75 9. 집의 형태 76 10. 사찰 음식 76 11. 명당 77 12. 장독대 77

주제 02 과학 — 84
1. 지층 84 2. 태풍 84 3. 잠자리 85 4. 생태계 85 5. 중력 86 6. 지진과 동물 86
7. 자전과 공전 87 8. 철새 87 9. 별빛 88 10. 대류 현상 88 11. 버섯 89 12. 문어 89

주제 03 문화·예술·스포츠 — 86
1. 병역 혜택 96 2. 보령 머드 축제 96 3. 영상물 등급 제도 97 4. 야구 AI 심판 97
5. 골든골 98 6. 기도하는 손 98 7. 수저계급론 99 8. 문화 차이 99 9. 연극 100
10. OTT 서비스 100 11. 만화 예술 101 12. 도레미파솔라시도 101

주제 04 사회 — 108
1. 캥거루족 108 2. 반려동물 동반 식당 108 3. 보행자 신호등 숫자 표시 109 4. 섬머타임 제도 109

5. 성평등 110 **6.** 나이롱 환자 110 **7.** 과대 포장 111 **8.** 님비 현상 111 **9.** 오버 투어리즘 112
10. 위조지폐 112 **11.** 다문화 사회 113 **12.** 암표 113

주제 05 교육 120

1. 숲 치유 프로그램 120 **2.** 문해력 120 **3.** 엘 시스테마 121 **4.** 이음 교육 121 **5.** 진로 교육 122
6. 고령 운전자 운전면허 갱신 교육 122 **7.** 교사 심리 치료 지원 123 **8.** 마약 예방 교육 123
9. 다문화 교육 124 **10.** 인공지능 시대의 교육 124 **11.** 농어촌 지역의 교육 지원 125
12. 학교 폭력 예방 교육(별별캠프) 125

주제 06 의학·건강 134

1. 원격 의료 134 **2.** 도수 치료 134 **3.** 치매 치료제 135 **4.** 심폐 소생술 135 **5.** 시금치 136
6. 아킬레스건 136 **7.** 껌의 효능 137 **8.** 비타민 137 **9.** 레몬수 138 **10.** 인공 혈액 138
11. 바이오 프린팅 139 **12.** 적정 수면 시간 139

주제 07 역사 148

1. 이집트 치약 148 **2.** 직지심체요절 148 **3.** 허난설헌 149 **4.** 로제타석 149 **5.** 동국지도 150
6. 포계와 보리술 150 **7.** 방사성 탄소 연대측정법 151 **8.** 역사 151 **9.** 광해군 152
10. 문화제 복원 152 **11.** 붉은 간 토기 153 **12.** 인간 제물 153

주제 08 환경 162

1. 유기농 퇴비 제조법 162 **2.** 업사이클 제품 162 **3.** 노무라입깃해파리 163
4. 해양 쓰레기 청소 로봇 163 **5.** 푸른바다거북 164 **6.** 친환경 교통수단 164
7. 반달가슴곰 165 **8.** 기후 변화와 이상 기후 165 **9.** 텀블러 사용 166
10. 환경개선부담금 제도 166 **11.** 일회용품 사용 줄이기 167 **12.** 환경 보호 167

주제 09 기업·경제 176

1. 구독 경제 176 **2.** 관세 176 **3.** 비건 라이프 스타일 177 **4.** 청년 중소기업 기피 현상 177
5. 플랫폼 노동 178 **6.** 박리다매 경영 전략 178 **7.** 시장 활성화 방안 179 **8.** 퇴직자 재고용 179
9. 기업 문화 180 **10.** 기업의 성공 전략 180 **11.** 노란우산공제 181 **12.** 인수 합병 181

주제 10 문학 192

1. 박다정, 「아버지의 직업」 192 **3.** 성석제, 「속도광」 193
5. 성석제, 「가짜」 194 **7.** 성석제, 「어느날 자전거가 내 삶 속으로 들어왔다」 195
9. 성석제, 「우리 집 도마는 어디로 갔나」 196 **11.** 이범선, 「오발탄」 197

Part 3 실전 모의고사

부록 단어장

실전 모의고사 1회 207
실전 모의고사 2회 231
96회 기출문제 255

한국어 능력시험(TOPIK) 안내

한국어능력시험의 목적
- 한국어를 모국어로 하지 않는 재외동포 · 외국인의 한국어 학습 방향 제시 및 한국어 보급 확대
- 한국어 사용 능력을 측정 · 평가하여 그 결과를 국내 대학 유학 및 취업 등에 활용

응시 대상
한국어를 모국어로 하지 않는 재외동포 및 외국인으로서
- 한국어 학습자 및 국내 대학 유학 희망자
- 국내 · 외 한국 기업체 및 공공기관 취업 희망자
- 외국 학교에 재학중이거나 졸업한 재외국민

주관기관
교육부 국립국제교육원

시험의 수준 및 등급
- 시험수준: TOPIK I, TOPIK II
- 평가등급: 6개 등급(1~6급)

TOPIK I		TOPIK II			
1급	2급	3급	4급	5급	6급
80점 이상	140점 이상	120점 이상	150점 이상	190점 이상	230점 이상

시험 시간

구분	교시	영역	시간
TOPIK I	1교시	듣기/읽기	100분
TOPIK II	1교시	듣기/쓰기	110분
	2교시	읽기	70분

문항구성
❶ 수준별 구성

시험 수준	교시	영역/시간	유형	문항수	배점	배점총계
TOPIK I	1교시	듣기(40분)	객관식	30	100	200
		읽기(60분)	객관식	40	100	
TOPIK II	1교시	듣기(60분)	객관식	50	100	300
		쓰기(50분)	주관식	4	100	
	2교시	읽기(70분)	객관식	50	100	

❷ 문제유형
① 선택형 문항(4지선다형)
② 서답형 문항(쓰기 영역)
- 문장완성형(단답형): 2문항
- 작문형 : 2문항
  - 200~300자 정도의 중급 수준 설명문 1문항
  - 600~700자 정도의 고급 수준 논술문 1문항

문제지의 종류

종류	A형	B형
시행지역	미주, 유럽, 아프리카, 오세아니아	아시아
시행요일	토요일	일요일

토픽 읽기 시험 내용

　토픽 Ⅱ의 '읽기' 영역은 주어진 글을 읽고 문제를 푸는 것으로 다양한 형식의 문제가 제시된다. 어휘·문법 관련 표현 고르기, 밑줄 친 부분과 의미가 비슷한 것 고르기, 글의 내용을 보고 주제 찾기, 도표 분석하기, 문맥에 따른 글 순서 고르기, 문맥에 알맞은 말 고르기, 적절한 위치에 문장 넣기, 글과 일치하는 내용 고르기 등과 같은 다양한 유형의 문제가 출제된다. 그리고 한 지문을 통해 2~3개의 문제를 제시하기도 한다. 글의 주제로는 사회, 환경, 문화, 과학, 교육, 경제, 문학 등 다양한 분야의 글이 출제되는 편이다.

　다양한 주제가 다양한 유형의 문제로 출제되지만 문제를 푸는 데 포인트가 되는 것은 바로 제시된 글의 핵심을 파악하는 것이다. 글의 내용이 무엇인지 파악한다면 어떤 형식의 문제라도 어렵지 않게 풀 수 있다. 따라서 '읽기' 영역을 공부하기 위해서는 최대한 많은 글을 접하고 그 글에서 말하고자 하는 바가 무엇인지 찾아보는 것이 중요하다고 할 수 있다. 그리고 문제에서 '무엇을 묻고자 하는지'를 파악하는 것도 중요하다. 또한 70분 동안 50문제를 풀어야 하기 때문에 읽기 연습을 많이 하지 않은 수험생들에게는 시간이 부족하게 느껴질 수도 있다. 그러므로 틈틈이 짧은 글이라도 많은 글을 읽으면서 어휘와 문법 공부도 병행하며 읽기 능력을 향상시킬 수 있어야 '읽기' 영역에서 높은 점수를 얻을 수 있다.

한국어 능력시험(TOPIK) 안내

등급별 평가 기준

시험수준	등급	평가 기준
TOPIK Ⅰ	1급	- 자기 소개하기, 물건 사기, 음식 주문하기 등 생존에 필요한 기초적인 언어 기능을 수행할 수 있으며 자기 자신, 가족, 취미, 날씨 등 매우 사적이고 친숙한 화제에 관련된 내용을 이해하고 표현할 수 있다. - 약 800개의 기초 어휘와 기본 문법에 대한 이해를 바탕으로 간단한 문장을 생성할 수 있다. 또한 간단한 생활문과 실용문을 이해하고, 구성할 수 있다.
TOPIK Ⅰ	2급	- 전화하기, 부탁하기 등의 일상생활에 필요한 기능과 우체국, 은행 등의 공공시설 이용에 필요한 기능을 수행할 수 있다. - 약1,500~2,000개의 어휘를 이용하여 사적이고 친숙한 화제에 관해 문단 단위로 이해하고 사용할 수 있다. - 공식적 상황과 비공식적 상황에서의 언어를 구분해 사용할 수 있다.
TOPIK Ⅱ	3급	- 일상생활을 영위하는 데 별 어려움을 느끼지 않으며, 다양한 공공시설의 이용과 사회적 관계 유지에 필요한 기초적 언어 기능을 수행할 수 있다. - 친숙하고 구체적인 소재는 물론, 자신에게 친숙한 사회적 소재를 문단 단위로 표현하거나 이해할 수 있다. - 문어와 구어의 기본적인 특성을 구분해서 이해하고 사용할 수 있다.
TOPIK Ⅱ	4급	- 공공시설 이용과 사회적 관계 유지에 필요한 언어 기능을 수행할 수 있으며, 일반적인 업무 수행에 필요한 기능을 어느 정도 수행할 수 있다. - '뉴스, 신문 기사' 중 평이한 내용을 이해할 수 있다. 일반적인 사회적·추상적 소재를 비교적 정확하고 유창하게 이해하고, 사용할 수 있다. - 자주 사용되는 관용적 표현과 대표적인 한국 문화에 대한 이해를 바탕으로 사회·문화적인 내용을 이해하고 사용할 수 있다.
TOPIK Ⅱ	5급	- 전문 분야에서의 연구나 업무 수행에 필요한 언어 기능을 어느 정도 수행할 수 있다. - '정치, 경제, 사회, 문화' 전반에 걸쳐 친숙하지 않은 소재에 관해서도 이해하고 사용할 수 있다. - 공식적, 비공식적 맥락과 구어적, 문어적 맥락에 따라 언어를 적절히 구분해 사용할 수 있다.
TOPIK Ⅱ	6급	- 전문 분야에서의 연구나 업무 수행에 필요한 언어 기능을 비교적 정확하고 유창하게 수행할 수 있다. - '정치, 경제, 사회, 문화' 전반에 걸쳐 친숙하지 않은 주제에 관해서도 이용하고 사용할 수 있다. - 원어민 화자의 수준에는 이르지 못하나 기능 수행이나 의미 표현에는 어려움을 겪지 않는다.

	차수	학습일	학습시간	해야 할 일	결과 ☺ 😐 ☹
유형편	1 일차	월 일		빈칸에 들어갈 맞는 문법 고르기	☺ 😐 ☹
	2 일차	월 일		밑줄 친 부분과 의미가 비슷한 것 고르기	☺ 😐 ☹
	3 일차	월 일		내용과 관계있는 것 고르기	☺ 😐 ☹
	4 일차	월 일		글이나 도표의 내용과 같은 것 고르기	☺ 😐 ☹
	5 일차	월 일		글의 순서 배열하기	☺ 😐 ☹
	6 일차	월 일		빈칸에 들어갈 알맞은 내용 고르기	☺ 😐 ☹
	7 일차	월 일		빈칸에 들어갈 어휘 찾기 및 주제 고르기	☺ 😐 ☹
	8 일차	월 일		빈칸에 들어갈 관용 표현이나 속담 찾기 및 내용과 같은 것 고르기	☺ 😐 ☹
	9 일차	월 일		밑줄 친 부분에 나타난 인물의 심정 및 본문의 내용과 같은 것 고르기	☺ 😐 ☹
	10 일차	월 일		가장 잘 설명한 신문 기사 제목 고르기	☺ 😐 ☹
	11 일차	월 일		빈칸에 들어갈 말로 가장 알맞은 것 고르기	☺ 😐 ☹
	12 일차	월 일		글의 내용과 같은 것 고르기	☺ 😐 ☹
	13 일차	월 일		글의 주제로 가장 알맞은 것 고르기	☺ 😐 ☹
	14 일차	월 일		문장이 들어갈 곳으로 가장 알맞은 것 고르기	☺ 😐 ☹
	15 일차	월 일		밑줄 친 부분에 나타난 인물의 심정 및 본문의 내용으로 알 수 있는 것 고르기	☺ 😐 ☹
	16 일차	월 일		빈칸에 들어갈 말과 주제로 가장 알맞은 것 고르기	☺ 😐 ☹
	17 일차	월 일		필자의 태도로 가장 알맞은 것 고르기 및 내용과 같은 것 고르기	☺ 😐 ☹
	18 일차	월 일		글의 목적과 빈칸에 들어갈 말로 알맞은 것 고르기 및 내용과 같은 것 고르기	☺ 😐 ☹
주제편	19 일차	월 일		의식주	☺ 😐 ☹
	20 일차	월 일		과학	☺ 😐 ☹
	21 일차	월 일		문화 · 예술 · 스포츠	☺ 😐 ☹
	22 일차	월 일		사회	☺ 😐 ☹
	23 일차	월 일		교육	☺ 😐 ☹
	24 일차	월 일		의학 · 건강	☺ 😐 ☹
	25 일차	월 일		역사	☺ 😐 ☹
	26 일차	월 일		환경	☺ 😐 ☹
	27 일차	월 일		기업 · 경제	☺ 😐 ☹
	28 일차	월 일		문학	☺ 😐 ☹
모의고사	29 일차	월 일		모의고사 1회	☺ 😐 ☹
	30 일차	월 일		모의고사 2회	☺ 😐 ☹
기출문제	31 일차	월 일		96회 기출문제	☺ 😐 ☹

Part

유형편

Day 1	유형 01	Day 2	유형 02	Day 3	유형 03
Day 4	유형 04	Day 5	유형 05	Day 6	유형 06
Day 7	유형 07	Day 8	유형 08	Day 9	유형 09
Day 10	유형 10	Day 11	유형 11	Day 12	유형 12
Day 13	유형 13	Day 14	유형 14	Day 15	유형 15
Day 16	유형 16	Day 17	유형 17	Day 18	유형 18

유형 01 빈칸에 들어갈 맞는 문법 고르기

1 일차 　월　 일

유형 소개
빈칸에 들어갈 알맞은 문법을 고르는 문제이다.

유형적중 TIP
빈칸 앞, 뒤를 중심으로 문장을 읽고 어울리는 문법과 표현을 선택해야 한다. 이 유형은 중급 수준의 문제가 출제되므로 중급 문법을 공부해 두어야 한다(**부록 참고**).

⏱ 이 유형의 문제는 2문제가 출제된다. 2문제를 1분 안에 푸는 것이 좋다.

91회 기출문제

1~2 (　　)에 들어갈 말로 가장 알맞은 것을 고르십시오. (각 2점)

1. 나는 오래전에 설악산을 (　　　　).

　① 등산하고 싶다　　　　　② 등산해도 된다
　③ 등산할 것 같다　　　　　④ 등산한 적이 있다

2. 새집으로 (　　　　) 가구를 새로 샀다.

　① 이사한 지　　　　　　② 이사하거든
　③ 이사하려면　　　　　　④ 이사하고 나서

해설 Explanation

➡ 1번 문제의 정답은 ④이다. '-은/ㄴ 적이 있다'는 경험을 나타낸다. 빈칸 앞 '오래전에'는 과거의 일이므로 ④가 정답이다.

➡ 2번 문제의 정답은 ④이다. '-고 나서'는 순서를 나타낸다. 새집으로 먼저 이사를 하고 그다음에 가구를 사야 한다. 그래서 ④가 정답이다.

연습문제

⏱ _____ 초

⏳ 5분을 목표로 문제를 풀어 보세요.

1~10 ( )에 들어갈 가장 알맞은 것을 고르십시오.

1. 아침에는 날씨가 ( ) 이제는 비가 온다.
   ① 맑아야 ② 맑도록 ③ 맑더니 ④ 맑든지

2. 미국에 출장을 ( ) 친구를 만나려고 한다.
   ① 가는 김에 ② 가는 탓에 ③ 가는 채로 ④ 가는 반면

3. 시험공부를 해야 하는데 졸려서 잠을 ( ).
   ① 자고 말았다 ② 자는 법이다 ③ 자는 척했다 ④ 자려던 참이다

4. 어제 그 영화를 봤는데 아주 ( ).
   ① 볼 뻔했다 ② 볼 만했다 ③ 볼 걸 그랬다 ④ 본 적이 있다

5. 휴대폰을 ( ) 내려야 할 정류장을 지나쳤다.
   ① 보든지 ② 보다가 ③ 보려면 ④ 보고서

6. 부모가 아이를 보며 ( ) 선생님도 우리를 보며 기뻐하셨다.
   ① 기뻐할지
   ② 기뻐하면서
   ③ 기뻐하다가
   ④ 기뻐하듯이

7. 사무실에 아무도 없는 걸 보니 점심을 먹으러 ( ).
   ① 가 버렸어요
   ② 가곤 했어요
   ③ 간 모양이에요
   ④ 가는 척했어요

8. 그 식당은 빨리 가지 않으면 자리가 ( ).
   ① 없을 뻔했다
   ② 없을 모양이다
   ③ 없을 리가 없다
   ④ 없을지도 모른다

9. 유명한 요리사가 ( ) 음식이 맛있어 보인다.
   ① 만드는 바람에
   ② 만들기가 무섭게
   ③ 만들어서 그런지
   ④ 만들 뿐만 아니라

10. 어려운 문제도 반복해서 풀다 보면 ( ).
    ① 풀린 셈이다
    ② 풀리기로 했다
    ③ 풀릴 리가 없다
    ④ 풀리기 마련이다

유형 02 밑줄 친 부분과 의미가 비슷한 것 고르기

2일차   월   일

유형 소개

밑줄 친 것과 의미가 비슷한 표현을 찾는 문제이다.

유형적중 TIP

밑줄 친 부분과 바꾸어 쓸 수 있는 비슷한 의미의 표현이나 문법을 찾는 문제이다. 이런 유형의 문제를 풀 때는 같거나 비슷한 표현, 문법들을 많이 알아야 한다(부록 참고).

⏱ 이 유형의 문제는 2문제가 출제된다. 2문제를 1분 안에 푸는 것이 좋다.

91회 기출문제

3~4 밑줄 친 부분과 의미가 가장 비슷한 것을 고르십시오. (각 2점)

3. 어려운 이웃을 <u>돕고자</u> 매년 봉사 활동에 참여하고 있다.

① 돕기 위해서   ② 돕는 대신에
③ 돕기 무섭게   ④ 돕는 바람에

4. 지난 3년 동안 영화를 한 편 봤으니 거의 안 <u>본 셈이다</u>.

① 본 척했다   ② 보기 나름이다
③ 볼 수밖에 없었다   ④ 본 거나 마찬가지이다

Explanation 해설

→ 3번 문제의 정답은 ①이다. 어려운 이웃을 돕고 싶다는 목적이 있어서 매년 봉사 활동에 참여하고 있다. '-고자'와 '-기 위해서'는 의도, 목적을 나타낸다.

→ 4번 문제의 정답은 ④이다. 지난 3년 동안 영화를 한 편 봤다는 것은 '영화를 거의 안 봤다'는 것과 비슷하다. '-은 셈이다'와 '-나 마찬가지이다'는 비슷한 상황을 말할 때 사용한다.

연습문제

_____초

5분을 목표로 문제를 풀어 보세요.

1~9 밑줄 친 부분과 의미가 가장 비슷한 것을 고르십시오.

1. 내 동생은 노래를 <u>잘하는 데다가</u> 춤도 잘 춘다.
   ① 잘한다기보다는
   ② 잘하는 게 아니라
   ③ 잘하기는 하는데
   ④ 잘할 뿐만 아니라

2. 오랜 기간 열심히 공부했으니까 이번 시험에서 <u>합격할지도 몰라요</u>.
   ① 합격하기 마련이에요
   ② 합격할 수도 있어요
   ③ 합격할 수밖에 없어요
   ④ 합격하지 않으면 안 돼요

3. 늦잠을 <u>자는 바람에</u> 수업 시간에 지각을 했다.
   ① 자는 동안
   ② 잤기 때문에
   ③ 자는 반면에
   ④ 자기가 무섭게

4. 동창회에 가서 친구를 만났는데 너무 어색해서 <u>모르는 척했다</u>.
   ① 모를 뿐이다
   ② 모르곤 했다
   ③ 모르는 체했다
   ④ 모를 리가 없다

5. 집에 <u>도착하자마자</u> 부모님께 전화를 드려야겠어요.
   ① 도착하는 대로
   ② 도착하는 대신
   ③ 도착하는 탓에
   ④ 도착하는 동안

6. 합격하고 안 하고는 <u>노력에 달려있다</u>.
   ① 노력하는 법이다
   ② 노력하는 듯하다
   ③ 노력하기 나름이다
   ④ 노력하기 마련이다

7. 옆집에서 시끄럽게 <u>떠드는 통에</u> 잠을 못 잤어요.
   ① 떠들더라도
   ② 떠드느라고
   ③ 떠드는 만큼
   ④ 떠드는 탓에

8. 아기가 자고 <u>있는 사이에</u> 엄마는 집안일을 했다.
   ① 있다 보면
   ② 있는 대로
   ③ 있는 동안
   ④ 있는 대신

9. 여행 떠날 준비는 이미 다 <u>해 놓았어요</u>.
   ① 해 두었어요
   ② 하곤 했어요
   ③ 해 봐야지요
   ④ 하고 말았어요

유형 03 내용과 관계있는 것 고르기

3일차 월 일

유형 소개
글을 읽고 무엇에 대한 것인지 고르는 문제이다.

유형적중 TIP
이런 유형의 문제를 풀 때는 선택지를 먼저 본 후에 제시글 안에서 힌트가 될 만한 2~3개의 어휘를 찾아 이와 가장 관계있는 선택지를 고르면 된다. 첫 번째 문제는 무슨 물건인지, 두 번째 문제는 어디인지, 세 번째 문제는 캠페인, 표어 등 공익 관련, 네 번째 문제는 안내, 설명, 주의 사항, 사용 방법 등과 관계있는 문제이다.

⏱ 이 유형의 문제는 4문제가 출제된다. 2문제를 1분 안에 푸는 것이 좋다.

91회 기출문제

5~8 다음은 무엇에 대한 글인지 고르십시오. (각 2점)

5.

> 입속 치아 사이사이를 깨끗이!
> **부드럽게 잘 닦여요~**

① 비누　　② 칫솔　　③ 안경　　④ 수건

6.

> 아이들의 예쁜 **꿈**과 **희망**을 키워 주는 곳
> **부모의 마음으로 보살핍니다.**

① 은행　　② 서점　　③ 유치원　　④ 우체국

7.

계단으로 다니기! 하루 30분 운동하기!
우리 몸을 위해 실천하세요.

① 건강 관리　　② 안전 운전　　③ 전화 예절　　④ 절약 습관

8.

· 공연장 내에서는 사진 촬영을 금지합니다.
· 휴대 전화는 전원을 끄거나 진동으로 해 주십시오.

① 관람 규칙　　② 제품 소개　　③ 사용 방법　　④ 예약 문의

해설 / Explanation

- 5번 문제의 정답은 ②이다. '입속 치아', '깨끗이', '닦여요'라는 말에서 칫솔인 것을 알 수 있다.
- 6번 문제의 정답은 ③이다. '아이', '보살핍니다'라는 말에서 유치원인 것을 알 수 있다.
- 7번 문제의 정답은 ①이다. '운동하기', '우리 몸'이라는 말에서 건강 관리인 것을 알 수 있다.
- 8번 문제의 정답은 ①이다. '사진 촬영 금지', '휴대 전화 전원 끄기'는 공연장에서 관람할 때 지켜야 할 규칙이다.

연습문제　　　　　　　　　　　　　　　　　　　　　　　　　　　⏱ _____ 초

 4분을 목표로 문제를 풀어 보세요.

5~8 다음은 무엇에 대한 글인지 고르십시오.

5-1.

> 신혼 가구 필수품!
> 비 오는 날에도 빨래는 뽀송뽀송

① 청소기　　② 세탁기　　③ 건조기　　④ 냉장고

5-2.

> 목이 편안해야 잠이 솔솔~
> 편안한 잠자리를 경험해 보세요.

① 소파　　② 침대　　③ 이불　　④ 베개

6-1.

> 안전하게 집 앞까지
> 당신의 마음을 소중한 그분께 보내드립니다!

① 편의점　　② 우체국　　③ 경찰서　　④ 세탁소

6-2.

> 역사의 현장을 느낄 수 있습니다.
> 과거로 시간 여행을 떠나보세요.

① 도서관　　② 방송국　　③ 박물관　　④ 여행사

7-1.

이웃을 돕는 작은 시간이 큰 변화를 만듭니다.
당신의 재능으로 더 나은 사회를 만들어 보세요.

① 봉사 활동　　② 직업 선택　　③ 생활 예절　　④ 재능 교육

7-2.

일단 멈추고 속도는 천천히!
어린이를 보호해 주세요!

① 교통 안전　　② 안전 관리　　③ 아이 교육　　④ 환경 보호

8-1.

 습기가 많은 곳은 피하세요.　　 새것은 새것끼리 함께 담아 두세요.

① 사용 순서　　② 교환 안내　　③ 제품 소개　　④ 보관 방법

8-2.

설날 연휴는 휴진입니다. 병원 이용에 착오 없으시기 바랍니다.

1월 1일 ~ 1월 3일 : 휴진,　　1월 4일부터 : 정상 진료

① 병원 홍보　　② 휴무 안내　　③ 근무 시간　　④ 명절 소개

유형 04 글이나 도표의 내용과 같은 것 고르기

4일차 　월　　일

유형 소개

글이나 도표의 내용과 같은 것을 고르는 문제이다.

유형적중 TIP

첫 번째 문제는 안내문, 두 번째 문제는 도표, 세 번째와 네 번째 문제는 행사 소개, 건강 정보, 미담, 사건 사고 등 신문에 실릴 만한 소식이나 정보를 내용으로 하는 문장 형식의 문제이다.

안내문과 도표는 먼저 제목을 읽고 무엇에 대한 내용인지 확인한 후, 선택지를 순서대로 보고 안내문, 도표의 내용과 같은 것을 찾아야 한다. 선택지 ①~④번 중 같은 내용과 그렇지 않은 내용이 무엇인지 표시하는 것도 좋은 방법이다.

문장 형식의 문제를 풀 때는 먼저 문제의 지문을 읽고 내용이 같은 선택지를 골라야 한다. 이때 중요하다고 생각되는 부분에 밑줄을 치면 좋다. 이렇게 하면 정답을 고를 때 전체 지문을 다시 읽지 않아도 되므로 빨리 답을 찾을 수 있다.

안내문과 도표 문제는 행사나 모집 안내문에 자주 사용되는 어휘를 알면 쉽게 풀 수 있다. 문장 형식으로 출제되는 문제는 주제가 다양하므로 평소에 여러 분야의 글을 읽고 이것에 대한 배경지식을 가질 수 있어야 한다.

🕐 이 유형의 문제는 4문제가 출제된다. 각 문제를 1분 안에 푸는 것이 좋다.

91회 기출문제

9~12 다음 글 또는 그래프의 내용과 같은 것을 고르십시오. (각 2점)

9.

인주시 야경 관광버스 운행 안내

⭐ 10월의 아름다운 밤을 즐겨 보세요.

관광 장소: 인주역 광장 → 출발 인주산 전망대 → 별빛공원
출발 시간: 매일 18:00
이용 요금: 성인 10,000원 / 학생 5,000원(7세 이하 무료)
예약 방법: 출발 하루 전까지 홈페이지(www.inju-tour.com)에서 신청

① 성인과 학생의 버스 요금이 같다.
② 이 버스는 별빛공원에서 출발한다.
③ 매일 오전에 이 버스를 탈 수 있다.
④ 이 버스를 타려면 미리 신청해야 한다.

10.

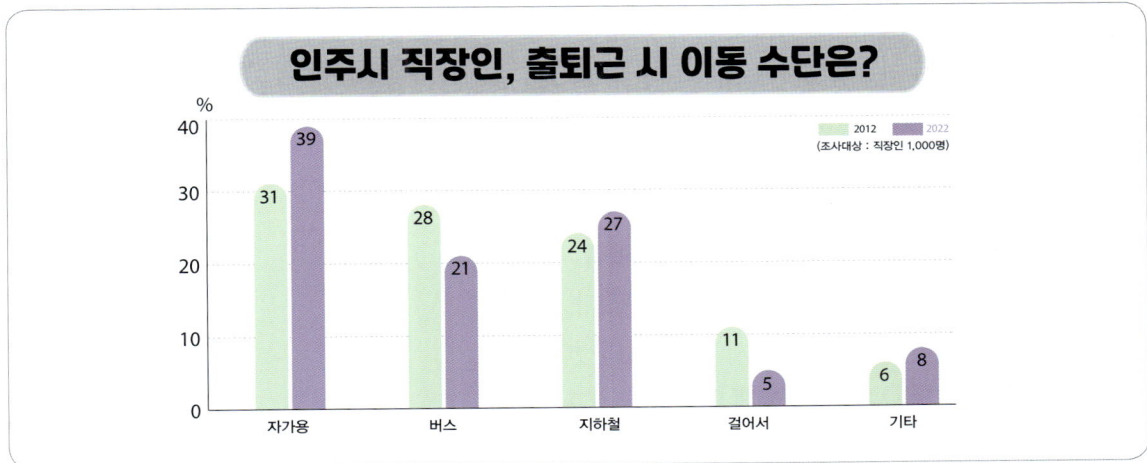

① 자가용으로 출퇴근한다고 응답한 직장인들의 비율이 줄었다.
② 걸어서 출퇴근하는 직장인은 2012년보다 2022년이 더 적었다.
③ 2022년에는 지하철을 타고 출퇴근하는 직장인이 가장 많았다.
④ 2012년에 직장인들은 출퇴근할 때 버스를 제일 많이 이용했다.

11.

인주시가 작년에 이어 올해도 10월 한 달간 '찾아가는 자전거 수리 센터'를 운영한다. 평일에는 여러 지역을 직접 방문해 고쳐 주고 주말에는 인주공원에서 수리 서비스를 제공한다. 전문 수리 기사가 자전거를 무료로 고쳐 주고 부품 교체가 필요한 경우에는 저렴한 가격으로 바꿔 준다. 시는 시민들의 자전거 타기 생활화를 위해 이 수리 센터를 운영하는 것이라고 밝혔다.

① 이 서비스는 일 년 내내 운영된다.
② 올해 처음으로 이 센터가 운영되기 시작했다.
③ 주말에는 인주공원에서 수리를 받을 수 있다.
④ 이 수리 센터에서는 무료로 부품을 교체해 준다.

12.

> 피자 가게를 운영하는 김민수 씨의 사연이 잔잔한 감동을 주고 있다. 최근 김 씨는 피자를 배달하러 가다가 오토바이가 빗길에 미끄러지는 사고를 당했다. 다행히 사람이 다치는 피해는 없었지만 피자가 망가져서 배달에 문제가 생겼다. 배달이 늦어지는 것에 대해 김 씨가 고객에게 연락하자 고객은 "천천히 오셔도 돼요. 몸은 괜찮나요?"라며 따뜻한 말부터 전했다고 한다.

① 고객은 주문한 피자를 취소하겠다고 말했다.
② 사고가 생겨서 배달 중이던 피자가 망가졌다.
③ 오토바이가 빗길에 미끄러져서 김 씨가 다쳤다.
④ 김 씨는 피자를 시킨 고객에게 연락하다 사고가 났다.

Explanation 해설

- 9번 문제의 정답은 ④이다. 이 버스를 타려면 출발 하루 전까지 홈페이지에서 신청해야 한다.
- 10번 문제의 정답은 ②이다. 걸어서 출퇴근하는 직장인은 2012년에 11%이고 2022년에 5%이다. 그래서 2022년이 더 적다.
- 11번 문제의 정답은 ③이다. 주말에는 인주공원에서 수리 서비스를 제공하기 때문에 주말에 인주공원에서 수리를 받을 수 있다.
- 12번 문제의 정답은 ②이다. 피자를 배달하던 김 씨의 오토바이가 빗길에 미끄러지는 사고가 났다. 그래서 피자가 망가졌다.

연습문제

⏱ _____ 초

⏳ 6분을 목표로 문제를 풀어 보세요.

9~12 다음 글 또는 그래프의 내용과 같은 것을 고르십시오.

9-1.

제 22회 인주 고등학교 동문회

❖ **일시**: 2025년 11월 14일(금) 오후 18:30
❖ **참가 자격**: 인주 고등학교 졸업생과 가족
❖ **행사 문의**: 010-4321-7321 김윤성 / kys7321@han.co.kr
❖ **장소**: 하나로 호텔
❖ **후원 계좌**: 한국은행 100-1020-19513

※ 행사 참가자 전원에게 기념품을 드립니다. 행운권 추첨도 있습니다.

① 누구나 이 행사에 참여할 수 있다.
② 이 행사에 참석하려면 돈을 내야 한다.
③ 이 행사에 가면 행운권을 받을 수 있다.
④ 궁금한 것은 홈페이지에서 물어볼 수 있다.

9-2.

인주 일보에서 함께합시다.

- 채용 분야: 취재기자 0명
- 지원 자격: 4년제 대학 졸업자, 인터넷 신문사 경력 3년 이상, 영어 능통자 우대
- 접수 기간: 2025. 8. 2(화) ~ 8. 5(금)
- 제출 서류: 이력서, 자기소개서, 경력증명서
- 제출처: 인주시 중앙동 17 인주빌딩 6층 인사과

① 영어를 잘하는 사람만 지원할 수 있다.
② 서류는 8월 2일(화)까지 제출해야 한다.
③ 기자로 일한 적이 없으면 지원할 수 없다.
④ 인주 일보에서는 취재기자를 채용하지 않는다.

10-1.

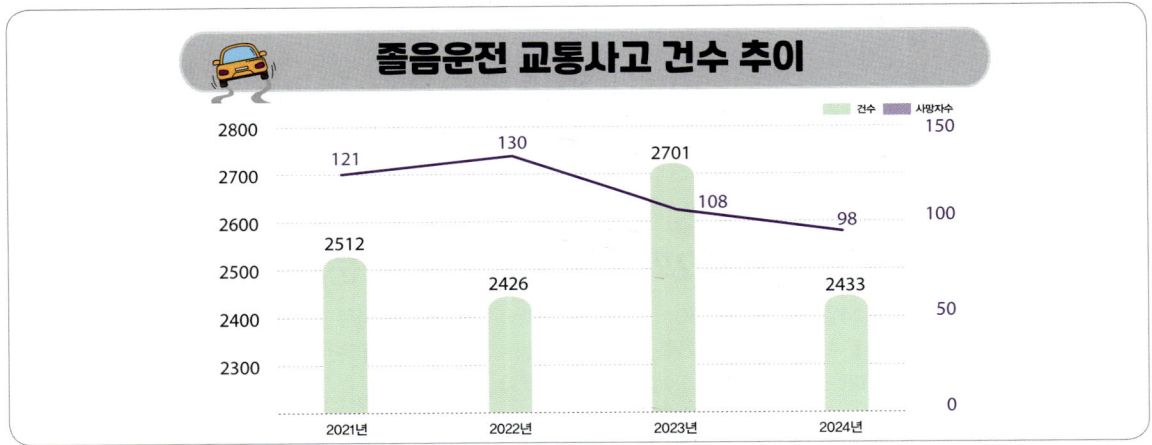

① 2023년에 교통사고 사망자 수가 가장 많다.
② 교통사고 사망자 수가 꾸준히 감소하고 있다.
③ 2022년보다 2023년 교통사고 건수가 더 많다.
④ 졸음운전 교통사고 건수는 2024년에 가장 적다.

10-2.

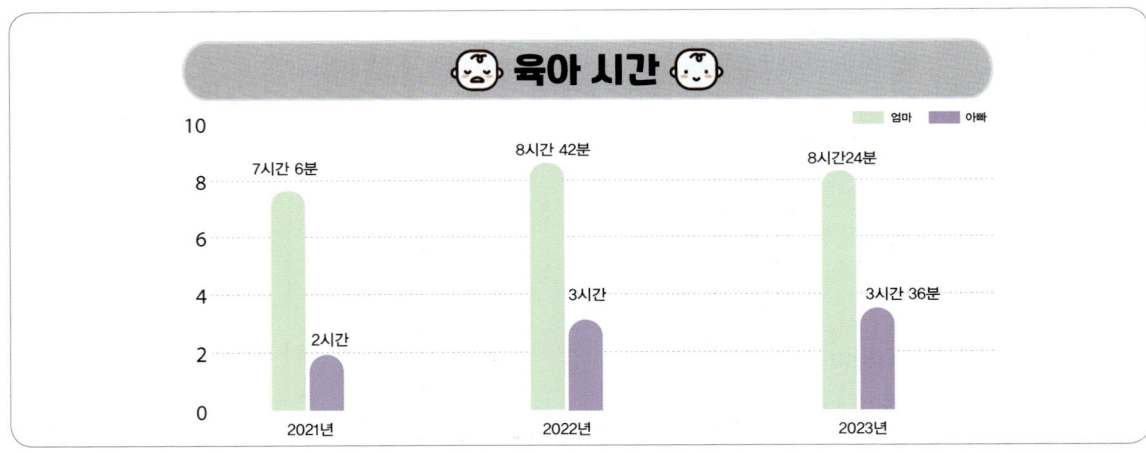

① 아빠의 육아 시간은 계속 증가하고 있다.
② 2023년에 아빠의 육아 시간이 가장 적다.
③ 엄마의 육아 시간은 꾸준히 감소하고 있다.
④ 2022년과 2023년 엄마의 육아 시간은 같다.

11.

> 인주 대학교는 학교 교직원과 학생들의 건강을 위해 학교 내에 건강 숲길을 새롭게 조성했다. 숲길에는 쉬고 싶을 때 언제든지 쉴 수 있도록 일정 간격으로 의자를 배치했고 일부 구간에는 맨발 걷기 산책로도 만들었다. 교직원과 학생들은 점심 식사 후나 수업이 없는 공강 시간에 숲길을 걸으면 스트레스가 풀리고 힐링도 되는 것 같아서 숲길을 자주 찾게 된다고 했다.

① 인주 대학교 학생들은 건강 숲길에서 수업한다.
② 학교 교직원과 학생들의 요구로 숲길을 만들었다.
③ 숲길에 의자를 배치하여 식사할 수 있도록 하였다.
④ 인주 대학교에는 신발을 벗고 걷는 산책길이 있다.

12.

> 설날에 떡국을 만들고 남은 가래떡은 보통 적당한 크기로 썰어서 냉동실에 보관한다. 그런데 냉동된 가래떡은 딱딱하고 서로 붙어 쉽게 떨어지지 않아 다시 요리하기가 불편하다. 이럴 때 쉽게 해동하는 방법이 있다. 그릇에 떡을 넣고 뜨거운 물을 떡이 잠길 정도로 붓는 것이다. 이렇게 하면 20분 후에 방앗간에서 갓 나온 것 같은 말랑말랑한 떡을 먹을 수 있다.

① 냉동된 가래떡을 해동하는 것은 쉽지 않다.
② 뜨거운 물을 이용하면 떡을 해동할 수 있다.
③ 설날에는 냉동된 가래떡으로 떡국을 만든다.
④ 가래떡을 20분 동안 끓이면 말랑말랑해진다.

유형 05 글의 순서 배열하기

5일차 　월　　일

유형 소개
글을 순서에 맞게 배열한 것을 고르는 문제이다.

유형적중 TIP
1. 선택지를 보고 '(가)~(라)'항 중 먼저 시작되는 두 개의 항을 찾는다.
2. 두 항의 문장을 비교하여 앞에 놓일 항을 고른다. 이때 첫 문장 앞에 놓일 수 없는 어휘가 있는지 본다. '그러나', '따라서', '또한', '이', '그'처럼 앞 문장을 연결하거나 지시하는 어휘가 있으면 앞에 놓일 수 없다.
3. 보통 앞 문장에서는 포괄적인 내용이나 사실이 오고 뒤의 문장에서는 구체적인 것, 앞의 예, 보충, 이유, 근거 등이 온다.
4. 논리적 순서나 시간 순서에 맞게 배열된 것을 고른다.

⏱ 이 유형의 문제는 3문제가 출제된다. 각 문제를 1분 안에 푸는 것이 좋다.

91회 기출문제

13~15 다음을 순서에 맞게 배열한 것을 고르십시오. (각 2점)

13.

> (가) 짧게는 하루, 길게는 한 달 정도 반짝 운영하는 임시 매장이다.
> (나) 사람이 붐비는 장소에서 짧은 기간 동안 운영하는 매장이 유행이다.
> (다) 기업은 이 임시 매장을 이용해 주로 특정 제품을 팔거나 홍보를 한다.
> (라) 또 기업 이미지를 친숙하게 만들기 위해 재미있는 행사를 열기도 한다.

① (가)-(다)-(라)-(나)　　② (나)-(가)-(다)-(라)
③ (가)-(라)-(나)-(다)　　④ (나)-(라)-(다)-(가)

14.

> (가) 그런데 전화를 끊고 뒤늦게 미안한 마음이 들었다.
> (나) 친구는 나의 합격 소식을 듣고 자신의 일처럼 기뻐했다.
> (다) 얼마 전 나는 회사 합격 소식을 듣고 친한 친구에게 전화했다.
> (라) 아직 취업 못 한 친구를 내가 배려하지 못했다는 생각 때문이었다.

① (나)-(다)-(라)-(가)   ② (나)-(라)-(가)-(다)
③ (다)-(나)-(가)-(라)   ④ (다)-(나)-(라)-(가)

15.

> (가) 빵이나 고기를 구울 때 갈색으로 바뀌는 것이 그 예이다.
> (나) 갈색으로 바뀌면서 빵이나 고기의 맛도 더 깊어지고 풍부해진다.
> (다) 식품에 들어 있는 당과 단백질이 열을 만나면 색깔이 바뀌게 된다.
> (라) 만약 열이 너무 가해져서 검게 타게 되면 그런 맛을 낼 수가 없다.

① (가)-(나)-(라)-(다)   ② (다)-(가)-(나)-(라)
③ (가)-(다)-(라)-(나)   ④ (다)-(라)-(나)-(가)

Explanation 해설

- 13번 문제의 정답은 ②이다. ①~④의 선택 문항을 보면 첫 번째 문장이 (가) 혹은 (나)이다. (나)는 짧은 기간 동안 운영하는 매장이 있다고 소개하고 있다. (가)는 그 매장의 운영 기간을 말한다. (다)와 (라)는 그 매장에서 하는 일이다. 따라서 ②가 정답이다.

- 14번 문제의 정답은 ③이다. 이 글은 일상의 이야기이므로 시간의 순서대로 나열하면 된다. (다) 친구에게 전화했다→(나) 친구가 듣고 기뻐했다→(가) 뒤늦게 미안한 마음이 들었다→(라) 친구를 배려하지 못했다는 생각 때문이었다. 따라서 ③이 정답이다.

- 15번 문제의 정답은 ②이다. (가)에는 지시어가 '그'가 있으므로 (다)가 먼저 온다. (다) 열을 받으면 색깔이 바뀐다→(가) 갈색으로 바뀌는 것이 그 예이다→(나) 갈색으로 바뀌면 맛도 좋아진다→(라) 검게 타면 그런 맛을 낼 수 없다. 따라서 ②가 정답이다.

연습문제

⏱ _____ 초

🏃 3분을 목표로 문제를 풀어 보세요.

13~15 다음을 순서에 맞게 배열한 것을 고르십시오.

13.

(가) 인주시는 길고양이 수를 조절하기 위해 중성화 사업을 시작한다고 한다.
(나) 수술 후에는 길고양이를 잡은 곳으로 다시 돌려보내 준다.
(다) 이 사업은 길고양이에게 동물병원에서 중성화 수술을 해주는 것이다.
(라) 이 사업을 통해 길고양이로 인한 불편을 해결할 수 있을 것으로 보인다.

① (가)-(나)-(라)-(다) ② (다)-(가)-(나)-(라)
③ (가)-(다)-(나)-(라) ④ (다)-(나)-(라)-(가)

14.

(가) 그 방법은 고기와 반찬을 채소와 함께 한입에 싸 먹는 것이다.
(나) 나는 한국에 있는 외국인들에게 한국 문화를 알리는 것을 좋아한다.
(다) 물냉면이나 비빔냉면을 함께 먹어도 맛있게 먹을 수 있다.
(라) 그래서 외국 친구들에게 고기를 맛있게 먹는 방법을 알려주었다.

① (나)-(다)-(가)-(라) ② (나)-(라)-(가)-(다)
③ (라)-(가)-(다)-(나) ④ (라)-(나)-(가)-(라)

15.

(가) 그런데 수영은 스트레스를 푸는 데에도 도움을 준다고 한다.
(나) 물속에 있으면 엄마 품처럼 마음이 편안하다고 느끼기 때문이다.
(다) 이처럼 수영은 체중 조절과 정신 건강에 모두 긍정적으로 작용한다.
(라) 일반적으로 수영은 체중 조절에 효과적인 것으로 알려져 있다.

① (나)-(다)-(가)-(라) ② (라)-(가)-(나)-(다)
③ (나)-(라)-(다)-(가) ④ (라)-(나)-(다)-(가)

유형 06 빈칸에 들어갈 알맞은 내용 고르기

6일차 월 일

유형 소개
글을 읽고 빈칸에 들어갈 말로 가장 알맞은 것을 고르는 문제이다.

유형적중 TIP

빈칸의 위치에 따라 문제를 푸는 방법이 달라질 수 있다.

1. 빈칸이 문단의 앞부분에 있을 때
빈칸의 문장은 보통 전체 내용을 포괄하는 주제문이고 나머지 문장은 앞 문장을 보충하고 설명해 주는 문장이다. 전체 문장에서 말하고자 하는 주요 내용을 파악해야 한다.

2. 빈칸의 위치가 중간에 있을 때
빈칸의 앞뒤 문장이나 지시어를 통해 빈칸에 맞는 내용을 생각해야 한다.

3. 빈칸이 문단의 끝부분에 있을 때
위의 두 가지 상황에 모두 해당된다.

⏱ 이 유형의 문제는 3문제가 출제된다. 각 문제를 1분 안에 푸는 것이 좋다.

91회 기출문제

16~18 (　　)에 들어갈 말로 가장 알맞은 것을 고르십시오. (각 2점)

16.

타조는 멀리서 적이 다가와도 머리를 모래에 파묻고 있다. 그래서 위험이나 위기를 모르는 척 피하는 사람을 타조에 비유하곤 한다. 그런데 사실 타조는 (　　　　　　　) 위해 이런 행동을 한다. 시각보다 청각이 발달한 타조는 땅에서 울리는 발소리를 듣고 적이 오는지를 파악하려는 것이다.

① 적의 움직임을 알기　　　　　　② 먹이를 빨리 구하기
③ 머리를 깨끗이 씻기　　　　　　④ 다른 타조를 공격하기

17.

> 섬유 유연제는 섬유에 막을 씌워 옷감을 부드럽게 하고 향기도 남긴다. 그래서 세탁할 때 유연제를 넣는 사람들이 많다. 그런데 수건처럼 물기를 빠르게 흡수해야 하는 소재에는 유연제를 넣는 것이 좋은 것만은 아니다. 유연제가 만든 막이 오히려 섬유의 (　　　　　　) 때문이다.

① 향기를 없애기　　　　　　② 색깔을 변형시키기
③ 흡수력을 떨어뜨리기　　　④ 촉감을 거칠게 만들기

18.

> 디지털 기기에 대한 의존도가 높아지면서 사람들이 무언가 직접 기억해야 할 일은 줄었다. 그래서 이전보다 (　　　　　　) 생각할 수 있다. 그런데 뇌를 사용하는 방식이 이전과 달라졌을 뿐 사용량이 줄어든 것이 아니다. 과거에는 단순히 정보를 기억하는 데 뇌를 썼다면 이제는 과거보다 압도적으로 많아진 정보를 처리하는 데 사용하고 있는 것이다.

① 뇌를 덜 사용한다고　　　　② 기억력이 좋아졌다고
③ 저장해야 할 정보가 많다고　④ 디지털 기기를 많이 쓴다고

해설 Explanation

- 16번 문제의 정답은 ①이다. 청각이 발달한 타조는 땅에서 울리는 발소리를 듣고 적이 오는지를 파악한다. 적의 움직임을 알기 위해 머리를 파묻는 것이므로 ①이 정답이다.
- 17번 문제의 정답은 ③이다. 섬유 유연제는 섬유에 막을 씌운다. 하지만 물기를 흡수해야 하는 수건에 막이 생기면 흡수력이 떨어진다. 그러므로 섬유 유연제를 넣지 않는 것이 좋다.
- 18번 문제의 정답은 ①이다. 기억해야 할 일이 줄었으므로 뇌를 덜 사용한다고 생각할 수 있다. 그러므로 ①이 정답이다.

연습문제

초 _____

🏃 3분을 목표로 문제를 풀어 보세요.

16~18 ( )에 들어갈 말로 가장 알맞은 것을 고르십시오.

16.

> 꿀벌은 꽃의 위치를 춤으로 동료들에게 알려준다. 예를 들어 꽃이 가까이 있으면 원형 춤을, 멀리 있으면 8자 춤을 춰서 거리와 방향을 알린다. 이때 태양의 위치와 비행 방향을 기준으로 춤을 추는데 떨림 강도와 방향으로 꽃의 위치를 자세하게 전달한다. 꿀벌은 춤을 통해 ( ) 전달하는 것이다.

① 똑같은 정보를 빠르게
② 비슷한 정보를 간단하게
③ 복잡한 정보를 효과적으로
④ 단순한 정보를 감각적으로

17.

> 과일은 나무에서 나는 식용의 열매를 말하고 채소는 ( )을 말한다. 채소는 주로 그 잎이나 줄기, 열매 등을 먹는다. 수박, 딸기, 참외는 밭에서 자라기 때문에 채소에 속한다. 채소에는 잎줄기채소, 뿌리채소, 열매채소가 있는데 수박, 딸기, 참외는 밭에서 키우지만 열매를 먹기 때문에 열매채소라고 한다.

① 논에서 키우는 나물
② 땅에서 보이는 식물
③ 들에서 자라는 곡물
④ 밭에서 기르는 농작물

18.

> 최근 젊은이들 사이에서 긴 영상 대신 짧은 영상이 인기를 얻고 있다. 이 인기에 힘입어 지역 자치 단체들이 짧은 영상으로 지역 홍보 영상을 만들고 있다. 공무원이 직접 출연하여 그 지역의 특산품이나 행사를 재미있게 만들어 홍보하는 것이다. 과거 ( ) 지역 자치 단체 영상이 이제는 재밌는 아이디어를 통해 홍보와 재미, 두 마리 토끼를 잡고 있는 것이다.

① 딱딱한 내용으로 외면받던
② 독특한 내용으로 어색했던
③ 신기한 내용으로 인기있던
④ 새로운 내용으로 흥미롭던

유형 07 빈칸에 들어갈 어휘 찾기 및 주제 고르기

7일차 월 일

유형 소개

빈칸에 들어갈 알맞은 말과 주제(중심 생각)를 고르는 문제이다.

유형적중 TIP

주어진 지문과 관련하여 두 개의 문제가 제시된다. 첫 번째 문제는 앞뒤 문장을 통하여 빈칸에 알맞은 말을 선택해야 한다. 이때 들어가는 말로 앞뒤 문장의 관계를 보여주는 명사나 부사가 자주 나온다.

두 번째 문제는 주제(중심 생각)를 고르는 문제이다. 이러한 문제를 풀 때는 다음의 전략을 사용하면 좋다.

1. 전체 내용을 포괄하는 문장을 찾는다. 이런 문장은 보통 전체 지문의 처음이나 끝에 나타나거나 접속어 뒤에 나타나기도 한다.
2. 접속어로 연결된 문장을 주의해야 한다. 문단의 앞부분에 일반적으로 알고 있는 어떤 내용이 나오고 '그러나', '그렇지만', '그런데' 등과 같이 상반되는 접속어를 사용한 후 중심 문장이 나올 수 있다. 혹은 문단의 앞부분에 어떠한 사실이나 사례 등을 나열하고 '따라서', '그러므로', '그래서, 이에' 등과 같이 원인과 결과를 연결하는 접속어를 사용하여 중심 문장이 나올 수도 있다.
3. '-어/아야 한다, -는 것이 좋다, -을 필요가 있다'처럼 주장을 나타내는 표현을 찾는다.
4. 포괄하는 문장, 접속어, 주장을 나타내는 표현이 없을 때는 전체 문단을 정리하고 요약한 선택지를 찾는다.

⏱ 이 유형의 문제는 한 지문에 2문제가 출제된다. 2문제를 2분 30초 안에 푸는 것이 좋다.

91회 기출문제

19~20 다음을 읽고 물음에 답하십시오. (각 2점)

매서운 남극의 겨울, 황제펭귄들은 겹겹이 붙어 서로의 체온으로 추위를 견딘다. 무리 전체가 돌면서 바깥쪽과 안쪽에 있는 펭귄들이 계속 서로의 위치를 바꾼다. 안에서 몸을 데운 펭귄은 밖으로 나가고 밖에서 추위에 떨던 펭귄은 안으로 들어오는 것이다. (   ) 그 움직임은 아주 느리지만 쉬지 않고 이루어져 한 마리의 펭귄이 줄곧 찬바람을 맞고 서 있는 일이 없다. 그렇게 쉼 없이 둥글게 돌면서 펭귄들은 다 함께 살아남는다.

19. (   )에 들어갈 말로 가장 알맞은 것을 고르십시오.

① 혹시　　　　② 또는　　　　③ 비록　　　　④ 만약

20. 윗글의 주제로 가장 알맞은 것을 고르십시오.

① 황제펭귄은 서로 도우면서 추위에 맞서 생존해 왔다.
② 황제펭귄은 둥글게 돌면서 날씨에 대한 정보를 알린다.
③ 황제펭귄은 추위에서 살아남기 위해 움직임이 느려졌다.
④ 황제펭귄은 무리 생활을 통해 경쟁에서 이기는 법을 배운다.

> **해설** Explanation
>
> ➡ 19번 문제의 정답은 ③이다. 빈칸의 뒤에 '그 움직임이 느리지만'이라고 했다. '-지만'과 호응하는 부사는 '비록'이다.
>
> ➡ 20번 문제의 정답은 ①이다. 황제펭귄은 겹겹이 붙어 서로의 체온으로 추위를 견디며 다 함께 살아남는다.

연습문제

⏱ _____ 초

⌛ 2분 30초를 목표로 문제를 풀어 보세요.

19~20 다음을 읽고 물음에 답하십시오.

> 새집으로 이사한 후부터 전에 없던 이상한 증상이 나타나기 시작했다면 새집 증후군을 의심해 볼 수 있다. 집을 지을 때 사용한 건축자재에서 나온 화학 물질이 집 안의 공기를 오염시켰을 가능성이 있기 때문이다. (   ) 새집에서 두통, 어지러움, 비염, 천식 등 알레르기 증상이 나타난다면 환기에 특히 신경을 써야 한다. 집을 자주 청소하고 공기를 깨끗하게 해주는 식물을 키우는 것도 좋다.

19. (   )에 들어갈 말로 가장 알맞은 것을 고르십시오.

① 만약   ② 또는   ③ 역시   ④ 물론

20. 윗글의 주제로 가장 알맞은 것을 고르십시오.

① 새집 증후군은 더러운 집으로 이사하면 생긴다.
② 새집 증후군이 발생하면 이상한 증상이 나타난다.
③ 새집 증후군이 생기면 건축자재를 바꾸는 것이 좋다.
④ 새집 증후군이 있으면 공기를 깨끗이 해주어야 한다.

유형 08 빈칸에 들어갈 관용 표현이나 속담 찾기 및 내용과 같은 것 고르기

8일차 월 일

유형 소개

빈칸에 들어갈 알맞은 관용 표현이나 속담을 찾고 본문의 내용과 같은 것을 고르는 문제이다.

유형적중 TIP

주어진 지문과 관련하여 두 개의 문제가 제시된다. 첫 번째 문제는 빈칸 앞뒤 문장의 내용과 관계있는 관용 표현이나 속담을 찾는 문제이다. 관용 표현을 많이 알아 두는 것이 좋다.

두 번째 문제는 내용과 같은 것을 고르는 문제이다. 중요하다고 생각되는 부분에 표시를 해 두면 좋다. 이렇게 하면 문장을 다 읽은 후 선택지를 읽을 때 위의 전체 지문을 다시 읽을 필요가 없어서 답을 빨리 찾을 수 있다.

⏱ 이 유형의 문제는 한 지문에 2문제가 출제된다. 2문제를 2분 30초 안에 푸는 것이 좋다.

91회 기출문제

21~22 다음을 읽고 물음에 답하십시오. (각 2점)

> 최근 미술 전시회 수요가 증가하면서 돈벌이에 급급한 전시회가 늘고 있다. 일부 전시 관계자들이 전시 포스터 등 홍보 자료에 복제품 전시임을 밝히지 않고 입장료 수입만을 챙기는 것이다. 전시장을 찾아와서야 이런 사실을 알게 된 관람객들은 불만을 쏟아 내고 있다. 전문가들은 이런 전시 행태가 미술계 발전의 (   ) 수 있다고 우려한다. 전시회에 실망한 사람들이 미술에 대한 관심을 아예 끊을 수 있기 때문이다.

21. (   )에 들어갈 말로 가장 알맞은 것을 고르십시오.

① 입맛에 맞을
② 가슴을 울릴
③ 발목을 잡을
④ 손을 맞잡을

22. 윗글의 내용과 같은 것을 고르십시오.

① 복제품 전시회는 입장료를 받지 않는다.
② 최근 미술 전시회를 찾는 사람들이 많지 않다.
③ 전시회에서 복제품을 전시하는 일이 점점 줄고 있다.
④ 복제품 전시회인지 모르고 전시회를 방문한 관람객들이 있다.

> **해설** Explanation
> - 21번 문제의 정답은 ③이다. '행태'는 부정적인 의미로 쓴다. 따라서 빈칸에는 부정적인 의미를 가진 '발목을 잡다'를 사용하는 것이 맞다.
> - 22번 문제의 정답은 ④이다. '전시장을 찾아와서야 이런 사실을 알게 된 관람객들'이라고 했으므로 ④가 정답이다.

연습문제

 초

2분 30초를 목표로 문제를 풀어 보세요.

21~22 다음을 읽고 물음에 답하십시오.

> 최근 학생들이 만든 딥페이크 사진과 영상이 사회적 문제가 되고 있다. 처음에는 재미로 시작되었지만, 점차 범죄적 목적으로 이용하는 사람들이 늘고 있어 (　　　　　　). 그래서 한국에서는 딥페이크로 인한 피해를 막기 위해 AI를 이용해서 만든 것에 대해 워터마크 표시를 의무화 하기로 했다. 무엇보다 가장 중요한 것은 딥페이크 위협을 미리 예방하고, 문제가 발생하면 신속히 대응하는 것이다.

21. (　　)에 들어갈 말로 가장 알맞은 것을 고르십시오.
　① 발목을 잡고 있다　　　　　　② 말꼬리를 잡고 있다
　③ 눈치를 보고 있다　　　　　　④ 골머리를 썩고 있다

22. 윗글의 내용과 같은 것을 고르십시오.
　① 워터마크 표시 의무화 이후 범죄가 감소했다.
　② 많은 나라에서는 워터마크 표시를 의무화하고 있다.
　③ 딥페이크를 범죄에 이용하는 사람들이 많아지고 있다.
　④ 사진과 영상을 만드는 학생들 때문에 문제가 되고 있다.

유형 09 밑줄 친 부분에 나타난 인물의 심정 및 본문의 내용과 같은 것 고르기

9일차 월 일

유형 소개

밑줄 친 부분에 나타난 인물의 심정을 고르고 본문의 내용과 같은 것을 고르는 문제이다.

유형적중 TIP

주어진 지문과 관련하여 두 개의 문제가 제시된다. 첫 번째 문제는 밑줄 친 부분에 나타난 인물의 심정을 묻는 문제이다. 여기에서는 전체 지문을 자세히 읽고 이해한 후 그 인물이 느낄 수 있는 심정을 추측해야 한다. 그러므로 심정과 관계 있는 어휘를 많이 익혀두어야 한다.

두 번째 문제는 본문의 내용과 같은 것을 고르는 문제이지만 문학 작품의 성격상 객관적 사실이 밖으로 잘 나타나지 않을 수 있다. 따라서 인물의 상황을 생각하며 맞는 선택지를 골라야 한다.

이 유형의 문제는 한 지문에 2문제가 출제된다. 2문제를 3분 안에 푸는 것이 좋다.

91회 기출문제

23~24 다음을 읽고 물음에 답하십시오. (각 2점)

꽃집을 지나다가 꽃말에 이끌려 금잔화 꽃씨를 샀다. 화분에 심어 사무실의 내 책상 위에 두었더니 어느 날 싹이 텄다. 때맞춰 물도 주며 나는 수시로 들여다보았다. 신기했다. 작고 여린 싹은 눈에 띄게 쑥쑥 자랐다. 그런데 내가 상상한 모습이 아니었다. <u>도대체 여기서 어떻게 꽃이 핀다는 건지.</u> 무순처럼 길쭉하게 위로만 자라는 것이었다. 하루는 출근해 보니 금잔화가 쓰러져 있었다. 그럼 그렇지. 내가 무슨 식물을 키우나. 그날 나는 화분을 창가로 옮겨 놓았다. 죽을 것 같은 모습을 눈앞에서 보고 싶지 않았다. 그런데 어느 날부턴가 점점 줄기가 굵어지더니 잎도 제법 풍성해지기 시작했다. 어느 날에는 꽃망울도 올라와 있었다. 금잔화는 창문으로 들어오는 풍성한 햇볕 속에서 스스로 튼튼해졌다. 금잔화에게는 햇빛이 더 많이 필요했었나 보다. 사람도 식물도 사랑하려면 그 대상을 제대로 알아야 하는 건 똑같구나 싶었다. 씩씩하게 꽃피운 금잔화의 꽃말은 '반드시 올 행복'이다.

23. 밑줄 친 부분에 나타난 '나'의 심정으로 가장 알맞은 것을 고르십시오.

① 의심스럽다　　　　　　　　　② 고통스럽다
③ 조심스럽다　　　　　　　　　④ 부담스럽다

24. 윗글의 내용과 같은 것을 고르십시오.

① 내 책상 위에 둔 금잔화는 금방 말라 죽었다.
② 나는 금잔화 화분에 물을 제대로 주지 못했다.
③ 나는 꽃집에서 금잔화가 피어 있는 화분을 샀다.
④ 내가 금잔화 화분을 옮긴 곳은 햇볕이 잘 들었다.

Explanation 해설

→ 23번 문제의 정답은 ①이다. 무순처럼 길쭉하게 위로만 자라는 금잔화 싹은 내가 상상한 모습이 아니었다. '도대체'는 아주 궁금할 때 사용하는 표현이므로 '의심스럽다'가 정답이다.

→ 24번 문제의 정답은 ④이다. 쓰러진 금잔화를 책상에서 창가로 옮겨 놓은 후 창문으로 들어오는 풍성한 햇볕 속에서 금잔화가 스스로 튼튼해졌으므로 ④가 정답이다.

연습문제

⏱ _____ 초

🏃 3분을 목표로 문제를 풀어 보세요.

23~24 다음을 읽고 물음에 답하십시오.

회식이 끝났으니 데리러 와 달라는 남편의 전화에 아들과 함께 차를 몰고 약속 장소에 갔다. 저 멀리 남녀 한 쌍이 보였다. 여자는 많이 취해 있었고 남편은 여자를 부축하고 있었다. 나는 뒷자리에 그 둘을 태웠다. 남편은 그 여자에게 너무 걱정하지 말라고 했고 여자는 울고 있었다. 차 안에는 술 냄새가 가득 찼다. 난 그 냄새가 역했지만 참았다. 남편은 그녀를 다독이면서 그녀의 남편이 오해하지 않았으면 좋겠다고 말했다. 그녀는 우리와 같은 아파트 단지 안에 살고 있었다. 나는 그녀를 단지 안쪽에 먼저 내려 주었는데 남편이 그녀를 따라 내렸다. 그런데 남편이 또 뭔가 이야기를 한다. 그리고 그녀는 자기 집으로 들어갔다. <u>아들과 나는 차 안에서 서로의 얼굴을 쳐다보았다.</u> 차를 세우고 다 같이 집에 들어왔는데 남편이 다시 말한다.
"당신 옛날 모습이 생각나더라."
나는 미소를 지으며 말했다.
"그래서 좋았어?"
남편은 그런 거 아니라고 오해하지 말라지만 난 내가 무슨 생각으로 말하는지 나도 모르면서 말했다.
"그러니까 좋았냐고?"

23. 밑줄 친 부분에 나타난 '나'의 심정으로 가장 알맞은 것을 고르십시오.

① 당황스럽다 ② 고통스럽다
③ 후회스럽다 ④ 부담스럽다

24. 윗글의 내용과 같은 것을 고르십시오.

① 나는 그녀를 집까지 데려다 주었다.
② 그녀의 남편은 우리 관계를 오해했다.
③ 그녀는 우리 아파트 근처에 살고 있다.
④ 우리는 회식 자리에서 술을 많이 마셨다.

유형 10 가장 잘 설명한 신문 기사 제목 고르기

10일차 월 일

유형 소개
신문 기사 제목을 읽고 가장 잘 설명한 것을 고르는 문제이다.

유형적중 TIP
신문 기사 제목의 구성은 두 부분으로 나뉘어 있는데, 앞부분은 뒷부분의 주어, 배경, 원인 등이고 뒷부분은 그에 대한 구체적인 상황, 결과, 부연 설명이다. 신문 기사 제목의 특성상 핵심 어휘나 구의 형태로 제시되고, 조사와 어미가 자주 생략되므로 이것을 문장의 형태로 바꿀 수 있는 능력을 키워야 한다. 또한 여기에는 내용을 줄여서 표현하거나 강조하는 어휘와 관용 표현이 많이 나오므로 평소에 신문 기사 제목을 보며 내용을 파악해 보는 훈련이 필요하다.

⏱ 이 유형의 문제는 3문제가 출제된다. 3문제를 2분 안에 푸는 것이 좋다.

91회 기출문제

25~27 다음 신문 기사의 제목을 가장 잘 설명한 것을 고르십시오. (각 2점)

25.

> 가수 진영, 3년 만의 콘서트에 구름 관중

① 가수 진영이 3년 만에 콘서트를 열자 수많은 관중이 몰렸다.
② 가수 진영이 3년 내에 다시 콘서트를 열기로 관중에게 약속했다.
③ 가수 진영이 3년간 준비한 콘서트를 열었으나 관중의 호응이 적었다.
④ 가수 진영이 3년 만에 하는 콘서트에 많은 관중을 모으려고 홍보했다.

26.

> 한국 탁구의 간판 김수미, 올해 국제 대회 금메달 싹쓸이

① 올해 국제 탁구 대회에서 한국 대표 김수미의 금메달 가능성이 높아졌다.
② 한국 탁구계가 김수미를 내세워 올해 국제 대회의 금메달을 노리고 있다.
③ 한국의 대표 탁구 선수 김수미가 올해 국제 대회에서 모두 금메달을 땄다.
④ 한국 탁구 선수 김수미가 올해 국제 대회에서 금메달을 따고자 훈련 중이다.

27.

| 대출 금리 하락세, 부동산 시장 기지개 |

① 대출 금리가 떨어지면서 부동산 시장이 살아나기 시작했다.

② 부동산 시장에 대한 규제가 대출 금리 하락에 영향을 미쳤다.

③ 대출 금리가 하락했지만 부동산 시장의 거래는 줄어들고 있다.

④ 부동산 시장을 활성화하려고 대출 금리 안정화 대책이 논의되고 있다.

Explanation 해설

- 25번 문제의 정답은 ①이다. 기사 제목 중 '구름 관중'은 콘서트를 보러 온 관중이 구름처럼 많이 모였다는 뜻이다.
- 26번 문제의 정답은 ③이다. 기사 제목 중 '싹쓸이'는 '모두 다 쓸어버리다'로 대회의 모든 금메달을 땄다는 의미이다.
- 27번 문제의 정답은 ①이다. 기사 제목 중 '하락세'는 금리가 '하락하다', '내려가다'는 의미이다. '기지개'는 몸을 펴는 행동을 말하는데 여기에서는 부동산 시장이 '일어나다', '살아나다'는 뜻이 된다.

연습문제

_____ 초

2분을 목표로 문제를 풀어 보세요.

25~27 다음 신문 기사의 제목을 가장 잘 설명한 것을 고르십시오.

25.

> 펄펄 끓는 동해안, 양식 어류 100만 마리 폐사

① 동해안에서 양식 어류를 사려는 사람이 많다.
② 수온이 높아서 양식 어류 100만 마리가 죽었다.
③ 폐사한 양식 어류 100만 마리를 바다에 버렸다.
④ 동해에 양식 어류 100만 마리를 풀어주기로 했다.

26.

> 이상기온으로 커피 생산량은 뚝, 커피값은 쑥

① 이상기온에도 커피 생산량과 커피값이 상승하고 있다.
② 이상기온의 영향으로 커피 생산량과 커피값이 하락하였다.
③ 이상기온 때문에 커피 생산량은 떨어지고 커피값은 올랐다.
④ 이상기온에 대비하여 커피 생산량과 커피값을 조절하고 있다.

27.

> 꽃샘추위에 봄 신상품 매출 끊겨, 의류 업계는 울상

① 추운 날씨 때문에 봄 신상품이 팔리지 않고 있다.
② 꽃 피는 봄이 되자 의류 업계의 매출이 증가하였다.
③ 올봄에는 꽃무늬가 있는 옷이 유행할 것으로 보인다.
④ 의류 업계는 추운 봄에 입을 수 있는 신상품을 선보였다.

유형 11 빈칸에 들어갈 말로 가장 알맞은 것 고르기

11일차 월 일

유형 소개
글을 읽고 빈칸에 들어갈 말로 가장 알맞은 것을 고르는 문제이다.

유형적중 TIP
유형6과 같지만 난이도가 높은 텍스트가 제시되므로 고급 어휘나 표현이 포함된 읽기 텍스트를 평소에 많이 읽어야 한다. 빈칸의 위치에 따라 문제를 푸는 방법이 달라질 수 있으므로 다음을 참고하자.

1. 빈칸이 문단의 앞부분에 있을 때
빈칸의 문장은 보통 전체 내용을 포괄하는 주제문이고 나머지 문장은 앞 문장을 보충하고 설명해 주는 문장이다. 전체 문장에서 말하고자 하는 주요 내용을 파악해야 한다.

2. 빈칸의 위치가 중간에 있을 때
빈칸의 앞뒤 문장이나 지시어를 통해 빈칸에 맞는 내용을 생각해야 한다.

3. 빈칸이 문단의 끝부분에 있을 때
위의 두 가지 상황에 모두 해당된다.

⏱ 이 유형의 문제는 4문제가 출제된다. 각 문제를 1분 30초 안에 푸는 것이 좋다.

91회 기출문제

28~31 ( )에 들어갈 말로 가장 알맞은 것을 고르십시오. (각 2점)

28.

> 선글라스는 보통 햇빛이 강할 때 눈 건강을 위해 쓴다. 그런데 선글라스의 렌즈는 사용 기한이 있다. 선글라스의 렌즈에는 자외선 차단을 위한 얇은 막이 입혀져 있는데 열에 계속 노출되면 자외선 차단 기능이 점점 떨어지게 된다. 자외선 차단 기능이 약해진 선글라스로는 눈을 보호하기 어려우므로 5년 정도 쓰고 나면 ( ) 것이 좋다.

① 렌즈를 바꿔 주는
② 렌즈를 꼼꼼히 잘 닦는
③ 렌즈의 색을 어둡게 하는
④ 렌즈의 얇은 막을 벗겨 내는

29.

사진에서 구도는 전체적인 분위기를 살리는 중요한 요소이다. 보통 동적인 느낌을 주고 싶을 때는 대각선 구도를 쓰는데 도로나 폭포 등의 풍경 사진 등에 쓰여 생동감을 표현한다. 한편 전통적인 가족사진은 (　　　　　　　　) 위해서 삼각형 구도를 가장 많이 활용한다. 이 구도는 연장자를 중심으로 가족 구성원이 옆이나 뒤에 배치되어 전체적으로 편안하고 균형 잡힌 분위기를 만들어 낸다.

① 동적인 효과를 살리기
② 안정적인 느낌을 주기
③ 풍경을 중앙에 배치하기
④ 긴장된 분위기를 연출하기

30.

풍부한 자원은 경제 성장의 필요조건이지 충분조건은 아니다. 풍부한 천연자원을 갖추고 있음에도 (　　　　　　　　) 경우도 있다. 풍부한 자원에만 의존해 경제 성장의 중심 산업인 제조업이나 서비스업 등에 투자를 하지 않게 되는 것이다. 반면에 천연자원이 빈약해도 새로운 기술 개발이나 교육을 통해 생산 능력을 높이는 나라도 있다.

① 제조업에 의존하려는
② 자원을 생산하지 못하는
③ 경제 발전을 이루지 못하는
④ 기술 개발에 무리하게 투자하는

31.

의사의 모습을 생각하면 우리는 보통 흰색 가운을 떠올리게 된다. 그런데 의사 가운이 처음부터 흰색이었던 것은 아니다. 중세 시대에는 성직자가 의사를 겸하는 경우가 많아 성직자용 검은색 가운을 입고 진료를 했다. 그런데 검은색 옷은 세균으로 오염된 얼룩이 잘 보이지 않았다. 이후 세균 감염의 위험성에 대한 인식이 높아지면서 (　　　　　　　　) 가운의 색이 흰색으로 바뀌었다.

① 염색하기 편하게
② 환자와 구분이 되도록
③ 오염이 쉽게 눈에 띄도록
④ 밝은 이미지를 줄 수 있게

해설

- 28번 문제의 정답은 ①이다. 자외선 차단 기능이 약해진 선글라스는 눈을 보호하기 어려우므로 5년 정도 쓰고 나면 교환하는 것이 좋다. 따라서 ①이 정답이다.
- 29번 문제의 정답은 ②이다. 삼각형 구도는 편안하고 균형 잡힌 분위기를 만들어 낸다. 따라서 안정적인 느낌을 준다고 한 ②가 정답이다.
- 30번 문제의 정답은 ③이다. 풍부한 자원은 경제 성장의 충분조건이 아니다. 그래서 천연자원이 풍부해도 경제 성장을 못 하는 경우도 있다.
- 31번 문제의 정답은 ③이다. 검은색 가운은 세균으로 오염된 얼룩이 잘 보이지 않기 때문에 오염이 잘 보이는 흰색으로 바꾸었다.

연습문제

_____ 초

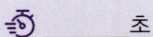 6분을 목표로 문제를 풀어 보세요.

28~31 (   )에 들어갈 말로 가장 알맞은 것을 고르십시오.

28.

> 가족들이 모여 함께 음식을 나눠 먹는 행동만으로도 마음의 안정을 찾을 수 있다. 한 연구 결과에 따르면 좋은 인간관계는 정신 건강뿐만 아니라, 육체 건강에도 도움이 된다고 한다. 반면에 좋은 인간관계를 형성하지 못하면 조기 사망 위험률이 증가하게 된다. 이것은 하루에 담배 15개비를 피우는 것과 비슷한 수준이므로 (   ) 노력할 필요가 있다.

① 좋은 식습관을 갖도록
② 담배를 끊을 수 있도록
③ 정기적으로 운동을 하도록
④ 좋은 인간관계를 형성하도록

29.

한국의 전통 음식인 '비빔밥'이 외국인들에게 긍정적인 반응을 얻고 있다. 특히 비빔밥은 다른 음식에 비해 야채가 많이 들어가 외국인들에게 건강식으로 알려져 있다. 비빔밥은 한국의 전통 소스인 고추장이 사용되기 때문에 단순한 음식이 아니라 (　　　　　　　　) 음식이다. 한류의 인기로 인해 한국 문화에 대한 관심이 높아지면서 비빔밥의 인기도 자연스럽게 높아질 것으로 기대된다.

① 건강을 챙길 수 있는
② 외국인도 쉽게 만들어 먹는
③ 고기를 못 먹는 사람이 좋아하는
④ 한국의 음식문화를 체험할 수 있는

30.

앞으로 돌봄 경제가 사회에 중요한 역할을 하게 될 것이라고 한다. 사회가 점차 고령화되면서 돌봄은 아이를 돌보는 것뿐만 아니라 사람의 마음을 돌보거나 살아가는 데 필요한 전반적인 것을 도와주는 것으로 확대되고 있다. 이를 위해서는 맞춤 돌봄 인력이 필요하고 인력 서비스를 제공할 장소나 플랫폼이 필요하다. 돌봄 서비스는 경제 활동을 (　　　　　　　　) 시킬 수 있을 것으로 기대된다.

① 일으키고 소비율을 감소
② 일으키고 취업률을 증가
③ 방해하고 실업률을 감소
④ 방해하고 출산율을 증가

31.

기업은 신입 사원을 교육할 때 고객에게 보여지는 태도와 표정 같은 요소를 중요하게 여겨야 한다고 교육한다. 이는 기업이 효과적인 영업을 위해 이미지 마케팅에 신경 쓰고 있다는 것을 보여준다. 이미지 마케팅은 (　　　　　　　　) 소비자에게 긍정적인 인상을 주어서 소비가 이루어지게 한다. 이러한 마케팅을 통해 소비자에게 깔끔하고 세련된 기업 이미지를 심어주어서 성공한 사례가 많다.

① 제품이나 서비스의 개선을 통해
② 제품이나 서비스의 차별화를 통해
③ 제품이나 서비스의 품질 향상을 통해
④ 제품이나 서비스의 시각적 요소를 통해

유형 12 글의 내용과 같은 것 고르기

12일차 월 일

유형 소개
글을 읽고 글의 내용과 같은 것을 고르는 문제이다.

유형적중 TIP
이 유형은 먼저 지문을 읽고 내용이 같은 선택지를 골라야 한다. 이때 중요하다고 생각되는 부분에 표시하면서 읽는다. 이렇게 하면 정답을 고를 때 위의 전체 지문을 다시 읽지 않아도 되므로 빨리 답을 찾을 수 있다. 여기에서는 일반상식이나 사회적 이슈, 개인적인 글 등 다양한 주제와 형식의 글들이 제시된다. 평소에 다양한 분야의 글을 읽으면서 어휘를 폭넓게 익혀두어야 한다.

⏱ 이 유형의 문제는 3문제가 출제된다. 각 문제를 1분 30초 안에 푸는 것이 좋다.

91회 기출문제

32~34 다음을 읽고 글의 내용과 같은 것을 고르십시오. (각 2점)

32.

> 당뇨 환자들을 위해 고추 품종인 '살리초'가 개발되었다. 고추는 보통 열매를 얻기 위해 재배하지만 살리초는 열매가 없고 잎을 먹는 품종이다. 일반 고추에 비해 혈당을 낮추는 성분이 10배 이상 많이 함유돼 있어 당뇨병, 비만증 등 성인병의 예방과 치료에 이용될 수 있다. 또한 살리초에는 칼슘, 비타민 등 각종 영양 성분이 풍부하다. 병해충에도 강하고 생육 기간도 짧아서 농가의 고소득 작물로 주목받고 있다.

① 살리초는 해충에 취약하다는 단점이 있다.
② 살리초의 열매는 크고 영양 성분이 풍부하다.
③ 살리초는 생육 기간이 길어 관심을 받지 못하고 있다.
④ 살리초의 잎에는 혈당을 떨어뜨리는 성분이 들어 있다.

33.

> 『임원경제지』는 조선 시대 서유구가 쓴 백과사전이다. 선비가 시골에서 살아가는 데 필요한 지식을 탐색한 것으로 농업, 건축, 의학 등 16개 분야를 정리했다. 서유구는 이 책을 쓸 때 조선의 생활상을 직접 관찰하고 여러 서적들을 참고했으며 거기에 자신의 논평을 첨부했다. 이 과정에서 인용한 책들을 밝혀 놓아 서지학적 가치도 크다. 총 52권의 책을 편찬했는데 개인이 완성했다고 보기 어려울 만큼 방대하고 전문적인 지식이 담겨 있다.

① 이 책은 각 분야의 전문가가 모여 만든 책이다.
② 서유구는 집필하면서 참고한 문헌을 이 책에 기록해 놓았다.
③ 서유구는 객관적인 책을 쓰기 위해 자신의 의견은 배제했다.
④ 이 책은 내용이 특정 분야에 한정되어 서지학적 가치는 크지 않다.

34.

> 코알라는 유칼립투스라는 나뭇잎을 먹고 산다. 이 나뭇잎은 독성이 강해서 일반적인 동물들은 먹을 수 없다. 하지만 코알라는 유칼립투스의 독을 해독하는 효소가 있어서 다른 동물들과 경쟁할 필요 없이 유칼립투스 잎을 충분히 먹을 수 있다. 다만 새끼 코알라는 독성을 분해하는 효소가 없어서 유칼립투스 잎 대신 어미의 배설물을 먹는다. 이를 먹다 보면 새끼 코알라의 몸속에도 유칼립투스의 독을 해독하는 효소가 생기게 된다.

① 다양한 동물들이 유칼립투스 잎을 차지하기 위해 경쟁한다.
② 어미 코알라는 유칼립투스의 독성을 분해하는 효소를 가지고 있다.
③ 코알라는 태어난 직후부터 많은 양의 유칼립투스 나뭇잎을 먹는다.
④ 새끼 코알라는 유칼립투스의 독성 때문에 어미의 배설물을 먹지 않는다.

Explanation 해설

- 32번 문제의 정답은 ④이다. 살리초 잎에는 '일반 고추에 비해 혈당을 낮추는 성분이 10배 이상 함유돼 있어'라고 하였으므로 혈당을 떨어뜨리는 성분이 들어 있다고 한 ④가 정답이다.
- 33번 문제의 정답은 ②이다. 서유구는 이 책을 쓸 때 여러 서적을 참고했으며 인용한 책들을 밝혀 놓아 서지학적 가치도 크다고 했으므로 참고한 문헌을 책에 기록해 놓았다고 한 ②가 정답이다.
- 34번 문제의 정답은 ②이다. '코알라는 유칼립투스의 독을 해독하는 효소가 있어'라고 했으므로 어미 코알라는 유칼립투스의 독성을 분해하는 효소가 있다고 한 ②가 정답이다.

연습문제 ⏱ _____ 초

🏃 4분 30초를 목표로 문제를 풀어 보세요.

32~34 다음을 읽고 글의 내용과 같은 것을 고르십시오.

32.

> 감기에 걸리는 이유는 감기 바이러스 때문이지 외부의 온도와 직접적인 관계는 없다. 하지만 많은 사람들이 날씨가 추워서 감기에 걸린다고 생각한다. 실제로 극지방은 평균 영하 31도로 기온이 너무 낮아 감기 바이러스가 서식하기 힘들다. 감기는 온도보다 건조한 공기와 깊은 관계가 있다. 왜냐하면 감기 바이러스는 공기가 건조할 때 우리 몸에 잘 침투하기 때문이다.

① 감기는 외부 온도가 낮을수록 잘 걸린다.
② 감기 바이러스는 환경의 영향을 받지 않는다.
③ 감기에 걸리는 원인은 건조한 공기 때문이다.
④ 감기 바이러스는 영하 31도에서도 활동이 왕성하다.

33.

> 세계에서 가장 많이 불리는 노래는 바로 생일 축하곡 'Happy Birthday To You'이다. 이 노래는 저작권이 있는 노래로 TV 방송이나 영화에 이 음악이 나올 경우 미국의 음악업체에 사용료를 지불해야 했다. 하지만 미국의 한 영화감독이 저작권 무효 소송을 제기했고 마침내 저작권 무효라는 판결을 받아냈다. 이로 인해 우리는 사용료 없이 생일 축하곡을 부르고 들을 수 있게 되었다.

① 미국의 영화감독은 저작권 소송에서 이겼다.
② 생일 축하곡은 미국의 영화감독이 만들었다.
③ 생일 축하곡을 부르려면 사용료를 내야 한다.
④ 미국의 음악업체는 저작권 무효 소송을 걸었다.

34.

> 컵밥은 큰 종이컵 안에 밥을 넣고 그 위에 각종 반찬을 올린 후 소스와 함께 비벼 먹는 음식이다. 컵밥은 가격이 저렴하고 빨리 먹을 수 있는 데다가 맛도 좋기 때문에 고시생들이 모여 사는 노량진에서 시작되어 전국으로 확산되었다. 최근 미국 유타에서도 노량진 컵밥이 인기를 끌고 있다. 미국에 유학 중인 한 학생이 컵밥 브랜드를 만들었는데 미국 내 총 7개 주에 진출하여 연 매출 600억이 되는 회사가 되었다고 한다.

① 최근에 노량진에서 컵밥이 큰 인기를 얻기 시작했다.
② 컵밥은 밥에 각종 반찬을 넣고 볶아서 먹는 음식이다.
③ 컵밥이 시작된 곳은 고시생들이 모여 사는 노량진이다.
④ 한 유학생이 한국에 컵밥 회사를 세워 성공을 거두었다.

글의 주제로 가장 알맞은 것 고르기

13일차   월   일

유형 소개
글을 읽고 글의 주제(중심 생각)로 가장 알맞은 것을 고르는 문제이다.

유형적중 TIP
주제(중심 생각)를 고르는 문제를 풀 때는 글쓴이가 말하고자 하는 것을 파악해야 하는데, 다음의 전략을 사용하면 좋다.
1. 전체 내용을 포괄하는 문장을 찾는다. 이런 문장은 보통 전체 지문의 처음이나 끝에 나타나거나 접속어 뒤에 나타나기도 한다.
2. 접속어로 연결된 문장을 주의해야 한다. 문단의 앞부분에 일반적으로 알고 있는 어떤 내용이 나오고 '그러나', '그렇지만', '그런데' 등과 같이 상반되는 접속어를 사용한 후 중심 문장이 나올 수 있다. 혹은 문단의 앞부분에 어떠한 사실이나 사례 등을 나열하고 '따라서', '그러므로', '그래서, 이에' 등과 같이 원인과 결과를 연결하는 접속어를 사용하여 중심 문장이 나올 수도 있다.
3. '-어/아야 한다, -는 것이 좋다, -을 필요가 있다'처럼 주장을 나타내는 표현을 찾는다.
4. 포괄하는 문장, 접속어, 주장을 나타내는 표현이 없을 때는 전체 문단을 정리하고 요약한 선택지를 찾는다.
5. 선택지 중에는 글의 내용과 같은 내용이 포함된 경우가 많다. 그러나 이 문제는 주제로 알맞은 선택지를 고르는 문제이므로 주의해서 문제를 풀어야 한다.

이 유형의 문제는 4문제가 출제된다. 각 문제를 1분 30초 안에 푸는 것이 좋다.

91회 기출문제

35~38 다음을 읽고 글의 주제로 가장 알맞은 것을 고르십시오. (각 2점)

35.

> 태양계에 존재하는 수많은 소행성에는 천문학적인 가치를 지닌 광물이 있는 것으로 예상된다. 그래서 많은 나라들이 이에 관심을 가지고 있다. 실제로 최근 몇몇 국가에서는 소행성에 있는 광물 시료를 채취하는 데 성공하기도 했다. 하지만 대부분의 나라들에서는 소행성 탐사가 아직 논의 단계에 머무르고 있다. 미래 자원을 확보하기 위해서 적극적으로 소행성 탐사에 대한 투자와 기술 개발에 나설 필요가 있다.

① 태양계에는 아직 발견되지 않은 소행성이 많이 존재한다.
② 소행성에서 자원을 가져오는 것은 실현 가능성이 희박하다.
③ 소행성 탐사를 성공시키기 위해 국제 협력을 확대해야 한다.
④ 미래 자원 확보를 위해 소행성 탐사에 대한 노력을 기울여야 한다.

36.

> 경기 침체에 빠지면 사람들은 소비보다는 저축을 늘리려고 한다. 그런데 저축이 언제나 긍정적인 것만은 아니다. 소비가 줄면 기업의 매출이 감소해서 생산과 고용이 줄 수밖에 없고 결국 근로자들의 소득도 줄어들게 된다. 그러면 미래가 불확실해진 사람들이 더욱 소비를 줄여 전체 경기가 다시 침체에 빠지는 악순환이 되풀이된다. 개인 차원에서는 저축이 합리적인 행동이지만 경제 전체적으로는 비합리적인 상황을 초래하게 되는 것이다.

① 불경기에는 비합리적인 소비로 인해 근로자들의 저축이 줄어든다.
② 경기가 침체하면 개인의 소득이 줄어들지 않도록 투자를 늘려야 한다.
③ 경제 상황을 고려해서 생산과 고용을 적절히 조절하는 것이 중요하다.
④ 경기 침체 시에는 저축이 국가 경제 전체에 부정적 영향을 줄 수 있다.

37.

> 참치 쿼터제는 참치의 무분별한 포획을 막기 위해 어획량을 국가별로 정해 놓은 제도이다. 한국은 참치 어획량이 매우 적게 배정돼 있는데 이는 한국 연안에서는 참치가 거의 잡히지 않았기 때문이다. 최근 수온이 상승함에 따라 한국 연안에 유입되는 참치가 급격히 늘어나고 있지만 쿼터제 때문에 그물에 걸린 참치를 대부분 바다에 버리고 있다. 쿼터제의 필요성은 인정하지만 국가별 개체 수 증감을 반영한 융통성 있는 조정이 필요하다.

① 국가별 상황에 따라 참치 쿼터제를 현실에 맞게 수정해야 한다.
② 참치의 무분별한 포획을 방지하기 위해 쿼터제를 도입해야 한다.
③ 수온 상승으로부터 참치를 보호하기 위한 대책을 마련해야 한다.
④ 참치의 유입량을 늘리기 위한 실질적인 연구가 이루어져야 한다.

38.

> 기업들은 기술 혁신을 통해 고객에게 편의와 혜택을 제공하려고 한다. 하지만 아무리 획기적인 혁신이라도 고객에게 낯설고 커다란 행동 변화를 요구한다면 외면당하기 쉽다. 예를 들어 초창기 전기 자동차는 전기로 오래 충전을 해야 하는 것이 낯설고 불편해서 큰 관심을 끌지 못했다. 반대로 전자 칠판과 전자 펜처럼 대단한 혁신은 아니지만 사용하는 방법이 고객에게 익숙하고 간단해서 환영받는 경우도 있다.

① 고객들의 무리한 요구 때문에 기술 혁신에 어려움을 겪게 된다.
② 혁신적인 기업은 고객들에게 신기술의 사용 방법을 잘 설명해 준다.
③ 기술 혁신에 실패한 기업은 자연스럽게 고객들의 외면을 받게 된다.
④ 기술 혁신은 고객이 쉽게 받아들일 수 있을 때 성공할 가능성이 높다.

> **Explanation 해설**
>
> ● 35번 문제의 정답은 ④이다. 소행성에는 천문학적인 가치를 지닌 광물이 있는 것으로 예상되므로 소행성 탐사에 대한 투자와 기술 개발 등에 대한 노력을 기울여야 한다. 그리고 마지막 문장의 '-을 필요가 있다'는 주장할 때 자주 쓰는 표현이다.
>
> ● 36번 문제의 정답은 ④이다. 경기 침체 시 사람들은 저축을 늘리려고 한다. 그러면 경기가 다시 침체에 빠지는 악순환이 되어 국가 경제 전체에 부정적 영향을 줄 수 있다.
>
> ● 37번 문제의 정답은 ①이다. 국가별 개체 수 증감을 반영한 융통성 있는 조정이 필요하다고 하였다. 따라서 국가별 상황에 맞게 쿼터제를 수정해야 한다.
>
> ● 38번 문제의 정답은 ④이다. 사용하는 방법이 익숙하고 간단하면 고객에게 환영받을 수 있기 때문에 성공할 가능성이 높다. 전체 문단을 정리하고 요약한 선택지는 ④이다.

연습문제

 _____ 초

6분을 목표로 문제를 풀어 보세요.

35~38 다음을 읽고 글의 주제로 가장 알맞은 것을 고르십시오.

35.

> 어린이가 채식을 하면 섬유질이 많은 과일과 채소, 곡물을 위주로 먹기 때문에 소아 비만을 예방하는 데 도움이 된다. 또한 환경보호와 윤리에 대해 가르칠 수 있는 기회가 될 수 있다는 장점도 있다. 하지만 어린이는 성장 과정에서 단백질, 철분, 칼슘과 같은 특정 영양소가 더 많이 필요하므로 이를 보충할 수 있는 균형 잡힌 식단이 필요하고, 채식으로 섭취하기 어려운 영양소의 경우는 보충제를 복용해야 하는 등 관리가 중요하다.

① 성장기에 있는 어린이는 채식을 하면 안 된다.
② 어린이 채식은 건강 상태에 따라 선택할 수 있다.
③ 채식을 하는 어린이가 안 하는 어린이보다 건강하다.
④ 어린이가 채식을 할 때에는 식단 관리를 잘해야 한다.

36.

> 유사 과학은 과학과 유사하지만 과학이 아닌 것을 말한다. 유사 과학은 과학적인 것과 아닌 것이 교묘하게 섞여 있어서 거짓 정보를 마치 과학적인 것처럼 포장하며 대중을 속인다. 대표적인 유사 과학에는 지구가 둥글지 않고 평평하다거나 지구의 내부에 핵이 아닌 새로운 세상이 있다거나 하는 것이 있다. 가끔은 유사 과학을 상술로 이용하여 제품을 파는 경우도 있다. 유사 과학에 속지 않으려면 무조건 믿기보다는 의심해 보는 자세가 필요하다.

① 대중은 과학과 유사 과학을 구별할 수 없다.
② 과학자들이 거짓 정보로 사람들을 속일 수 있다.
③ 유사 과학을 상술에 이용하여 제품을 팔면 안 된다.
④ 의심하는 자세를 가지면 유사 과학에 속지 않을 수 있다.

37.

> 저출산의 영향으로 청년층이 감소하고 노인 인구가 증가하면서 청년층과 노년층 사이의 세대 갈등이 커지고 있다. 노인의 복지와 부양에 대한 사회적 비용이 증가하게 되면 청년층에게 부담으로 작용하기 때문이다. 청년층과 노년층은 서로 다른 환경에서 살아왔기 때문에 가치관이 다를 수밖에 없다. 하지만 세대 갈등을 줄이기 위해서 청년층은 노인들이 나라의 발전에 기여했다는 것을 기억해야 하고, 노년층은 청년들의 어려움을 이해하려는 노력이 필요하다.

① 세대 갈등의 발생을 막으려면 환경을 바꿔야 한다.
② 세대 갈등을 줄이려면 서로에 대해 이해해야 한다.
③ 노인 복지에 대한 비용은 청년층이 부담해야 한다.
④ 저출산으로 인한 문제의 해결 방안을 찾아야 한다.

38.

> 바쁜 일상에서 균형 잡힌 식단을 항상 유지하는 것은 쉽지 않다. 그래서 건강을 위해 종합비타민과 같은 영양제를 챙겨 먹는 사람들이 많다. 그런데 이렇게 먹는 영양제가 오히려 건강에 독이 될 수도 있다. 영양제는 영양 성분을 정해진 비율로 섞어 제조한 것인데 사람마다 몸에 필요한 영양소는 각자 다르기 때문이다. 그리고 아무리 좋은 영양 성분이라고 해도 과도하게 섭취해서 몸에 쌓이면 오히려 건강에 해로울 수 있다.

① 영양제를 잘못 먹으면 오히려 건강에 해가 된다.
② 영양제는 몸에 쌓이지 않도록 조금만 먹어야 한다.
③ 영장제를 구입할 때는 성분을 확인하는 것이 좋다.
④ 영양제는 정해진 비율로 만들어진 것을 선택해야 한다.

유형 14 문장이 들어갈 곳으로 가장 알맞은 것 고르기

14일차 월 일

유형 소개
주어진 문장이 들어갈 곳으로 가장 알맞은 것을 고르는 문제이다.

유형적중 TIP
읽기 고급 문제에 해당하는 유형으로 주어진 문장이 전체 문장에서 어디에 놓여야 할지를 묻는 문제이다. 이러한 문제를 풀 때는 다음과 같은 전략을 사용하면 좋다.
1. 주어진 문장을 먼저 읽고 내용을 이해한 후 전체 내용을 추측한다.
2. 주어진 문장 안에 '이', '그'와 같은 지시어가 있으면 지시어가 가리키는 어휘나 문장을 찾는다.
3. 주어진 문장 안에 '그래서', '그리고', '그런데', '또한', '특히', '다시 말해', '예를 들어' 등의 부사어가 있으면 각 부사어의 기능에 유의하며 문장이 들어갈 곳을 찾는다.
4. 논리적 순서나 시간의 순서를 고려한다.
5. 전체 글을 읽으면서 해당 문장을 각 위치에 넣어 읽어보는 것도 한 방법이다. 글의 흐름에 어색함이 없는지 확인한다.

⏱ 이 유형의 문제는 3문제가 출제된다. 각 문제를 2분 안에 푸는 것이 좋다.

91회 기출문제

39~41 주어진 문장이 들어갈 곳으로 가장 알맞은 것을 고르십시오. (각 2점)

39.
> 그런데 심판이 아무리 위치 선정을 잘해도 필연적으로 선수의 몸에 가려서 볼 수 없는 사각지대가 생긴다.

> 스포츠 경기를 진행할 때 득점이나 반칙 등의 판정은 심판에 의해서 이루어진다. (㉠) 이렇게 눈에 보이지 않는 곳에서 벌어진 상황에 대해서는 심판도 정확한 판단을 하기 어렵다. (㉡) 비디오 판독은 이런 스포츠 경기에서 초고속 카메라를 판정의 근거로 사용하는 기술이다. (㉢) 이처럼 비디오 판독을 활용하면 심판이 판단하기 어려운 부분을 객관적으로 확인할 수 있어 판정에 대한 신뢰도를 높일 수 있다. (㉣)

① ㉠   ② ㉡   ③ ㉢   ④ ㉣

40.
> 그 증거로 지중해 전역에서 발견되고 있는 소금 퇴적층을 들 수 있다.

유럽과 아시아, 아프리카 대륙으로 둘러싸인 바다를 지중해라고 한다. (㉠) 오늘날 지중해 연안은 기후가 온화해서 살기 좋은 곳으로 손꼽힌다. (㉡) 그런데 지중해는 오래전 사막이었던 적이 있었다. (㉢) 이 소금 퇴적층은 바닷물이 증발되고 남은 소금이 쌓여 만들어진 것으로 지중해가 이전에는 사막이었음을 보여 준다. (㉣) 사막이었던 지중해에 이후 큰 홍수가 발생하면서 다시 오늘날과 같은 바다가 되었다.

① ㉠   ② ㉡   ③ ㉢   ④ ㉣

41.
> 이런 상소문들을 저자는 왕을 향한 깨우침의 죽비 소리로 비유하고 있다.

최근 역사학자 김경민 씨가 『응답하라, 조선』을 펴냈다. (㉠) 이 책은 왕과 신하의 소통을 다루고 있어 사람들의 관심을 끈다. (㉡) 그 소통의 내용 중에서 특히 왕의 노여움을 무릅쓰고 신하가 왕의 잘못을 지적한 상소문을 다룬 부분이 주목받고 있다. (㉢) 『응답하라, 조선』은 눈치를 살피며 윗사람의 잘못을 모르는 체 넘기곤 하는 현대인들을 깨우는 죽비인 것이다. (㉣)

① ㉠   ② ㉡   ③ ㉢   ④ ㉣

Explanation 해설

- 39번 문제의 정답은 ①이다. ㉠의 뒤에 '이렇게 눈에 보이지 않는 곳'이라고 하였다. 따라서 ㉠에는 '볼 수 없는 사각지대'가 생긴다고 말한 내용이 와야 한다.
- 40번 문제의 정답은 ③이다. 주어진 문장에서 '소금 퇴적층'이라는 내용이 처음 나오고 ㉢의 뒤에 '이 소금 퇴적층'이라고 하였으므로 주어진 문장은 ㉢에 와야 한다.
- 41번 문제의 정답은 ③이다. 주어진 문장에 '이런 상소문'과 '죽비 소리'라는 내용이 있다. ㉢의 앞에 '상소문'에 대한 설명이 있고 ㉢의 뒤에서는 '죽비 소리'에 대한 내용이므로 ③이 답이다.

연습문제

⏱ _____ 초

⏳ 6분을 목표로 문제를 풀어 보세요.

39~41 주어진 문장이 들어갈 곳으로 가장 알맞은 것을 고르십시오.

39.
> 그리고 이를 바탕으로 커피, 무염 버터, 그리고 코코넛오일을 합하여 방탄 커피를 개발하였다.

> 『최강의 식사』는 체중 관리를 위해 간헐적 단식과 저탄수화물 고지방 식단을 소개한 책이다. (㉠) 저자는 이러한 식단이 건강에 미치는 영향을 직접 경험하고 기록했다. (㉡) 이 커피는 간헐적 단식을 하는 사람에게 포만감을 유지하고 과식을 방지함으로써 체중을 줄이는 효과가 있다고 했다. (㉢) 하지만 저탄수화물 고지방 식단이 건강에 부정적인 영향을 미칠 수 있다는 연구도 있다. (㉣)

① ㉠　② ㉡　③ ㉢　④ ㉣

40.
> 또한 한국말이 서툰 경우에는 다누리 콜센터를 이용하여 통역 서비스를 받을 수 있다.

> 한국소비자원은 이민자를 대상으로 올바른 소비 생활을 위한 교육을 하고 있다. (㉠) 이 교육은 소비자 피해 사례, 피해 예방 및 대처 방법에 관한 내용이다. (㉡) 소비자 피해 발생 시 사업자가 문제해결을 거부하면 '1372' 전화 상담 또는 인터넷 상담 등을 통해 도움을 받을 수 있다. (㉢) 이 교육을 통해 이민자의 소비 생활 피해를 예방하고 올바르게 대처할 수 있을 것이다. (㉣)

① ㉠　② ㉡　③ ㉢　④ ㉣

41.
> 그래서 제국주의 시대에는 식민지의 문화를 말살시키기 위해 식민지의 언어를 제한하기도 했다.

> 언어는 소통의 기능만 있는 것이 아니라 그 언어를 사용하는 사람들의 문화를 전승하고 보존하는 기능도 있다. (㉠) 지역의 문화를 지켜나가기 위해서는 지역 언어를 꾸준히 사용할 수 있도록 교육할 필요가 있다. (㉡) 일례로 제주도의 경우는 초·중·고에서 제주어 교육을 통해 제주의 문화와 언어를 보전하려고 노력하고 있다. (㉢) 언어를 보존하고 세대를 거쳐 사용할 수 있도록 하는 것이 문화를 보전하는 것이라고 할 수 있다. (㉣)

① ㉠　② ㉡　③ ㉢　④ ㉣

유형 15 밑줄 친 부분에 나타난 인물의 심정 및 본문의 내용으로 알 수 있는 것 고르기

15일차   월   일

유형 소개

밑줄 친 부분에 나타난 인물의 심정(말투, 태도)을 고르고 본문의 내용으로 알 수 있는 것을 찾는 문제이다.

유형적중 TIP

유형 9와 비슷한 문제로 문학작품의 일부가 지문으로 나오며 두 개의 문제가 제시된다. 다만 유형 9보다 고급 수준의 어휘와 표현을 담고 있다. 첫 번째 문제는 밑줄 친 부분에 나타난 인물의 심정(말투, 태도)을 묻는 문제이다. 이 문제는 전체 지문을 자세히 읽고 사건을 이해한 후 등장인물의 심정을 파악해야 한다.

두 번째 문제는 본문을 읽고 알 수 있는 것을 묻는 문제인데 소설의 성격상 객관적 사실이 겉으로 나타나지 않을 수 있다. 따라서 글을 자세히 읽으면서 등장인물의 상황을 잘 파악해야 한다.

⏱ 이 유형의 문제는 2문제가 출제된다. 각 문제를 1분 30초 안에 푸는 것이 좋다.

91회 기출문제

42~43 다음을 읽고 물음에 답하십시오. (각 2점)

민욱이 주말에 친구 부부를 초대해도 되느냐고 물었을 때, 미연은 말없이 한참 뜸을 들였다. 그녀는 그날 민욱과 함께 아파트의 발코니 벽을 페인트칠할 계획이었다. (중략) 그들은 육 개월 전에 T시의 아파트를 사서 이사했다. 지은 지 이십 년도 더 된 낡은 아파트였지만, 누구의 도움도 받지 않고 그들 스스로 이룬 일이었다. 미연은 직접 발품을 팔아 수도부터 새시까지 새로 손을 보았다. 하지만 집수리는 대강 되었다고 해도, 미연이 생각해 둔 대로 인테리어가 완성되려면 아직 부족했다.

"손님 초대는 좀 이르지 않아? 집 단장도 덜 되었는데……"

"성재가 한국에 왔대."

민욱이 무거운 목소리로 말했다. (중략)

민욱과 성재는 고등학교 동창이고, 그들을 통해 만난 미연과 연주도 십여 년이 넘는 인연이었다. 꽤나 가까운 사이였지만 성재가 사업 실패로 한국을 떠나면서 연락이 끊겼다. 미연은 자신이 연주의 이름을 오랫동안 잊고 있었다는 사실을 깨달았다. 더 이상 뭐라고 할 말이 없었다. (중략)

토요일 오전에 미연은 두 딸아이를 데리고 마트에 가서 고기와 채소를 샀다. 누군가를 초대해 음식을 대접하는 것이 정말로 오랜만이었다.

42. 밑줄 친 부분에 나타난 '미연'의 심정으로 가장 알맞은 것을 고르십시오.

① 후련하다 ② 불만스럽다
③ 허전하다 ④ 자랑스럽다

43. 윗글의 내용으로 알 수 있는 것을 고르십시오.

① 미연은 민욱과 성재를 통해 연주를 알게 되었다.
② 민욱은 주변 도움을 받아 E시의 새 아파트를 샀다.
③ 미연은 육 개월 전에 산 아파트로 이사 갈 계획이다.
④ 민욱은 인테리어를 완성한 후에 마트에 장을 보러 갔다.

Explanation 해설

- 42번 문제의 정답은 ②이다. 미연이 생각해 둔 인테리어가 완성되려면 아직 부족하고 손님 초대는 이르다고 하였으므로 미연의 심정은 ②가 가장 적합하다.
- 43번 문제의 정답은 ①이다. 민욱과 성재는 고등학교 동창이고, 그들을 통해 미연과 연주도 만났다. 여기에서 '그들'은 민욱과 성재이므로 ①이 정답이다.

연습문제

⏱ _____ 초

🏃 3분을 목표로 문제를 풀어 보세요.

42~43 다음을 읽고 물음에 답하십시오.

> 배를 어지간히 채우고 나서 어쩌다 어머니를 돌아볼 때마다 나는 가슴이 철렁 내려앉곤 했다. 어머니는 아버지가 있을 때는 피우지 않던 담배를 피워물고 골똘히 생각에 잠겨 있었다. <u>천장을 향해 연기를 뿜는 그 모습에서 혹시 어머니가 우리를 몽땅 버리고 야반도주라도 하지 않을까 하는 느낌을 받았다.</u> 아, 저 아름답고 젊은 어머니가 없어지면 우리는 어떻게 할 것인가. 누나들과 함께 동생들을 업고 안고 어디 있는지도 모르는 아버지를 거지떼처럼 찾아가야 하는 게 아닐까.
>
> 아버지가 집에 안 계실 때 밥을 먹고 난 다음 설거지는 으레 누나들이 하는 것으로 되어 있었다. 두 누나 중 하나가 설거지를 하고 다른 누나는 동생들을 돌봤다. (중략) 누나가 설거지를 하고 난 뒤에 방 안에 들어오면 어머니는 문득 잊었던 일이라도 되는 양 말했다.
>
> "아 참, 저 위에 약방 할매한테 갔다 와야겠다."
>
> 그와 함께 우리의 불안은 연기처럼 날아가버리고 방 안에는 생기가 돌기 시작했다. 우리를 버리고 도망만 가지 않는다면 어떤 일이라도 해도 좋았고 어디로 가도 좋았다.
>
> 성석제, 번쩍하는 황홀한 순간 「약방 할매」 222쪽

42. 밑줄 친 부분에 나타난 '나'의 심정으로 가장 알맞은 것을 고르십시오.

① 불만스럽다
② 한심스럽다
③ 걱정스럽다
④ 자랑스럽다

43. 윗글의 내용으로 알 수 있는 것을 고르십시오.

① 어머니는 밥을 먹은 후에 바로 설거지한다.
② 어머니는 일찍 결혼해서 자식을 많이 낳았다.
③ 어머니는 약방 할매의 집에서 담배를 피운다.
④ 어머니는 우리를 버리고 집을 나간 적이 있다.

빈칸에 들어갈 말과 주제로 가장 알맞은 것 고르기

16일차 월 일

유형 소개

빈칸에 들어갈 말과 주제로 가장 알맞은 것을 고르는 문제이다.

유형적중 TIP

주어진 지문과 관련하여 두 개의 문제가 제시된다. 첫 번째 문제는 유형11과 같지만 난이도가 높은 텍스트가 제시되므로 고급 어휘나 표현이 포함된 읽기 텍스트를 평소에 많이 읽어야 한다. 빈칸의 위치에 따라 문제를 푸는 방법이 달라질 수 있으므로 다음을 참고하자.

1. 빈칸이 문단의 앞부분에 있을 때
빈칸의 문장은 보통 전체 내용을 포괄하는 주제문이고 나머지 문장은 앞 문장을 보충하고 설명해 주는 문장이다. 전체 문장에서 말하고자 하는 주요 내용을 파악해야 한다.

2. 빈칸의 위치가 중간에 있을 때
빈칸의 앞뒤 문장이나 지시어를 통해 빈칸에 맞는 내용을 생각해야 한다.

3. 빈칸이 문단의 끝부분에 있을 때
위의 두 가지 상황에 모두 해당된다.

두 번째 문제는 주제를 고르는 문제이다. 글을 읽고 글쓴이가 무엇에 대해 말하는지 파악해야 하는데 이는 보통 지문의 처음이나 끝에 있다. 또한 접속어 뒤에 나타나기도 하는데 이러한 접속어로는 '그러나', '그렇지만', '그런데' 등과 같이 상반되는 앞뒤 문장을 연결하는 접속어나 '따라서', '그러므로', '그래서' 등과 같이 원인과 결과를 연결하는 접속어 등이 있다. 글쓴이가 말하고자 하는 내용이 잘 드러나지 않을 때는 전체 내용을 포괄하는 선택지를 찾아야 한다(**유형 13 적중 Tip 참고**).

⏱ 이 유형의 문제는 2문제가 출제된다. 2문제를 4분 안에 푸는 것이 좋다.

91회 기출문제

44~45 다음을 읽고 물음에 답하십시오. (각 2점)

'수로왕 신화'는 왕이 알에서 탄생하는 여느 건국 신화와 유사하다. 고대에 아직 나라가 없던 낙동강 하류에 황금알 여섯 개가 하늘에서 내려왔다. 그중 맨 먼저 알을 깨고 나온 아이를 '수로'라 하였고 하늘의 뜻에 따라 수로는 지상의 첫 번째 왕이 되었다. (   ) 다섯 아이 역시 각각 왕이 되었다. 수로왕 신화는 이렇게 한꺼번에 여섯 개 알이 나타나 거기서 태어난 이가 모두 왕이 된다는 점에서 다른 건국 신화와 큰 차이가 있다. 당시 세워진 여섯 나라는 강력한 왕권 국가가 아니었다. 황금알은 하늘로부터 부여받은 절대적 권위를 상징하는데 수로가 알에서 최초로 탄생했다는 부분은 수로왕이 중심이 되어 여섯 나라를 하나의 강력한 국가 '가야'로 통합하려 했다는 것을 말해 준다.

44. ( )에 들어갈 말로 가장 알맞은 것을 고르십시오.

① 알을 가지고 내려온

② 기존의 왕을 물리치고

③ 수로에 이어 알에서 태어난

④ 탄생을 축하하며 몹시 기뻐하던

45. 윗글의 주제로 가장 알맞은 것을 고르십시오.

① 이 신화는 전형적인 건국 신화의 특성을 지니고 있다.

② 이 신화는 낙동강 일대의 유용한 지리적 정보를 담고 있다.

③ 이 신화는 고대의 문학 작품으로서 훌륭한 가치를 지니고 있다.

④ 이 신화는 강력한 왕권 국가를 이루려고 한 통합 의식을 반영한다.

Explanation 해설

➡ 44번 문제의 정답은 ③이다. 빈칸의 앞에 '먼저 알을 깨고 나온 수로가 첫 번째 왕이 되었다'고 하였고 빈칸의 뒤에는 '다섯 아이 역시'라고 했으므로 알에서 나온 순서를 말하는 ③이 정답이다.

➡ 45번 문제의 정답은 ④이다. 여섯 개의 황금알에서 나온 아이는 모두 왕이 되었는데 당시의 여섯 나라는 강력한 왕권 국가가 아니었다. 따라서 강력한 왕권 국가가 되기 위해서는 통합의 필요성이 있다. 마지막 문장 '수로왕이 중심이 되어~통합하려 했다는 것을 말해 준다.'에 이 글의 주제가 잘 드러난다.

연습문제

🕐 _____ 초

⏳ 4분을 목표로 문제를 풀어 보세요.

44~45 다음을 읽고 물음에 답하십시오.

> 한국에서 만 10~14세 소년은 '촉법소년법'의 적용을 받아서 범죄를 저질러도 형사처벌을 받지 않는다. 아직 나이가 어려서 형사책임 능력이 없다고 보기 때문이다. 그런데 최근에 이 법을 (   ) 목소리가 높아지고 있다. 이 법을 악용하여 일부러 범죄를 저지르는 소년 범죄가 증가하고 있기 때문이다. 그러나 만 10~14세 소년은 인지적으로나 정서적으로 발달이 덜 되었기 때문에 충동적으로 범죄를 저지를 수 있고 유엔 아동권리협약에서도 12세 미만은 형사처벌에서 제외할 것을 권유하고 있다. 따라서 이 법을 바로 폐지하기보다는 소년 범죄 증가에 대한 근본적인 원인을 파악하고 해결 방안을 찾기 위한 사회적 논의를 거쳐 대안을 마련하여야 할 것이다.

44. (   )에 들어갈 말로 가장 알맞은 것을 고르십시오.

① 폐지해야 한다는
② 올바로 이해해야 한다는
③ 사람들에게 알려야 한다는
④ 소년에게도 적용해야 한다는

45. 윗글의 주제로 가장 알맞은 것을 고르십시오.

① 소년은 어리기 때문에 형사 처벌하면 안 된다.
② 촉법소년법은 유엔 아동권리협약을 따라야 한다.
③ 소년 범죄에 대한 이해와 사회적 논의가 필요하다.
④ 촉법소년법을 강화해서 소년 범죄를 예방해야 한다.

유형 17 - 필자의 태도로 가장 알맞은 것 고르기 및 내용과 같은 것 고르기

17일차 　월　 　일

유형 소개

필자의 태도로 가장 알맞은 것을 고르고 본문의 내용과 같은 것을 고르는 문제이다.

유형적중 TIP

주어진 지문과 관련하여 두 개의 문제가 제시된다. 첫 번째 문제는 필자의 태도를 묻는 문제이다. 먼저 선택지나 본문의 첫 번째 문장을 통해 무엇에 대한 글인지 파악한다. 주제를 파악한 후에는 해당 주제에 대해 필자가 어떻게 생각하고 있는지 찾아야 한다. 글의 전체적인 흐름을 파악하면서 필자의 생각을 담고 있는 핵심 어휘나 문장은 무엇인지 이를 뒷받침하는 근거와 이유는 무엇인지 찾아야 한다. 선택지의 서술어에 주의하여 필자의 태도를 분석하는 것도 한 방법이다. 이를 위해 태도를 나타내는 표현을 익혀두어야 한다.

두 번째 문제는 같은 내용을 고르는 문제이다. 이때 중요하다고 생각되는 부분에 밑줄을 치면 좋다. 이렇게 하면 선택지를 읽을 때 위의 전체 지문을 다시 읽을 필요가 없어서 빨리 답을 찾을 수 있다.

⏱ 이 유형의 문제는 2문제가 출제된다. 2문제를 4분 안에 푸는 것이 좋다.

91회 기출문제

46~47 다음을 읽고 물음에 답하십시오. (각 2점)

주가 조작이나 공금 횡령 등의 경제 범죄는 사람에게 직접적인 상해를 가하는 흉악 범죄보다 범죄 정도가 낮다고 생각하기 쉽다. 그러나 경제 범죄의 수법이 날이 갈수록 다양해지고 지능화되어 사회에 미치는 충격과 피해가 막심하다. 최근 증권사 직원의 주가 조작으로 고객들이 천억 넘게 손해 본 사건만 해도 그렇다. 이러한 경제 범죄는 개인 손해를 넘어 국가 경제와도 직결될 수 있다. 따라서 이를 가벼이 여겨서는 안 되며 관대하게 처벌해서도 안 된다. 건전한 경제 질서를 확립하기 위해 경제 사범을 엄벌할 필요가 있다. '한탕 크게 해 먹고 몸으로 때우면 된다'는 한탕주의가 만연하지 않도록 처벌 수준을 더 높여야 한다. 지금까지 미진했던 부당 이익 환수도 앞으로 잘 이루어져 경제 범죄가 재발되지 않도록 해야 할 것이다.

46. 윗글에 나타난 필자의 태도로 가장 알맞은 것을 고르십시오.

① 경제 범죄가 사회에 미치는 영향을 부정하고 있다.

② 경제 사범에 대한 처벌을 강화하도록 촉구하고 있다.

③ 경제 사범의 처벌로 생길 결과에 대해 우려하고 있다.

④ 경제 범죄의 다양한 수법을 객관적으로 분석하고 있다.

47. 윗글의 내용과 같은 것을 고르십시오.

① 경제 범죄로 생긴 부당 이익을 문제없이 잘 환수해 왔다.

② 공금을 불법으로 가로채는 범죄는 경제 범죄에 포함된다.

③ 개인이 저지른 주가 조작 범죄는 국가 경제와 큰 관련이 없다.

④ 경제 범죄 수법이 교묘해졌지만 사회에 미치는 충격은 크지 않다.

Explanation 해설

➡ 46번 문제의 정답은 ②이다. 필자는 '경제 범죄'를 관대하게 처벌해서도 안 되며 처벌 수준을 더 높여야 한다고 주장하고 있으므로 ②가 정답이다.

➡ 47번 문제의 정답은 ②이다. 지문에서 '주가 조작이나 공금 횡령 등의 경제 범죄'라고 하였으므로 ②가 정답이다.

연습문제

4분을 목표로 문제를 풀어 보세요.

46~47 다음을 읽고 물음에 답하십시오.

> 최근 AI를 저작권자로 인정하려는 움직임이 있다. 그런데 AI를 저작권자로 인정하면 작사와 작곡, 소설, 미술 등의 분야에서 AI가 창작한 작품의 소유자가 누구인지를 판별해야 하는 문제가 발생한다. 특히 AI가 기존 저작물을 학습한 자료로 만들어 낸 작품은 소유자가 누구인지 판단하기 어렵다는 문제가 있다. 그리고 AI가 학습한 데이터가 저작권으로 보호받는 자료일 경우, 이를 기반으로 생성된 작품은 저작권을 침해한 것으로 봐야 하기 때문에 해당 작품의 저작권을 인정할 수 없다. 따라서 AI 창작물에 저작권을 부여하는 문제는 신중하게 접근할 필요가 있다.

46. 윗글에 나타난 필자의 태도로 가장 알맞은 것을 고르십시오.
① AI가 생성한 작품에 저작권을 부여하는 것을 우려하고 있다.
② 창작의 영역에 AI가 도전하는 것을 긍정적으로 평가하고 있다.
③ 인간 창작자와 더불어 AI에게 저작권을 부여해야 한다고 역설하고 있다.
④ AI가 작품을 생성하기 위해 사용한 자료의 저작권에 대해 비판하고 있다.

47. 윗글의 내용과 같은 것을 고르십시오.
① AI에게 저작권이 있는 자료는 사용이 제한되어 있다.
② AI가 창작한 작품은 저작권 판별에 대한 문제가 있다.
③ AI와 인간 창작자 간의 저작권 분쟁이 심해지고 있다.
④ AI가 인간의 영역인 창작에 도전하는 것은 불가능하다.

글의 목적과 빈칸에 들어갈 말로 알맞은 것 고르기 및 내용과 같은 것 고르기

18일차   월   일

유형 소개

글의 목적과 빈칸에 들어갈 말로 알맞은 것을 고르고 본문의 내용과 같은 것을 고르는 문제이다.

유형적중 TIP

주어진 지문과 관련하여 세 개의 문제가 제시된다. 첫 번째 문제는 이 글을 쓴 목적을 묻는 문제로 필자가 이 글을 써서 얻고자 하는 것, 글을 통해 말하고자 하는 것이 무엇인지를 찾아야 한다. 선택지에 나타난 서술어가 무엇인지 주의하며 지문을 읽는 것이 좋고 서술어로 사용될 수 있는 어휘와 표현을 익혀두면 좋다.

두 번째 문제는 빈칸에 알맞은 내용을 고르는 문제이다. 다만 난이도가 높은 텍스트가 제시되므로 고급 어휘나 표현이 포함된 읽기 텍스트를 평소에 많이 읽어야 한다. 그리고 빈칸의 위치에 따라 문제 푸는 방법이 달라질 수 있다(유형 16 적중 Tip 참고).

세 번째 문제는 같은 내용을 고르는 문제이다(유형 17 적중 Tip 참고).

  이 유형의 문제는 한 지문에 3문제가 출제된다. 3문제를 6분 안에 푸는 것이 좋다.

91회 기출문제

48~50 다음을 읽고 물음에 답하십시오. (각 2점)

> 예술인은 독창적인 문화를 창조하고 고유한 문화를 보존하는 동시에 예술 활동을 업으로 삼아 수익을 내서 생활하는 사람이다. 그런데 많은 예술인이 기본 생활이 불가능한 적은 수입 탓에 예술 활동을 포기한다. 그 결과 예술인이 감소하며 고령화되는 현상이 나타나고 있다. 2011년에는 생활고로 한 작가가 사망하는 사건까지 일어났다. 이 사건이 계기가 되어 2012년부터 예술인의 권리 보호를 위해 '예술인 복지법'이 시행되었다. 그러나 이는 예술 현장의 실상에 맞지 않아 많은 예술인이 여전히 (   ). 이런 상황에서 올해 예술 활동을 증명하지 못해 지원을 못 받았던 예술인을 위해 예술인 복지법이 개정되었다. 개정안은 이런 예술인도 일반 직업인과 같이 권리를 보호받을 수 있는 대상임을 명확히 하고 있다. 또 예술인이 불리한 처우를 받지 않도록 세부 조치를 마련하는 등 예술인의 고용 안정을 위한 여러 내용을 담고 있다. 앞으로는 이를 바탕으로 유능한 예술인이 활동을 포기하지 않도록 해야 할 것이다.

48. 윗글을 쓴 목적으로 가장 알맞은 것을 고르십시오.

① 예술인의 자질에 대해 분석하려고
② 예술 발전의 어려움을 토로하려고
③ 예술 작품의 창작 활동을 설명하려고
④ 예술인 생활 보장의 필요성을 강조하려고

49. ( )에 들어갈 말로 가장 알맞은 것을 고르십시오.

① 안전을 중요시해야 한다

② 생계의 어려움을 겪고 있다

③ 한 번에 큰돈을 모을 수 있다

④ 창작에 관한 기밀을 지켜야 한다

50. 윗글의 내용과 같은 것을 고르십시오.

① 예술인 복지법은 한 번 신설된 후 개정된 적이 없다.

② 전국에서 예술 분야에 종사하는 사람들 수가 늘고 있다.

③ 올해부터 예술인은 활동을 반드시 증명해야 지원을 받을 수 있다.

④ 2012년 예술인 복지법은 현장의 실상을 반영하는 데 한계가 있었다.

Explanation 해설

- 48번 문제의 정답은 ④이다. 많은 예술인이 생활고로 인해 기본 생활이 불가능하다. 이에 예술인이 예술 활동을 포기하지 않도록 생활 보장을 해야 한다고 주장하고 있다.

- 49번 문제의 정답은 ②이다. 적은 수입으로 어려움을 겪고 있는 예술인을 위한 복지법이 생겼지만 현장의 실상에 맞지 않는다고 했다. 빈칸 앞부분에 '여전히'라고 하였으므로 '생계의 어려움을 겪고 있다'가 가장 알맞다.

- 50번 문제의 정답은 ④이다. 2012년에 예술인 복지법이 시행되었지만 예술 현장의 실상에 맞지 않는다고 했으므로 실상을 반영하는 데 한계가 있다고 한 ④가 정답이다.

연습문제

⏱ _____ 초

📖 6분을 목표로 문제를 풀어 보세요.

48~50 다음을 읽고 물음에 답하십시오.

> 최근 아파트 지하 주차장에서 전기차 화재 폭발 사고가 연달아 발생했다. 전기차 화재 폭발 사고는 언제 일어날지 예측이 어렵고 초기 화재 진압이 어렵기 때문에 이에 대한 주민들의 불안감이 증가하고 있다. 전기차 화재 폭발 사고의 원인은 대체로 배터리의 결함으로 볼 수 있다. 배터리는 제조 과정에서 배터리에 결함이 있을 수 있다. 그리고 배터리가 과충전 되거나 혹은 과방전되는 경우 배터리 내부에서 문제가 생겨 화재가 발생할 수도 있다. 배터리가 외부의 충격을 받거나 손상되는 경우에도 화재 사고가 발생할 수 있다. 전기차는 (   ) 사고가 나면 특히 대응하기 매우 어렵다. 왜냐하면 지하 주차장에서는 화재 진압이 어렵기 때문에 재산 피해가 크고 독성 가스가 발생하여 인명 피해로 이어질 위험이 크기 때문이다. 따라서 전기차 화재 폭발 사고에 대해 경각심을 가지고 사전 예방과 초기 대응 방법에 대한 인식 교육을 해야 한다. 이를 위해서는 많은 시간과 예산이 필요할 것으로 예상된다.

48. 윗글을 쓴 목적으로 가장 알맞은 것을 고르십시오.

① 환경 친화적인 전기차의 필요성을 강조하기 위해

② 화재 폭발 사고를 일으키는 전기차 구매를 막기 위해

③ 전기차 화재 사고의 원인과 예방의 필요성을 알리기 위해

④ 폭발 사고의 원인인 전기차 배터리에 대해 분석하기 위해

49. (   )에 들어갈 말로 가장 알맞은 것을 고르십시오.

① 전기차 배터리를 생산하는 공간에서

② 외부 주차장과 같은 확 트인 장소에서

③ 배터리를 충전하는 시설을 갖춘 곳에서

④ 아파트 지하 주차장과 같은 폐쇄된 환경에서

50. 윗글의 내용과 같은 것을 고르십시오.

① 전기 자동차 배터리 화재 폭발 사고의 원인은 명확히 알 수 없다.

② 아파트에서 발생하는 화재 사고는 화재 진압이 어려워 피해가 크다.

③ 배터리를 너무 심하게 충전하거나 방전이 되면 화재가 발생할 수 있다.

④ 아파트 주차장에서 발생하는 화재 사고로 주민들의 불안감이 증가했다.

Part

주제편

Day 19	주제 01 의식주
Day 20	주제 02 과학
Day 21	주제 03 문화·예술·스포츠
Day 22	주제 04 사회
Day 23	주제 05 교육
Day 24	주제 06 의학·건강
Day 25	주제 07 역사
Day 26	주제 08 환경
Day 27	주제 09 기업·경제
Day 28	주제 10 문학

주제 01 의·식·주

POINT 의·식·주는 옷, 음식, 집을 말한다. 한국의 주거 양식, 음식 문화, 의복 등을 내용으로 하는 문제는 한국어능력시험에 자주 출제된다.

 1-4 다음을 읽고 내용이 같은 것을 고르십시오.

1.

> 한옥은 한국 전통 건축 양식을 따르는 집을 말한다. 한옥은 자연과의 조화를 중요하게 생각하며 나무, 흙, 돌 등 자연 재료를 사용하여 짓는다. 한옥은 지붕에 따라 기와집과 초가집으로 나눈다. 기와집은 상류층이 살던 집으로 집이 아름답고 자연과 어울리는 넓은 마당이 있다. 초가집은 서민이 살던 집으로 실용적이다. 두 집 모두 여름에는 시원하고 겨울에는 따뜻하게 보낼 수 있도록 지어졌다.

① 한옥은 현대에 볼 수 없게 되었다.
② 한옥은 여름에는 덥지만 겨울에는 따뜻하다.
③ 한옥은 나무, 흙, 돌을 이용해서 지붕을 만든다.
④ 한옥은 상류층이 살던 집과 서민이 살던 집이 다르다.

2.

> 부대찌개는 한국전쟁과 관계가 있는 음식이다. 한국전쟁 후 한국에는 식량이 부족했고 식재료도 다양하지 못했다. 그런데 한국에 주둔하고 있던 미군 부대 주변에서는 햄과 소시지 통조림을 쉽게 구할 수 있었다. 전쟁으로 식재료가 부족했던 한국인들은 미군의 식재료에 한국의 식재료인 두부, 김치, 채소를 넣고 함께 끓여 부대찌개라는 새로운 음식을 만들었다. 세월이 흘러 이제 부대찌개는 외국인이 좋아하는 한국의 대표 음식 중 하나가 되었다.

① 부대찌개는 미군이 가장 좋아하는 음식이었다.
② 부대찌개는 미군 부대 근처에서 먹을 수 있다.
③ 부대찌개는 한국전쟁 이전에는 한국에 없었다.
④ 부대찌개는 한국에 주둔하는 미군이 만들었다.

3.  _____ 초

한국의 전통 의상은 한복이다. 한복이라는 말은 19세기에 서양의 양복이 한국에 들어오면서 양복과 구별하기 위해 사용되기 시작했다. 양복은 몸의 치수를 재고 사람의 체형에 맞춰 만들어서 몸에 꼭 맞게 입지만 한복은 몸을 압박하지 않도록 풍성하고 여유 있게 만들어서 입었을 때 편안하다. 한복은 상의인 저고리와 하의인 치마와 바지로 나뉘는데 시대에 따라 모양이 조금씩 달라졌다. 예전에 한복을 늘 입었는데 현대에는 특별한 날에만 한복을 입게 되었다.

① 한복은 19세기부터 입기 시작했다.
② 현대 한복의 모양은 예전과 다르다.
③ 한복은 체형에 꼭 맞게 입어야 한다.
④ 예전에는 특별한 날에 한복을 입었다.

4.  _____ 초

한국인의 주식은 밥이고 반찬과 함께 먹는다. 밥은 주로 쌀로 짓는데 기호에 따라 콩이나 보리 같은 잡곡을 섞기도 한다. 반찬은 따뜻한 국물이 있는 국과 찌개, 제철 식재료를 발효시켜서 두고두고 먹는 장류, 젓갈류, 김치류를 기본으로 한다. 산과 들에서 나는 식물의 줄기, 잎, 뿌리를 조리해서 나물로 만들고 고기는 굽고, 삶고, 찌는 등의 방법으로 반찬을 만든다. 한식은 반찬이 많아 조리가 번거롭지만 맛있고 건강한 음식을 동시에 먹을 수 있다는 장점이 있다.

① 한국인은 반찬을 주식으로 먹는다.
② 조류, 육류, 어류는 나물로 만든다.
③ 밥을 지을 때는 반드시 잡곡을 섞는다.
④ 국과 찌개는 따뜻하게 조리해서 먹는다.

---

1. 한옥

해설 상류층은 기와집에 살았고 서민은 초가집에 살았다.

어휘 한옥, 전통, 건축, 양식, 조화, 흙, 지붕, 기와집, 초가집, 상류층, 서민, 실용적

2. 부대찌개

해설 부대찌개는 한국전쟁 후 한국인들이 만들었다.

어휘 부대찌개, 전쟁, 식량, 주둔하다, 미군, 부대, 햄, 소시지, 통조림, 세월, 대표

3. 한복

해설 한복은 시대에 따라 모양이 달라졌다.

어휘 한복, 의상, 세기, 구별하다, 치수, 재다, 체형, 압박하다, 풍성하다, 여유, 상의, 하의, 나뉘다, 시대, 예전, 현대

4. 한식

해설 국과 찌개는 따뜻한 국물이 있다.

어휘 한식, 주식, 기호, 보리, 잡곡, 국물, 제철, 발효, 장류, 젓갈류, 기본, 들, 식물, 줄기, 뿌리, 조리하다, 나물, 삶다, 번거롭다, 장점

5-8 다음을 읽고 ( )에 들어갈 내용으로 가장 알맞은 것을 고르십시오.

5.

한국 사람에게 김밥은 '소울 푸드'라고 할 수 있다. 김밥은 (   ) 음식이었기 때문이다. 아이들이 좋아하는 소풍날이 되면 어머니들은 어김없이 도시락으로 김밥을 쌌다. 아이들은 김밥을 친구들과 바꿔 먹기도 하고 나눠 먹기도 했다. 그때 자연을 벗 삼아 먹는 김밥은 그야말로 꿀맛이었다. 이제 김밥을 파는 가게도 많고 사람들도 바빠져서 김밥을 간편식으로 많이 먹지만 아직도 김밥은 추억을 부르는 음식이다.

① 특별한 날에 먹는
② 몸에 좋고 맛도 좋은
③ 김밥집에서 만들어 파는
④ 쉽게 만들어 먹을 수 있는

6.

조선 시대 선비들은 다양한 모자를 썼다. 그중에서 주로 갓을 썼는데 그 이유는 갓이 실용적이면서도 갓을 착용한 (   ) 잘 보여주기 때문이었다. 그런데 점점 갓의 실용성보다는 멋을 추구하는 경향이 강해지면서 지나치게 큰 갓이 유행하게 되었다. 이에 큰 갓 금지법이 시행되기도 했고 화려한 갓 장신구가 금지되기도 했다. 갓은 많은 선비들의 사랑을 받았지만 1985년 단발령 후 갓을 쓴 사람은 더 이상 보기 힘들게 되었다.

① 사람이 가진 성격을
② 사람의 패션 감각을
③ 사람의 신분이 어떤지
④ 사람이 얼마나 예의 바른지

---

5. 김밥
해설 김밥은 아이들이 좋아하는 소풍날에 먹었다.
어휘 김밥, 소울 푸드, 소풍날, 어김없이, 도시락, 자연, 벗, 꿀맛, 간편식, 추억

6. 갓
해설 선비들이 멋을 추구하면서 큰 갓이 유행하였다.
어휘 갓, 조선, 선비, 그중, 착용하다, 실용성, 추구하다, 경향, 지나치다, 금지법, 시행되다, 장신구, 단발령

7.  _____ 초

김치는 한국인의 밥상에서 빠질 수 없는 반찬이다. 갓 지은 밥에 맛있는 김치만 있으면 다른 반찬이 필요 없다. 그런데 겨울이 되면 날씨가 너무 추워 김치의 재료 수급이 어려워진다. 그래서 겨울이 다가오면 집집마다 김치를 담갔다. 이것이 바로 김장이다. 김장하는 날은 (   ) 김장 김치를 담그다 보니 온 가족과 이웃의 손을 빌려야 했다. 집주인은 수고한 사람들을 위해 돼지고기를 삶아 대접했는데 이 과정에서 이웃과의 관계도 돈독해졌다.

① 누구나 좋아하는 맛있는
② 겨울 동안 먹을 많은 양의
③ 건강에 좋은 다양한 채소로
④ 삶은 돼지고기와 잘 어울리게

8.  _____ 초

떡은 한국의 전통음식이다. 정확히 언제부터 떡을 만들어 먹었는지 알 수는 없지만 청동기 시대 유적에서 떡을 찌는 시루가 발견되었고 고무덤 벽화에도 시루가 그려져 있으니 (   ) 것이다. 떡은 특별한 날에 빠질 수 없는 음식으로 설날에 떡국, 추석에 송편, 백일에 백설기, 제사에 시루떡 등이 그러하다. 한국 사람들은 떡을 이웃과 함께 나누어 먹었는데 이로써 이웃과 소통하고 서로의 행복을 기원했다.

① 떡의 종류는 아주 다양할
② 떡을 특별한 날에 만들었을
③ 떡을 만드는 방법이 복잡할
④ 떡의 역사는 매우 오래되었을

---

7. 김장
해설) 겨울에 김치 재료의 수급이 어렵기 때문에 겨울 전에 많은 양의 김치를 담가야 한다.
어휘) 김장, 갓, 수급, 다가오다, 집집마다, 담그다, 온, 대접하다, 과정, 돈독하다

8. 떡
해설) 떡 시루는 청동기 유적에서 발견되고 고무덤 벽화에도 그려져 있다.
어휘) 떡, 정확히, 청동기, 유적, 시루, 발견되다, 고무덤, 벽화, 제사, 소통하다, 기원하다

9-12 다음 글의 주제로 가장 알맞은 것을 고르십시오.

9.

한국은 지구의 북반구에 위치하고 지형이 남북으로 긴 형태이다. 그래서 북쪽으로 갈수록 추워지고 남쪽으로 갈수록 따뜻해진다. 한국에서 가장 따뜻한 지역인 제주도에는 '일(ㅡ) 자형' 주택이 많고 중부 지역은 '기역(ㄱ) 자형' 주택이 많으며 북부 지역으로 올라갈수록 '디귿(ㄷ) 자형'과 '미음(ㅁ) 자형'이 차례대로 나타난다. '일(ㅡ) 자형' 주택은 바람이 잘 통하는 구조이고 '미음(ㅁ) 자형' 구조는 바람이 들어오지 못하는 구조이기 때문이다.

① 북반구에서는 남쪽으로 갈수록 추워진다.
② 한국에는 '일(ㅡ) 자형' 주택이 가장 많다.
③ 한국은 위치에 따라 주택의 형태가 다르다.
④ '미음(ㅁ) 자형' 주택이 바람이 가장 잘 통한다.

10.

사찰 음식은 한국의 전통 불교 사찰에서 먹는 음식을 말한다. 사찰 음식은 불교의 철학을 담고 있어 고기를 사용하지 않는다. 주재료는 제철 채소, 나물, 버섯, 곡물 등이다. 재료 본연의 맛을 중요하게 생각하기 때문에 향이 강한 향신료를 사용하지 않아 맛이 자극적이지 않다. 사찰 음식은 자연에서 발효된 장류를 사용하여 소화가 잘되고 건강에 좋다. 사찰 음식을 만들 때는 정성을 다해 만들어야 하고 먹을 때도 음식에 감사하는 마음을 가지고 먹어야 한다.

① 사찰 음식은 불교 철학을 담고 있다.
② 사찰 음식은 맛은 없지만 건강에 좋다.
③ 사찰 음식은 고기를 못 먹는 사람이 먹는다.
④ 사찰 음식은 만드는 방법이 비교적 단순하다.

---

9. 집의 형태

해설 북부, 중부, 남부 지역의 집은 모두 형태가 다르다.

어휘 형태, 지구, 북반구, 지형, 남북, 지역, 주택, 중부, 북부, 통하다, 구조

10. 사찰 음식

해설 사찰 음식은 불교의 철학을 담고 있어 고기를 사용하지 않는다.

어휘 사찰, 불교, 철학, 담다, 주재료, 버섯, 곡물, 본연, 향, 향신료, 자극적, 소화, 정성

11.  _____ 초

　　명당은 산 사람이나 죽은 사람 모두에게 좋은 영향을 주는 장소를 말한다. 명당은 산의 모양이 아름답고 맑은 물이 흐르는 곳이며 평지가 아닌 약간 경사가 있는 곳을 말한다. 그리고 방향은 햇빛이 잘 들어오는 남향이어야 한다. 명당에 집을 지으면 가족이 건강하고 성공하며 명당에 죽은 사람을 묻으면 그 자식들이 잘 된다고 한다. 명당은 자연과 인간이 조화를 이룬다는 한국인의 전통 사상을 보여준다.

① 명당이 되기 위한 조건은 복잡하고 까다롭다.
② 죽은 사람을 명당에 묻으려면 산으로 가야 한다.
③ 명당에서 살아야 자식이 건강하고 성공할 수 있다.
④ 한국 사람들은 자연이 인간에게 영향을 준다고 믿었다.

12.  _____ 초

　　한국 사람은 예부터 다양한 발효식품을 섭취해 왔다. 김치를 비롯해 간장, 된장, 고추장 같은 장류와 다양한 젓갈류가 그러하다. 이러한 식품들은 오랫동안 두고두고 먹는 음식이라 보관할 때 주의가 필요하다. 그래서 한국 사람들은 발효식품 전용 용기인 독에 김치나 장류 등을 담고 이 김칫독과 장독을 장독대에 두고 보관했다. 발효에는 햇빛, 바람, 온도, 습도의 영향이 크므로 장독대는 햇빛이 잘 들고 바람이 잘 통하는 곳으로 했다.

① 발효식품은 독에 담아 장독대에서 발효시킨다.
② 장독대에 음식을 보관하면 음식이 상하지 않는다.
③ 발효식품은 시간이 오래될수록 맛있어지는 음식이다.
④ 김치류, 장류, 젓갈류는 장독대에 보관하지 않아도 된다.

---

11. 명당

해설 명당은 사람에게 좋은 영향을 주는 장소이다.
어휘 명당, 영향, 평지, 경사, 햇빛, 남향, 묻다, 인간, 이루다, 사상

12. 장독대

해설 발효식품은 보관할 때 주의가 필요해서 전용 용기인 독에 담아 장독대에 보관했다.
어휘 장독대, 발효식품, 섭취하다, 젓갈, 보관하다, 주의, 전용, 용기, 습도

 의·식·주

	한국어	영어	일본어	중국어	베트남어
1	의식주	basic necessities of life (food, clothing, and shelter)	衣食住	衣食住	những yếu tố cơ bản của cuộc sống (ăn, mặc, ở)
	한옥	Hanok (traditional Korean house)	韓屋（韓国伝統家屋）	韩屋（韩国传统建筑）	Hanok (nhà truyền thống Hàn Quốc)
	전통	tradition	伝統	传统	truyền thống
	건축	architecture	建築	建筑	kiến trúc
	양식	style	様式	样式	kiểu, phong cách
	조화	harmony	調和	协调	sự hài hòa
	흙	soil	土	土	đất
	지붕	roof	屋根	屋顶	mái nhà
	기와집	tile-roofed house	瓦屋	瓦房	nhà mái ngói
	초가집	thatched-roof house	草ぶき屋根の家	草房	nhà tranh mái lá
	상류층	upper class (the wealthy)	上流層	上流层	tầng lớp thượng lưu
	서민	ordinary people, commoners	庶民	庶民	dân thường
	실용적	practical	実用的	实用的	thiết thực
2	부대찌개	Budaejjigae (spicy sausage stew)	プデチゲ	部队锅	Budaejjigae (móncan hhầmthậpcẩm)
	전쟁	war	戦争	战争	chiếntranh
	식량	food supply	食料	粮食	nguồn cung cấp thực phẩm
	주둔하다	bestationed	駐屯する	驻扎	đóng quân
	미군	U.S. military	米軍	美军	quân đội Hoa Kỳ
	부대	militaryunit	部隊	部队	đơn vị quân đội
	햄	ham	ハム	火腿	thịt hun khói
	소시지	sausage	ソーセージ	香肠	xúc xích
	통조림	canned food	缶詰	罐头	đồ hộp
	세월	time, years	歳月、年月	岁月	thời gian, năm tháng
	대표	typical	代表	代表	điển hình, tiêu biểu
3	한복	Hanbok (traditional Korean clothes)	韓服（韓国の伝統衣装）	韩服（韩国传统服饰）	Hanbok (quần áo truyền thống Hàn Quốc)
	의상	outfit, costume	衣装	服装	trang phục, y phục
	세기	century	世紀	世纪	thế kỷ
	구별	distinction, differentiation	区別	区别	sự phân biệt, sự khác biệt

의·식·주 주제 01

	한국어	영어	일본어	중국어	베트남어
3	치수	size, measurement	寸法	尺码	kích thước, số đo
	재다	to measure	測る	测量	đo đạc
	체형	body type	体型	体型	dáng người
	압박하다	compress	圧迫する	压迫	ép, nén
	풍성하다	ample	豊かだ、ふんだんだ	充足	đầy đặn, phong phú
	여유	looseness, generous fit	余裕	宽裕	sự thoải mái, rộng rãi
	상의	top (clothing)	上着	上衣	áo (phần trên của trang phục)
	하의	bottom (clothing)	下衣（ズボン・スカートなど）	下衣	quần (phần dưới của trang phục)
	나뉘다	be divided	分かれる	分为	được chia ra
	시대	era, period	時代	时代	thời đại, kỷ nguyên
	예전	old days, the past	昔、以前	过去	ngày xưa, trước đây
	현대	modern times	現代	现代	hiện đại
4	한식	Korean food	韓国料理	韩国料理（韩餐）	đồ ăn Hàn Quốc
	주식	staple food, main food	主食	主食	món ăn chính, lương thực chính
	기호	preference	嗜好	喜好	sở thích, khẩu vị
	보리	barley	麦	大麦	lúa mạch
	잡곡	mixed grains	雑穀	杂粮	ngũ cốc hỗn hợp, các loại hạt
	국물	soup, broth	スープ	汤汁	nước súp, nước dùng
	제철	seasonal	旬（の食材）	当季	theo mùa, đúng mùa
	발효	fermentation	発酵	发酵	sự lên men, ủ men
	장류	fermented sauces (e.g., soybean paste, red pepper paste)	味噌類	发酵调味品（大酱，辣椒酱等）	các loại nước sốt lên men (ví dụ: tương đậu nành, tương ớt)
	젓갈류	Jeotgal, salted seafood	塩辛類	鱼虾酱类	Jeotgal (hải sản ướp muối)
	기본	basic, foundation	基本	基本	cơ bản, nền tảng
	들	fields	野原	田野	cánh đồng
	식물	plant	植物	植物	thực vật, cây cối
	줄기	stem	茎	茎	thân cây
	뿌리	root	根	根	rễ cây
	조리하다	cook, prepare food	調理する	烹饪	nấu ăn, chế biến

주제 01 의·식·주

	한국어	영어	일본어	중국어	베트남어
4	나물	seasoned vegetables, wild greens	ナムル（和え物）	凉拌野菜	rau trộn, rau dại tầm gia vị
	삶다	boil (vegetables)	茹でる、煮る	煮	luộc (rau)
	번거롭다	be bothersome, hassle	面倒だ、煩わしい	麻烦	phiền phức, rắc rối
	장점	advantage, strength	長所	优点	ưu điểm, thế mạnh
5	김밥	Gimbap (Korean seaweed rice roll)	キンパ（海苔巻き）	紫菜包饭	Gimbap (cơm cuộn rong biển kiểu Hàn Quốc)
	소울 푸드	comfort food, soul food	ソウルフード	慰藉食物	món ăn tinh thần, món ăn quen thuộc
	소풍날	picnic day	遠足の日	去郊游的日子	ngày dã ngoại, ngày đi chơi
	어김없이	without fail, as always	必ず、例外なく	一定，必须	chắc chắn, luôn luôn
	도시락	lunch box	弁当	便当	cơm hộp
	자연	nature	自然	自然	thiên nhiên, tự nhiên
	벗	friend, companion	友	朋友	bạn bè, người đồng hành
	꿀맛	extremely delicious, sweet as honey	おいしい味、蜂蜜の味	美味	cực kỳ ngon, ngọt như mật ong
	간편식	convenientmeal, instantfood	手軽な食べ物	简餐	bữa ăn tiện lợi, đồ ăn liền
	추억	memory	思い出	回忆	kỷ niệm, hồi ức
6	갓	Gat (traditional Korean hat worn by noblemen)	カッ（韓国伝統の帽子）	纱帽（古代贵族戴的传统帽子）	Gat (mũ truyền thống của hàn quốc dành cho giới quý tộc)
	조선	Joseon dynasty	朝鮮	朝鲜	triều đại Joseon
	선비	confucian scholar, scholar	士人（学識ある儒者）	儒生	nhà nho, học giả
	그중	among them	その中で	其中	trong số đó
	착용하다	wear, put on	着用する	穿戴	đội, mặc, đeo
	실용성	practicality	実用性	实用性	tính thực tế, tính hữu dụng
	추구하다	pursue	追求する	追求	theo đuổi
	경향	tendency, trend	傾向	倾向	khuynh hướng, xu hướng
	지나치다	be excessive, go too far	行き過ぎる、度を超える	过分	quá mức, đi quá xa

의·식·주 주제 01

	한국어	영어	일본어	중국어	베트남어
6	금지법	prohibition law	禁止法	禁止法	luật cấm
	시행되다	be enforced, be implemented	施行される	实施	được thi hành, được thực hiện
	장신구	accessory, jewelry	装具、アクセサリー	装饰品	trang sức, phụ kiện
	단발령	short hair decree (historical regulation to cut long hair)	断髪令	剃发令	sắc lệnh cắt tóc ngắn (quy định lịch sử về việc cắt tóc dài)
7	김장	Kimjang (traditional kimchi-making for winter)	キムジャン（キムチ漬けの行事）	腌制越冬辛奇的活动	Gimjang (việc muối kim chi,)
	갓	leaf mustard, Gat (leaf vegetable)	カッ（韓国伝統の帽子）	刚刚	lá cải bẹ xanh, gat (rau ăn lá)
	수급	supply and demand	需給	供需	cung và cầu
	다가오다	approach, come near	近づいてくる	来临	đến gần, tiến gần
	집집마다	in every household	各家庭	家家户户	trong mỗi gia đình, mọi nhà
	담그다	make (kimchi)	漬ける	腌渍	muối (kim chi)
	온	all, whole	全（全体の意味）	全，所有	tất cả, toàn bộ
	대접하다	treat, serve	もてなす、ご馳走する	招待，款待	tiếp đãi, chiêu đãi
	과정	process	過程	过程	quá trình
	돈독하다	become closer, strengthen (relationships)	（友情、絆などが）厚い	亲密，深厚	thắm thiết, sâu đậm
8	떡	Tteok, ricecake	トッ（韓国の餅）	打糕	Tteok, bánh gạo
	정확히	exactly, precisely	正確に	准确地	chính xác, đúng đắn
	청동기	bronze age	青銅器	青铜器	thời đại đồ đồng
	유적	archaeological site, relic	遺跡	遗迹	di tích khảo cổ
	시루	Siruh, steaming vessel for rice cake	蒸し器	蒸笼	Siruh (chõ hấp bánh gạo)
	발견되다	be discovered	発見される	发现	được phát hiện
	고무덤	ancient tomb	古墳	古墓	lăng mộ cổ
	벽화	mural, mural painting	壁画	壁画	bích họa, tranh tường
	제사	ancestral rite, memorial ceremony	祭祀	祭祀	cúng giỗ
	소통하다	communicate	疎通する、通じ合う	沟通	giao tiếp, trao đổi

의·식·주

		한국어	영어	일본어	중국어	베트남어
8		기원하다	pray, with	祈願する	祝愿	cầu nguyện, ước nguyện
		형태	shape	形態	形状	hình dạng, hình thái
		지구	earth	地球	地球	trái đất
		북반구	northern hemisphere	北半球	北半球	bán cầu bắc
		지형	terrain	地形	地形	địa hình
		남북	north and south	南北	南北	bắc và nam
9		지역	region	地域	地区	khu vực, vùng
		주택	housing	住宅	住宅	nhà ở, nhà cửa
		중부	central region	中部	中部	miền trung
		북부	northern region	北部	北部	miền bắc
		통하다	pass through, be connected	通じる	通	thông qua
		구조	structure	構造	结构	cấu trúc, kết cấu
		사찰	temple	寺院	寺庙	chùa, tự viện
		불교	buddhism	仏教	佛教	phật giáo
		철학	philosophy	哲学	哲学	triết học
		담다	contain	入れる	包含	chứa đựng
		주재료	main ingredient	主材料	主要材料	nguyên liệu chính
		버섯	mushroom	きのこ	蘑菇	nấm
10		곡물	grain	穀物	谷物	ngũ cốc
		본연	inherent, natural	本来、生まれつき	本来	bản chất, vốn có
		향	aroma	香り	香味	hương thơm
		향신료	spice	香辛料	香辛料	gia vị
		자극적	strong, sharp-tasting	刺激的	刺激的	kích thích, mạnh
		소화	digestion	消化	消化	tiêu hóa
		정성	sincerity, devotion	真心	诚意	sự chân thành, tận tâm
		명당	auspicious site, propitious site	明堂、運気の良い場所	宝地	vị trí tốt, đất lành
		영향	influence, effect	影響	影响	sự ảnh hưởng
11		평지	flat land	平地	平地	đất bằng, đồng bằng
		경사	slope	傾斜	倾斜，坡度	độ dốc, độ nghiêng
		햇빛	sunlight	日差し	阳光	ánh sáng mặt trời
		남향	south-facing	南向き	朝南	hướng về phía nam

의·식·주 주제 01

	한국어	영어	일본어	중국어	베트남어
11	묻다	bury	埋める	埋葬	chôn, vùi
	인간	human	人間	人类	con người
	이루다	achieve	成し遂げる、実現する	实现	đạt được
	사상	thought, ideology	思想	思想	tư tưởng
12	장독대	Jangdokdae (Korean traditional clay jar stand)	ジャンドクデ（かめ置き場）	酱缸台	Jangdokdae (chỗ để hũ tương)
	발효식품	fermented food	発酵食品	发酵食品	thực phẩm lên men
	섭취하다	intake, ingest	摂取する	摄取	hấp thụ
	젓갈	salted seafood, fermented seafood	塩辛	鱼虾酱类	hải sản muối
	보관하다	store	保管する	保管	bảo quản
	주의	caution	注意	注意	sự chú ý
	전용	exclusively for	専用	专用	dành riêng
	용기	container	容器	容器	đồ đựng, vật chứa
	습도	humidity	湿度	湿度	độ ẩm

주제 02 과학

20일차 월 일

> **POINT** 과학 주제에서는 특정 동식물의 생태에 대한 소개를 비롯하여 태풍이나 지진과 같은 자연 현상 문제가 출제되기도 하고 과학 상식에 대한 내용이 출제되기도 한다.

1-4 다음을 읽고 내용이 같은 것을 고르십시오.

1.

지층은 여러 층의 퇴적물과 흙과 암석층이 쌓인 것으로 오랜 시간에 거쳐 생성된다. 지층은 과거 시대를 구분하고 자원을 탐사하며 과거의 환경 변화를 이해하는 데 중요한 역할을 한다. 예를 들어 과거에 그 지역이 바다나 강이었다면 그 지층에서는 물고기나 조개 화석이 발견될 것이고 숲이었다면 곤충이나 동식물 화석이 발견될 것이기 때문이다.

① 다양한 생물의 화석이 지층에서 발견된다.
② 지층을 관찰하면 인간의 역사를 알 수 있다.
③ 바다에 가면 물고기 화석을 발견할 수 있다.
④ 환경이 변하면 곤충이나 동식물은 화석이 된다.

2.

태풍은 바닷물 온도가 26.5도 이상인 열대 해상에서 발생한다. 그 후 북상하다가 육지에 오르거나 고위도 지역에 이르면 세력이 약해지다가 없어진다. 태풍의 중심은 바람이 약하고 날씨가 맑고 태풍의 바깥쪽으로 갈수록 강한 바람과 비를 동반한다. 강한 태풍은 인간에게 많은 피해를 주지만 가뭄을 해갈해 주고 공기의 질을 개선해 주며 바다의 적조현상과 강의 녹조현상을 억제하는 등 긍정적인 역할도 한다.

① 태풍은 북쪽으로 올라가면서 약해진다.
② 태풍은 바닷물과 강물을 더럽게 만든다.
③ 태풍이 육지에 도착하면 가뭄이 심해진다.
④ 태풍의 안과 바깥에는 강한 비바람이 분다.

3.  _____초

파리, 모기, 바퀴벌레처럼 인간에게 질병이나 피해를 가져다주는 곤충은 해충이라고 하고 인간에게 도움을 주는 곤충을 익충이라고 한다. 잠자리는 유충일 때 물속에서 모기의 유충이나 작은 곤충을 하루 평균 50.6마리 잡아먹고, 성충이 되면 하루 평균 50마리 이상의 파리, 모기 등을 잡아먹는다. 즉 잠자리는 해충의 증가를 억제하여 인간이 해충으로부터 질병에 감염되는 것을 예방하는 데 도움을 준다.

① 익충은 인간에게 피해를 가져다준다.
② 잠자리는 해충을 잡아먹는 익충이다.
③ 잠자리 성충은 파리 유충을 잡아먹는다.
④ 잠자리 유충은 인간에게 질병을 가져다준다.

4.  _____초

생태계는 생물들이 상호 작용하며 살아가는 복잡한 시스템을 말한다. 생태계의 주요 구성 요소에는 생산자, 소비자, 분해자, 비생물적 요소가 있다. 생산자는 생태계의 기초를 이루는 생물들로 주로 식물이 이에 해당한다. 1차 소비자는 생산자로부터 에너지를 얻는 초식 동물, 2차 소비자는 육식 동물, 3차 소비자는 최상위 포식자이다. 분해자에는 죽은 동식물을 분해하는 균류와 박테리아가 있다. 그리고 이들이 살아갈 수 있게 하는 물, 공기, 흙, 햇빛 등은 비생물적 요소이다.

① 균류와 박테리아는 분해자이다.
② 1차 소비자는 생태계의 기초를 이룬다.
③ 생태계의 요소는 모두 살아있는 생물들이다.
④ 물, 공기, 토양 등은 생태계의 요소가 아니다.

---

1. 지층

해설) 지층에서 물고기, 조개, 곤충, 동식물 화석이 발견된다.

어휘) 지층, 퇴적물, 흙, 암석, 쌓이다, 오랜, 거치다, 생성되다, 구분하다, 자원, 탐사하다, 환경, 변화, 역할, 지역, 조개, 화석, 발견되다, 숲, 곤충, 동식물

2. 태풍

해설) 태풍은 북상하다가 육지에 오르거나 고위도 지역에 이르면 약해지다가 없어진다.

어휘) 태풍, 바닷물, 열대, 해상, 발생하다, 북상하다, 육지, 고위도, 이르다, 세력, 동반하다, 인간, 가뭄, 해갈하다, 공기, 질, 개선하다, 적조현상, 녹조현상, 억제하다, 긍정적

3. 잠자리

해설) 잠자리는 파리, 모기와 같은 해충을 잡아먹는다.

어휘) 잠자리, 파리, 바퀴벌레, 질병, 해충, 익충, 유충, 물속, 평균, 잡아먹다, 성충, 즉, 감염, 예방

4. 생태계

해설) 분해자에는 죽은 동식물을 분해하는 균류와 박테리아가 있다.

어휘) 생태계, 생물, 상호 작용, 시스템, 주요, 구성, 요소, 생산자, 소비자, 분해자, 기초, 이루다, 식물, 해당하다, 에너지, 초식, 육식, 최상위, 포식자, 분해하다, 균류, 박테리아, 살아가다

[5-8] 다음을 읽고 ( )에 들어갈 내용으로 가장 알맞은 것을 고르십시오.

5.  _____초

중력은 지구가 물체를 지구 중심 쪽으로 끌어당기는 힘을 말한다. 우리는 ( ) 보고 지구에 중력이 있다는 것을 알 수 있다. 그런데 달에는 지구의 $\frac{1}{6}$의 중력이 있다고 한다. 그래서 달에 가면 모든 물체가 가벼워지고 높이 뛰어오를 수 있으며 떨어지는 물체는 천천히 떨어지게 된다. 달에 간 우주 비행사들이 걸을 때 부자연스러웠던 것도 모두 이 때문이다.

① 밤하늘에 달이 빛나는 것을
② 바다에 배가 떠다니는 것을
③ 물건이 아래로 떨어지는 것을
④ 비행기가 하늘에 날아다니는 것을

6.  _____초

지진이 발생하기 전에 동물들이 이상한 행동을 하는 것은 오래전부터 관찰되어 왔다. 이는 동물들의 예민한 감각이 ( ) 감지할 수 있기 때문이다. 실제로 1975년 중국 지진 때는 쥐들이 나와 힘없이 쓰러지고 겨울잠을 자던 뱀들이 나와 얼어 죽는 현상이 관찰되기도 했다. 이런 동물들의 행동은 지진을 예측하는 연구에 도움이 되지만 항상 나타나는 것은 아니며 아직 과학적으로 완전히 증명된 것은 아니다.

① 주변에 있는 먹이의 위치를
② 날씨가 급격히 변화하는 것을
③ 다른 동물들의 갑작스러운 변화를
④ 지구의 움직임이 만들어내는 진동을

---

5. 중력

해설 지구가 물체를 지구 중심 쪽으로 끌어당기기 때문에 물건은 아래로 떨어진다.

어휘 중력, 지구, 물체, 중심, 끌어당기다, 뛰어오르다, 우주 비행사, 부자연스럽다

6. 지진과 동물

해설 동물들은 감각이 예민해서 지구가 만들어내는 진동을 지진이 발생하기 전에 감지할 수 있다.

어휘 지진, 동물, 관찰되다, 예민하다, 감각, 움직임, 진동, 감지하다, 실제로, 힘없이, 쓰러지다, 겨울잠, 얼어 죽다, 예측, 연구, 과학적, 완전히, 증명되다

7.  _____ 초

지구가 태양의 주위를 도는 것은 공전이라고 하고 지구가 스스로 도는 것은 자전이라고 한다. ( ) 지구에는 낮과 밤의 변화가 생긴다. 지구가 태양을 향하면 낮이 되고 태양의 반대쪽을 향하면 밤이 되는 것이다. 그런데 지구는 똑바로 서 있지 않고 특이하게도 약 23.5도 기울어진 상태로 자전과 공전을 한다. 그래서 우리는 계절의 변화도 겪게 되는데 지구의 북반구가 여름이면 남반구는 겨울이 되고 계절에 따라 낮과 밤의 길이도 달라지게 된다.

① 지구의 공전 덕분에
② 지구의 자전 덕분에
③ 지구가 기울어진 덕분에
④ 지구가 똑바로 있는 덕분에

8.  _____ 초

한 지역에 머무르지 않고 계절에 따라 이동하는 새를 철새라고 한다. 철새는 여름에 번식을 위해 북쪽으로 이동하고 겨울에는 먹이를 찾아 남쪽으로 이동한다. 철새가 길을 잃지 않고 매년 같은 지역을 찾아 올 수 있는 이유는 ( ) 때문이라고 한다. 한 연구에서 철새를 어두운 새장 안에 가두고 새장 밖에서 자기장을 바꾸는 실험을 했더니 자기장의 방향을 따라 철새도 방향을 바꾸었다고 한다.

① 자신이 살았던 곳을 기억하기
② 지구의 자기장을 느낄 수 있기
③ 온도의 변화를 예민하게 느끼기
④ 다른 새들보다 불빛에 민감하기

---

7. 자전과 공전

해설 지구가 자전하면서 태양을 향하면 낮이 되고 반대쪽을 향하면 밤이 된다.

어휘 자전, 공전, 태양, 스스로, 향하다, 반대쪽, 특이하다, 기울어지다, 상태, 겪다, 북반구, 남반구

8. 철새

해설 철새는 자기장의 방향을 따라 방향을 바꾸므로 철새는 자기장을 느낄 수 있다.

어휘 철새, 머무르다, 이동하다, 번식, 먹이, 자기장, 새장, 가두다, 실험

9-12 다음 글의 주제로 가장 알맞은 것을 고르십시오.

9.  _____ 초

달빛이 지구에 오는 데 걸리는 시간은 1초 정도이고 태양 빛이 지구에 오는 데 걸리는 시간은 8분 정도이다. 그 말은 우리가 보는 달이 1초 전 달의 모습이고 우리가 보는 태양이 8분 전 태양의 모습이라는 것이다. 지구에서 가장 가까운 은하는 안드로메다 은하로 약 250만 광년 떨어져 있다. 우리가 맑은 밤하늘에 빛나는 안드로메다 은하의 빛을 발견했다면 우리는 결국 250만 광년 전 과거의 안드로메다 은하를 보는 것이다.

① 가까이 있는 별이 멀리 있는 별보다 밝다.
② 빛은 우주에서 멀어질수록 속도가 더 빨라진다.
③ 지구에서 가장 가까운 은하는 안드로메다 은하이다.
④ 멀리 있는 별일수록 더 먼 과거의 모습을 보는 것이다.

10.  _____ 초

지표면이 열을 받으면 공기가 따뜻해지고 이 공기는 가벼워져서 상승하게 된다. 상승한 공기는 온도가 낮아지고 무거워지면 다시 지표면으로 내려오게 된다. 이렇게 공기가 순환하는 것을 대류 현상이라고 한다. 대류 현상은 날씨와 기후에 큰 영향을 미친다. 예를 들어 상승한 공기가 냉각되면 구름이 형성되고 비가 내리게 된다. 그리고 지표면이 빠르게 가열되면 바다에서 육지로 바람이 불고 지표면이 빠르게 냉각되면 육지에서 바다로 바람이 불게 된다.

① 지표면의 공기는 상승해서 열을 받아 구름이 된다.
② 바다에서 바람의 방향이 바뀌는 것은 공기 때문이다.
③ 공기의 대류 현상은 날씨와 기후에 큰 영향을 미친다.
④ 지표면의 열을 이용해서 바람의 방향을 바꿀 수 있다.

---

9. 별빛

해설 빛이 지구에 오는 데 시간이 걸리므로 멀리 있는 별빛을 보는 것은 더 먼 과거의 모습을 보는 것이다.

어휘 별빛, 달빛, 모습, 은하, 광년, 빛나다, 발견하다, 결국

10. 대류 현상

해설 대류 현상으로 비가 내리고 바람이 분다. 그래서 대류 현상은 날씨와 기후에 영향을 미친다.

어휘 대류 현상, 지표면, 상승하다, 순환하다, 기후, 영향, 예를 들어, 냉각되다, 형성되다, 가열되다

11.   ⏱ _____초

> 버섯은 식물과 비슷하게 생겨서 식물로 오해를 받지만 사실 식물이 아니다. 식물은 햇빛을 받으면 광합성으로 영양분을 생산해 낼 수 있다. 하지만 버섯은 균류에 속하기 때문에 광합성을 할 수 없다. 그래서 많은 버섯들이 나무에 붙어 자라며 나무로부터 영양분을 얻는다. 그런데 모든 버섯이 나무에 기생하며 영양분을 얻기만 하는 것은 아니다. 나무에게 필요한 영양분을 제공하고 병원균으로부터 나무를 보호하는 등 서로 도움을 주며 공생하는 버섯도 있다.

① 버섯은 나무에 붙어 살면서 병원균을 잡아 먹는다.
② 버섯은 식물처럼 광합성을 통해 영양분을 생산한다.
③ 버섯은 균류에 속하기 때문에 나무가 없으면 살 수 없다.
④ 버섯은 영양분을 얻기 위해 나무에 기생하거나 공생한다.

12.   ⏱ _____초

> 문어는 미로를 학습하고 탐색하는 능력을 가지고 있고 도구를 사용할 수도 있다. 문어는 코코넛이나 조개 껍데기를 이용해서 자신의 피난처를 만들기도 하고 심지어 병뚜껑을 돌려서 연 후에 병 속에 들어 있는 먹이를 꺼내 먹기도 한다. 이뿐만 아니라 자신에게 도움을 준 사람과 자신을 괴롭힌 사람의 얼굴을 기억했다가 두 사람이 동시에 다가오면 자신에게 도움을 준 사람 쪽으로 다가간다고 한다.

① 문어는 지능이 높은 동물이다.
② 문어는 도움을 받으면 도움을 갚는다.
③ 문어는 학습하고 탐색하는 것을 좋아한다.
④ 문어는 도구를 사용하는 능력을 가지고 있다.

---

11. 버섯

해설 버섯은 나무로부터 영양분을 얻기도 하고 나무에게 필요한 영양분을 제공하기도 한다.

어휘 버섯, 오해, 광합성, 영양분, 생산하다, 속하다, 붙다, 자라다, 기생하다, 제공하다, 병원균, 보호하다, 공생하다

12. 문어

해설 문어는 지능이 높기 때문에 미로를 학습하고 탐색하며 도구도 사용할 뿐만 아니라 사람의 얼굴도 기억한다.

어휘 문어, 미로, 학습하다, 탐색하다, 도구, 코코넛, 껍데기, 피난처, 심지어, 뚜껑, 돌리다, 꺼내다, 괴롭히다, 기억하다, 동시, 다가오다, 다가가다

주제 02 과학

	한국어	영어	일본어	중국어	베트남어
1	지층	geological layer	地層	地层	địa tầng, tầng địa chất
	퇴적물	sediment	堆積物	沉积物	trầm tích, vật liệu lắng đọng
	흙	soil	土	土	đất
	암석	rock	岩石	岩石	đá
	쌓이다	accumulate	積もる	堆积	tích tụ, chồng chất
	오랜	long-lasting	長い（長期間）	很久，漫长	lâu dài, trải qua thời gian dài
	거치다	go through, pass through	経る	经过	trải qua, đi qua
	생성되다	be formed	生成される	生成，形成	được hình thành, được tạo ra
	구분하다	distinguish, classify	区分する	区分	phân biệt, phân loại
	자원	resource	資源	资源	tài nguyên, nguồn lực
	탐사하다	explore	探査する	勘查	thăm dò, khám phá
	환경	environment	環境	环境	môi trường
	변화	change	変化	变化	sự thay đổi, biến đổi
	역할	role	役割	作用，角色	vai trò
	지역	area, region	地域	区域	khu vực, vùng
	조개	shell, clam	貝	贝，蛤蜊	vỏ sò, con sò
	화석	fossil	化石	化石	hóa thạch
	발견되다	be discovered	発見される	发现	được phát hiện
	숲	forest	森	森林	rừng
	곤충	insect	昆虫	昆虫	côn trùng, sâu bọ
	동식물	plants and animals	動植物	动植物	động thực vật
2	태풍	typhoon	台風	台风	bão
	바닷물	seawater	海水	海水	nước biển
	열대	tropical	熱帯	热带	nhiệt đới
	해상	maritime, at sea	海上	海上	trên biển, hàng hải
	발생하다	occur, happen	発生する	发生	phát sinh
	북상하다	move northward	北上する	北上	di chuyển lên phía bắc
	육지	land	陸地	陆地	đất liền
	고위도	high latitude	高緯度	高纬度	vĩ độ cao

과학

	한국어	영어	일본어	중국어	베트남어
2	이르다	reach	至る	到达	đạt đến
	세력	intensity	勢力	强度	cường độ, thế lực
	동반하다	accompany	同伴する、伴う	伴随	đồng hành
	인간	human	人間	人类	con người
	가뭄	drought	干ばつ	干旱	hạn hán
	해갈하다	relieve drought, relieve one's thirst	（渇きを）癒す、干ばつを解消する	缓解	giải hạn, làm hết khát
	공기	air	空気	空气	không khí
	질	quality	質	质量	chất lượng
	개선하다	improve	改善する	改善	sự cải thiện
	적조현상	red tide	赤潮現象	赤潮现象	hiện tượng tảo đỏ
	녹조현상	green tide, algal bloom	緑潮現象	绿潮现象	hiện tượng tảo lục, sự nở hoa của tảo
	억제하다	suppress, control	抑制する	抑制	ức chế, kiểm soát
	긍정적	positive	肯定的	正面的	tích cực
3	잠자리	dragoncly	トンボ	蜻蜓	chuồn chuồn
	파리	fly	ハエ	苍蝇	ruồi
	바퀴벌레	cockroach	ゴキブリ	蟑螂	con gián
	질병	disease	疾病	疾病	bệnh tật
	해충	harmful insect, pest	害虫	害虫	côn trùng có hại, sâu bệnh
	익충	beneficial insect	益虫	益虫	côn trùng có lợi
	유충	larva	幼虫	幼虫	ấu trùng, sâu non
	물속	underwater	水中	水中	dưới nước
	평균	average	平均	平均	trung bình
	잡아먹다	prey on	捕まえて食べる	捕食	ăn thịt, săn mồi
	성충	adult insect, imago	成虫	成虫	côn trùng đã đến tuổi sinh sản
	즉	in other words, that is	すなわち	即，也就是	tức là, có nghĩa là
	감염	infection	感染	感染	sự truyền nhiễm
	예방	prevention	予防	预防	phòng ngừa
4	생태계	ecosystem	生態系	生态系统	hệ sinh thái
	생물	organism, living things	生物	生物	sinh vật

주제 02 과학

	한국어	영어	일본어	중국어	베트남어
4	상호 작용	interaction	相互作用	相互作用	tương tác lẫn nhau
	시스템	system	システム	系统	hệ thống
	주요	key	主要	主要	chính, chủ yếu
	구성	composition	構成	构成	cấu thành
	요소	element	要素	要素	yếu tố
	생산자	producer	生産者	生产者	nhà sản xuất
	소비자	consumer	消費者	消费者	người tiêu dùng
	분해자	decomposer	分解者	分解者	vi sinh vật phân hủy
	기초	foundation, base	基礎	基础	nền tảng, cơ sở
	이루다	form	成す、果たす	组成，构成	đạt được
	식물	plant	植物	植物	thực vật, cây cối
	해당하다	apply to	該当する	符合，属于	phù hợp, tương ứng
	에너지	energy	エネルギー	能量	năng lượng
	초식	herbivory, vegetables diet	草食	草食	ăn cỏ, ăn thực vật
	육식	carnivory, meat diet	肉食	肉食	ăn thịt
	최상위	top-level, apex	最上位	最高位	cấp độ cao nhất, vị trí cao nhất
	포식자	predator	捕食者	捕食者	động vật ăn thịt, kẻ săn mồi
	분해하다	ecompose	分解する	分解者	phân hủy
	균류	fungi	菌類	真菌	nấm
	박테리아	bacteria	バクテリア	细菌	vi khuẩn
	살아가다	live	生きていく	生存	sống, tồn tại
5	중력	gravity	重力	重力	trọng lực
	지구	earth	地球	地球	trái đất
	물체	object	物体	物体	vật thể
	중심	center	中心	中心	trung tâm
	끌어당기다	attract	引き寄せる	吸引	hút, kéo
	뛰어오르다	jump up	飛び上がる	飞升	nhảy lên, bật lên
	우주 비행사	astronaut	宇宙飛行士	宇航员	nhà du hành vũ trụ
	부자연스럽다	be unnatural, be awkward	不自然だ	不自然	không tự nhiên, gượng gạo

과학 주제 02

	한국어	영어	일본어	중국어	베트남어
6	지진	earthquake	地震	地震	động đất
	동물	animal	動物	动物	động vật
	관찰되다	be observed	観察される	观察	được quan sát
	예민하다	sensitive	敏感だ	敏锐	nhạy cảm
	감각	sense	感覚	感觉	cảm giác
	움직임	movement	動き	移动	sự di chuyển, sự chuyển động
	진동	vibration	振動	振动	sự rung động
	감지하다	detect	感知する	感知到	cảm nhận, phát hiện
	실제로	actually, really	実際に	实际上	theo thực tế
	힘없이	weakly	力なく	虚弱地	yếu ớt, không có sức
	쓰러지다	collapse	倒れる	倒下	gục ngã, sụp đổ
	겨울잠	hibernation	冬眠	冬眠	ngủ đông
	얼어 죽다	freeze to death	凍え死ぬ	冻死	chết cóng
	예측	predict	予測	预测	dự đoán
	연구	research	研究	研究	nghiên cứu
	과학적	scientific	科学的	科学的	khoa học
	완전히	completely	完全に	完全地	hoàn toàn
	증명되다	be proven	証明される	证明	được chứng minh
7	자전	rotation	自転	自转	sự tự quay quanh mình
	공전	revolution	公転	公转	sự quay quanh, quay quanh
	태양	sun	太陽	太阳	mặt trời
	스스로	oneself	自ら	自己	tự mình
	향하다	headtoward, look	向かう	朝着	hướng về
	반대쪽	the opposite side	反対側	反方向	phía đối diện
	특이하다	be unusual	特異だ	与众不同	đặc biệt, khác thường
	기울어지다	be tilted	傾く	倾斜	bị nghiêng, nghiêng đi
	상태	condition	状態	状态	tình trạng, trạng thái
	겪다	go through	経験する	经历	trải qua
	북반구	northern hemisphere	北半球	北半球	bán cầu bắc

주제 02 과학

	한국어	영어	일본어	중국어	베트남어
7	남반구	southern hemisphere	南半球	南半球	bán cầu nam
	철새	migratory bird	渡り鳥	候鸟	chim di cư
	머무르다	stay	滞在する	停留	ở lại, dừng lại
	이동하다	migrate	移動する	移动	di chuyển
8	번식	reproduce	繁殖	繁殖	sự sinh sản
	먹이	food	餌	食物	thức ăn
	자기장	magnetic field	磁場	磁场	từ trường
	새장	birdcage	鳥かご	鸟笼	lồng chim
	가두다	be confined in	閉じ込める	关	giam giữ, nhốt
	실험	experiment	実験	实验	thí nghiệm
9	별빛	starlight	星の光	星光	ánh sao
	달빛	moonlight	月の光、月光	月光	ánh trăng
	모습	appearance	姿	样子	hình ảnh
	은하	galaxy	銀河	银河	ngân hà
	광년	light-years	光年	光年	năm ánh sáng
	빛나다	shine	輝く	发光	tỏa sáng
	발견하다	discover	発見する	发现	phát hiện
	결국	eventually, finally	結局	最终	cuối cùng, kết cục
10	대류 현상	convection current	対流現象	对流现象	hiện tượng đối lưu
	지표면	earth's surface	地表面	地球表面	bề mặt trái đất
	상승하다	rise	上昇する	上升	tăng lên
	순환하다	circulate	循環する	循环	tuần hoàn
	기후	climate	気候	气候	khí hậu
	영향	influence	影響	影响	sự ảnh hưởng
	예를 들어	for example, for instance	例えば	例如	ví dụ, chẳng hạn
	냉각되다	be cooled	冷却される	冷却	bị làm lạnh
	형성되다	be formed	形成される	形成	được hình thành
	가열되다	be heated	加熱される	升温	bị làm nóng
11	버섯	mushroom	きのこ	蘑菇	nấm
	오해	misunderstanding	誤解	误解	sự hiểu lầm
	광합성	photosynthesis	光合成	光合作用	sự quang hợp
	영양분	nutrient	栄養分	养分	chất dinh dưỡng

과학 주제 02

	한국어	영어	일본어	중국어	베트남어
11	생산하다	produce	生産する	生产，制造	sản xuất
	속하다	belong to	属する	属于	thuộc về
	붙다	stick to	付く	贴，附着	dán vào, gắn vào
	자라다	grow	育つ、成長する	生长	lớn lên
	기생하다	parasitize, be parasitic	寄生する	寄生	ký sinh
	제공하다	provide	提供する	提供	cung cấp
	병원균	pathogen	病原菌	病菌	mầm bệnh
	보호하다	protect	保護する	保护	bảo hộ
	공생하다	coexist	共生する	相互依存	cộng sinh
12	문어	octopus	タコ	章鱼	bạch tuộc
	미로	maze	迷路	迷途	mê cung
	학습하다	learn, study	学習する	学习	học tập
	탐색하다	explore	探索する	探索	tìm kiếm, tìm tòi
	도구	tool	道具	工具	công cụ
	코코넛	coconut	ココナッツ	椰子	dừa
	껍데기	shell	殻	外壳	vỏ
	피난처	shelter	避難所	避难所	nơi trú ẩn
	심지어	even	さらには	甚至	thậm chí, ngay cả
	뚜껑	lid	蓋	盖子	nắp
	돌리다	turn	回す	转动	xoay, vặn
	꺼내다	take out, bring up	取り出す	取出	lấy ra
	괴롭히다	bother	苦しめる	折磨，使痛苦	quấy rầy, làm khó chịu
	기억하다	remember	記憶する	记得	nhớ, ghi nhớ
	동시	at the same time	同時	同时	đồng thời, cùng lúc
	다가오다	approach	近づく、近づいてくる	走过来	đến gần, tiến gần
	다가가다	go near, approach	近づく、近づいていく	走上前去	đi đến gần, tiếp cận

주제 03 문화·예술·스포츠

21 일차 월 일

POINT 문화·예술·스포츠 주제에서는 세계 여러 나라의 문화를 소개하는 문제, 전통문화나 대중문화의 특징과 관련된 문제, 예술가와 예술 작품에 관련된 문제, 스포츠를 주제로 하는 문제 등이 출제된다. 문화·예술·스포츠와 관련된 전문용어가 나올 수도 있으므로 다양한 문화·예술·스포츠 관련 지문을 읽어 보는 것이 좋다.

1-4 다음을 읽고 내용이 같은 것을 고르십시오.

1.

한국의 만 18세 이상 남성은 일정 조건이 되면 1년 6개월간 군대에 가야 한다. 하지만 심각한 질병이나 장애가 있거나 부양해야 할 가족이 있다면 면제가 가능하다. 그리고 동계 올림픽이나 하계 올림픽에서 금메달, 은메달, 동메달을 받으면 면제되는데 아시안게임에서는 금메달을 받을 경우에만 면제가 된다. 개인전은 물론이고 축구와 야구 등 단체전에서도 금메달을 받으면 팀원 모두 면제 혜택을 받을 수 있다.

① 아시안게임에서 동메달을 받으면 군이 면제된다.
② 돌봐줘야 할 가족이 있다면 군 입대를 미룰 수 있다.
③ 한국에서 만 18세 이상 남성은 모두 군대에 가야 한다.
④ 올림픽에서 금메달을 받았다면 군대에 가지 않아도 된다.

2.

한국 충청남도 보령에서는 매년 여름에 '보령 머드 축제'가 열리는데 올해 28번째이다. 이 축제는 외국인이 가장 많이 참가하는 한국의 대표적인 축제이다. 축제 기간은 대략 7월 말에서 8월 초까지 10일 정도 되며 참가자들은 보통 짧은 옷이나 수영복을 입고 참가한다. 온몸에 머드를 묻히는 진흙탕 싸움이 가장 유명하고 그 외 불꽃 축제, 머드 마사지존, 머드 보디페인팅 등 각종 프로그램이 함께 진행된다.

① 이 축제는 내국인이 가장 많이 참여하는 축제이다.
② 이 축제 기간은 28일이고 진흙에서 싸우는 게임을 한다.
③ 이 축제에서는 진흙탕 싸움 외에 여러 행사를 같이 한다.
④ 이 축제에 참여하려면 짧은 옷이나 수영복을 입어야 한다.

3.  _____초

'영상물 등급 제도'란 영상물의 공공성과 윤리성을 확보하고 해로운 영상으로부터 청소년을 보호하기 위해 '영상물 등급 위원회'에서 운영하는 제도이다. 영상물에는 영화뿐만 아니라 광고, 공연 등도 포함되는데 각 분야의 전문가들이 3단계를 거쳐 영상물의 내용을 객관적으로 평가하여 등급을 결정한다. 등급은 '전체 관람가', '12세 이상 관람가', '15세 이상 관람가', '청소년 관람 불가'로 나눠진다.

① 영상물 등급 위원회에서 심사하는 영상물은 영화이다.
② 영상물의 등급은 3명의 심사위원이 평가하여 결정한다.
③ 15세 이상 관람가는 15세까지 영상을 볼 수 있다는 뜻이다.
④ 이 제도는 유해한 영상물로부터 청소년을 지키기 위해 만들었다.

4.  _____초

한국 프로 야구에서는 스트라이크 존 판정에 대한 갈등을 해소하기 위해 세계 최초로 AI 심판을 도입했다. 그 후 스트라이크 존에 대한 논란들이 수그러들고 있는 분위기다. AI 심판의 작동 원리는 간단하다. 야구장에 설치된 카메라가 공을 실시간으로 찍으면 AI가 가상의 스트라이크 존 통과 여부를 보고 판별한다. 이후 심판은 이어폰으로 받은 결과를 외치기만 하면 된다.

① AI 심판은 가상의 스트라이크 존을 통해 정확히 판단한다.
② AI 심판의 판정이 정확하지 않아 카메라를 이용해 결정한다.
③ AI 심판의 판정 때문에 스트라이크 존에 대해 논란이 일어났다.
④ AI 심판이 찍은 사진을 보고 구장에 있는 심판이 최종 판별한다.

---

1. 병역 혜택

해설 동계 올림픽, 하계 올림픽에서는 메달을 받으면 군대에 가지 않아도 된다.

어휘 병역, 혜택, 만, 일정, 조건, 간, 군대, 심각하다, 장애, 부양하다, 면제, 가능하다, 동계 올림픽, 하계, 금메달, 은, 동, 아시안게임, 개인전, 단체전, 팀원

2. 보령 머드 축제

해설 보령 머드 축제에서는 진흙탕 싸움 외에 불꽃축제, 머드 마사지존 등 각종 프로그램이 진행된다.

어휘 보령 머드 축제, 충청남도, 참가하다, 대표적, 대략, 참가자, 온몸, 묻히다, 진흙탕 싸움, 불꽃 축제, 마사지존, 보디페인팅, 각종, 진행되다

3. 영상물 등급 제도

해설 영상물 등급 제도는 해로운 영상으로부터 청소년을 보호하기 위해 운영하는 제도이다.

어휘 영상물, 등급, 제도, 공공성, 윤리성, 확보하다, 해롭다, 위원회, 운영하다, 공연, 포함되다, 분야, 전문가, 단계, 객관적, 평가하다, 관람가, 불가

4. 야구 AI 심판

해설 야구 시합에서 AI 심판은 가상의 스트라이크 존을 만들어 공의 통과 여부를 보고 정확히 판단한다.

어휘 AI 심판, 프로 야구, 스트라이크 존, 판정, 갈등, 해소하다, 최초, 도입하다, 논란, 수그러들다, 작동, 원리, 설치되다, 실시간, 가상, 통과, 여부, 판별하다, 이어폰, 외치다

5-8 다음을 읽고 (   )에 들어갈 내용으로 가장 알맞은 것을 고르십시오.

5.

 _____ 초

> 골든골 제도란 축구 경기에서 90분이 모두 끝났음에도 동점이 되었을 때 연장전을 해서 골을 하나 넣으면 즉시 게임이 종료되는 제도이다. 이 제도는 연장 시간 내에 선수들이 적극적으로 게임을 하게 하고 선수들의 체력 소모를 줄이기 위해 도입했다. 그러나 한 골만 실점하면 그대로 끝이라는 부담감 때문에 선수들은 오히려 (   ) 게임을 하며 게임 시간이 길어졌다. 또한 초반에 실점을 하면 게임이 너무 빨리 끝나버렸다는 허무함을 느끼는 사람이 많아 폐지되었다.

① 수비 위주의 소극적인
② 공격 위주의 수동적인
③ 골을 넣기 위해 열정적인
④ 골을 막기 위해 적극적인

6.

 _____ 초

> 독일의 화가 '알브레히트 뒤러'는 '기도하는 손'이라는 그림으로 유명하다. 그림의 손은 뒤러가 경제적으로 힘들 때 자신의 예술 활동을 포기하면서까지 뒤러를 (   ) 친구의 손이다. 후에 뒤러는 유명한 화가가 되었지만 그 친구는 힘든 노동으로 인해 손이 망가져 더 이상 그림을 그릴 수 없게 되었다. 이때 친구가 슬퍼하며 기도하는 모습을 보고 뒤러가 그린 것이다. 그 친구의 희생이 아니었다면 '기도하는 손'은 세상의 빛을 보지 못했을 것이다.

① 경제적으로 도와준
② 사람으로 만들어준
③ 적극적으로 찾아준
④ 정성으로 가르쳐준

---

5. 골든골

해설 선수들은 실점하면 끝난다는 부담감 때문에 오히려 수비 위주의 소극적인 게임을 하여 골든골 제도가 폐지되었다.

어휘 골든골, 불구하다, 동점, 연장전, 골, 즉시, 종료되다, 적극적, 체력 소모, 실점하다, 부담감, 오히려, 수비, 위주, 또한, 초반, 허무함, 폐지되다

6. 기도하는 손

해설 뒤러의 친구는 힘든 노동일을 하면서 뒤러가 힘들 때 경제적으로 도와주었다.

어휘 기도하다, 경제적, 활동, 포기하다, 노동, 망가지다, 희생, 빛

7.  _____초

수저계급론은 수저를 통해 경제적 계층을 비유하여 설명하는 개념이다. 예를 들어 '흙수저'는 가장 낮은 경제적, 사회적 조건을 갖고 있음을 의미하고 '금수저'는 (　　　　　　　　　) 사람으로 경제적, 사회적으로 좋은 조건을 갖고 있는 사람을 말한다. 수저계급론에 따르면 개인의 노력보다 부모의 경제적 배경이 삶과 성공에 더 많은 영향을 미친다고 한다. 즉 수저계급론은 사회적 불평등을 상징한다.

① 가난한 집에서 자란
② 넉넉한 환경에서 버틴
③ 부유한 가정에서 태어난
④ 어려운 조건에서 성장한

8.  _____초

서양에서는 가정에서 아이를 혼낼 때 아이가 고개를 숙인다거나 눈을 돌리면 부모는 똑바로 쳐다보라고 한다. 또한 상대방과 잔을 부딪치거나 자신보다 높은 사람과 악수할 때도 무조건 눈을 쳐다봐야 한다. 반면 한국에서는 부모님이 아이를 혼낼 때 아이가 부모의 눈을 똑바로 쳐다보는 것은 (　　　　　　　　　) 여겨지기 때문에 부모가 '어디서 눈을 똑바로 떠?'라고 하면서 오히려 더 혼낼 수 있다.

① 예의범절의 자세로
② 관용과 용서의 뜻으로
③ 동의나 허락의 태도로
④ 반항이나 도전의 의미로

---

7. 수저계급론

해설 '금수저'란 경제적, 사회적으로 좋은 조건을 갖고 있는 사람들 즉 부유한 가정에서 태어난 사람들을 말한다.

어휘 수저계급론, 계층, 비유하다, 개념, 예, 흙수저, 사회적, 금수저, 부유하다, 가정, 따르다, 배경, 삶, 미치다, 즉, 불평등, 상징하다

8. 문화 차이

해설 한국에서는 부모가 아이를 혼낼 때 아이가 부모의 눈을 똑바로 쳐다보면 반항이나 도전의 의미로 여겨진다.

어휘 차이, 혼내다, 숙이다, 상대방, 부딪치다, 악수하다, 무조건, 반면, 반항, 도전, 여겨지다, 혼나다

9-12 다음 글의 주제로 가장 알맞은 것을 고르십시오.

9.  _____ 초

> 시나 소설과 달리 연극은 공연이 끝나는 동시에 사라져 버리는 순간적인 시간 예술이다. 그럼에도 불구하고 연극은 강렬한 힘을 가지고 있다. 왜냐하면 연극은 과거에 일어났거나 혹은 일어났을지도 모르는 어떤 사건이 바로 지금 일어나고 있는 것처럼 관객의 눈앞에서 생생하게 펼쳐지기 때문이다. 과거의 어떤 사건이라 할지라도 '현재'라는 시간에서 재생되기 때문에 그 어떤 예술보다 강한 힘을 지니고 있다고 할 수 있다.

① 연극에는 항상 과거, 현재, 미래가 공존한다.
② 연극에는 다른 예술보다 강력한 힘이 존재한다.
③ 연극은 시작과 동시에 사라져 버리는 예술이다.
④ 연극은 관객의 눈앞에서 생생하게 공연해야 한다.

10.  _____ 초

> OTT(Over The Top) 서비스란 전파나 케이블이 아닌 인터넷을 통해 볼 수 있는 TV 서비스를 일컫는다. OTT에는 넷플릭스, 디즈니 플러스, 애플 등이 있는데 최근에는 TV 지상파 방송국에서 주도했던 예능 프로그램까지 선보였다. 이 예능 프로그램은 기존의 한국 콘텐츠에 관심을 가졌던 OTT 구독자들에게 뜨거운 반응을 얻었다. 앞으로 OTT에서 더욱더 다양한 콘텐츠가 시청자에게 제공될 것으로 기대된다.

① OTT 회사는 구독자들을 위한 프로그램을 많이 만들어야 한다.
② OTT에서 선보인 예능 프로가 구독자에게 큰 인기를 얻고 있다.
③ 한국 콘텐츠의 인기로 인해 OTT 회사는 콘텐츠의 수요가 줄었다.
④ TV 지상파 방송국에서 만든 예능 프로는 콘텐츠가 다양해야 한다.

---

9. 연극

해설) 연극은 관객의 눈앞에서 생생하게 펼쳐지기 때문에 그 어떤 예술보다 강한 힘을 지니고 있다.

어휘) 시, 사라지다, 순간적, 강렬하다, 관객, 눈앞, 생생하다, 펼쳐지다, 사건, 재생되다, 지니다

10. OTT 서비스

해설) OTT에서 예능 프로까지 선보였는데 구독자들에게 뜨거운 반응을 얻었다.

어휘) OTT 서비스, 전파, 케이블, 일컫다, 지상파, 주도하다, 예능, 선보이다, 기존, 콘텐츠, 구독자, 반응, 더욱더, 시청자, 제공되다, 기대되다

11.  _____초

이전에 만화는 예술로 인정받지 못했다. 그 이유는 그림이나 음악, 문학 같은 장르에서 밀려났기 때문이다. 다른 예술에서는 깊은 철학이나 자연의 아름다움을 표현한다면 만화는 '놀이'와 '풍자'의 마음을 그렸기 때문일 수도 있다. 하지만 만화는 애니메이션, 웹툰에 이르기까지 다양한 장르로 발전했고 독자에게 다양한 문화와 사회적 메시지를 전달한다. 그래서 이제 만화도 예술이라고 해야 할 것이다.

① 만화는 철학이나 아름다움을 표현하지 않아도 된다.
② 만화는 깊이 통찰하고 이해해야 하는 하나의 장르이다.
③ 만화는 그림이나 음악, 문학과 같은 예술이 될 수 없다.
④ 만화는 문화나 사회적 메시지를 전달하므로 이제 예술이다.

12.  _____초

'도레미파솔라시도'는 11세기 이탈리아의 음악 이론가 '귀도 다레초'가 만들었다. 그는 찬송가를 만들다가 가사의 첫 글자만 따서 '우트(Ut)', '레(Re)', '미(Mi)', '파(Fa)', '솔(Sol)', '라(La)' 6음을 만들었다. 이후 신을 뜻하는 '도미누스(Dominus)'의 앞 글자 '도(Do)'를 따서 '우트'를 대신하였고 나중에 '시(Si)'가 추가되어 지금의 7음계가 되었다. 또한 그는 선과 선 사이에 음들을 그려서 표기하는 것을 제안했는데 이것이 지금 우리가 사용하고 있는 5줄로 된 기보법이 되었다.

① 귀도 다레초는 신을 위해 찬송가를 만들어야 했다.
② 귀도 다레초는 기보법을 이용하여 찬송가를 만들었다.
③ 귀도 다레초는 처음으로 음계를 만들고 기보법을 제안했다.
④ 귀도 다레초는 이탈리아의 음악 이론가로 많은 것을 발명했다.

---

11. 만화 예술

해설 만화는 다양한 장르로 발달하며 사람들에게 다양한 문화와 사회적 메시지를 전달하므로 이제는 예술이라고 해야 할 것이다.

어휘 인정받다, 문학, 장르, 밀려나다, 철학, 풍자, 애니메이션, 웹툰, 이르다, 발전하다, 독자, 전달하다

12. 도레미파솔라시도

해설 귀도 다레초가 11세기에 처음으로 7음계를 만들었고 기보법도 제안했다.

어휘 이탈리아, 이론가, 찬송가, 가사, 따다, 음, 신, 대신하다, 추가되다, 음계, 선, 표기하다, 제안하다, 기보법

 문화·예술·스포츠

	한국어	영어	일본어	중국어	베트남어
1	병역	military service	兵役	兵役	nghĩa vụ quân sự
	혜택	benefit	恩恵、特典	优惠，福利	lợi ích, ưu đãi
	만	aged (e.g., those subject to military service aged 18 and above)	満	满	đủ (tuổi)
	일정	schedule	日程	一定的	lịch trình
	조건	requirement, condition	条件	条件	điều kiện
	간	interval	間	间	khoảng thời gian
	군대	military	軍隊	军队	quân đội
	심각하다	serious, severe	深刻だ	严重	nghiêm trọng
	장애	disability	障害	障碍，残疾	khuyết tật
	부양하다	support	扶養する	赡养	nuôi dưỡng
	면제	exemption	免除	免除	miễn
	가능하다	possible	可能だ	可能	có thể
	동계 올림픽	winter olympics	冬季オリンピック	冬季奥运会	thế vận hội mùa đông
	하계	summer	夏季	夏季	thế vận hội mùa hè
	금메달	gold medal	金メダル	金牌	huy chương vàng
	은	silver	銀	银	huy chương bạc
	동	bronze	銅	铜	huy chương đồng
	아시안게임	Asian games	アジア競技大会	亚运会	đại hội thể thao Châu Á
	개인전	individual event	個人戦	个人赛	thi đấu cá nhân
	단체전	team event	団体戦	团体赛	thi đấu đồng đội
	팀원	team member	チームメンバー	队员	thành viên đội
2	보령 머드 축제	Boryeong mud festival	保寧マッドフェスティバル	保宁泥浆节	lễ hội bùn Boryeong
	충청남도	Chungcheongnam-do	忠清南道	忠清南道	tỉnh Chungcheongnam-do
	참가하다	participate in	参加する	参加	tham gia
	대표적	representative, typical	代表的	代表性的	tiêu biểu
	대략	approximately	大体、だいたい	大约	khoảng, xấp xỉ
	참가자	participant, entry	参加者	参加者	người tham gia
	온몸	all over the body	全身	全身	toàn thân

문화 · 예술 · 스포츠 주제 03

	한국어	영어	일본어	중국어	베트남어
2	묻히다	be covered with	まみれる、塗りたくられる	被涂上	bị dính
	진흙탕 싸움	mud fight	マッドファイト	泥浆大战	trận chiến bùn lầy
	불꽃 축제	fireworks festival	花火大会	烟花节	lễ hội pháo hoa
	마사지존	massage zone	マッサージゾーン	按摩区	khu vực mát-xa
	보디페인팅	body painting	ボディペイント	人体彩绘	vẽ trên cơ thể
	각종	various	各種	各种	các loại
	진행되다	be held	進行される、行われる	进行	được tiến hành
3	영상물	video content	映像物	影视作品	nội dung video
	등급	rating	等級、レーティング	等级	cấp độ
	제도	system	制度	制度	chế độ
	공공성	public concern	公共性	公共性	tính công cộng
	윤리성	ethics	倫理性	伦理性	tính đạo đức
	확보하다	secure	確保する	确保	đảm bảo
	해롭다	harmful	有害だ	有害	có hại
	위원회	committee	委員会	委员会	ủy ban
	운영하다	operate	運営する	运营	vận hành, điều hành
	공연	performance	公演	演出	buổi biểu diễn
	포함되다	be included	含まれる	包含	được bao gồm
	분야	field	分野	领域	lĩnh vực
	전문가	expert, specialist	専門家	专家	chuyên gia
	단계	stage	段階	阶段	giai đoạn, bước
	객관적	objective	客観的	客观的	khách quan
	평가하다	evaluate	評価する	评价	đánh giá
	관람가	suitable for viewing	観覧可	可观看	thích hợp để xem
	불가	not suitable for viewing	不可	不可	không thể
4	AI 심판	AI referee	AI審判	AI 裁判	trọng tài AI
	프로 야구	professional baseball	プロ野球	职业棒球	bóng chày chuyên nghiệp
	스트라이크 존	strike zone	ストライクゾーン	好球带	vùng ném bóng
	판정	decision	判定	判定	phán quyết
	갈등	conflict	葛藤、対立	分期，冲突	xung đột
	해소하다	resolve	解消する	解决	giải quyết

 문화 · 예술 · 스포츠

	한국어	영어	일본어	중국어	베트남어
4	최초	the first, the initial	最初、最初の	最初	đầu tiên
	도입하다	introduce	導入する	引入，采用	đưa vào
	논란	controversy	論争、議論	争论	tranh cãi
	수그러들다	die down, subside	鎮まる、おさまる	消退	dịu xuống
	작동	operation	作動	运转，工作	hoạt động
	원리	principle	原理	原理	nguyên lý
	설치되다	be installed	設置される	设置，安装	được lắp đặt
	실시간	real-time	リアルタイム	实时	thời gian thực
	가상	virtual	仮想	虚拟	ảo
	통과	pass	通過	通过	thông qua
	여부	whether it passes	可否	与否	có hay không
	판별하다	determine, distinguish	判別する	判别	phân biệt, xác định
	이어폰	earphones	イヤホン	耳机	tai nghe
	외치다	shout	叫ぶ	高喊	hét lên
5	골든골	golden goal	ゴールデンゴール	金球	bàn thắng vàng
	불구하다	despite	（〜にも）かかわらず	尽管	bất chấp
	동점	tie, same score	同点	分数相同，平局	hòa, tỉ số bằng nhau
	연장전	overtime	延長戦	加时赛	hiệp phụ, thời gian bù giờ
	골	goal	ゴール	球	bàn thắng
	즉시	immediately	即時に	立刻，马上	ngay lập tức
	종료되다	be over	終了する	结束	kết thúc
	적극적	active	積極的	积极地	tích cực, chủ động
	체력 소모	loss of stamina	体力消耗	体力消耗	tiêu hao thể lực
	실점하다	lose a point	失点する	丢分	mất điểm
	부담감	sense of burden	負担感	负担	gánh nặng, áp lực
	오히려	rather	むしろ	反而	ngược lại
	수비	defense	守備	防守	phòng thủ
	위주	focused	中心、主に	为主	tập trung vào
	또한	also	また	而且	hơn nữa, ngoài ra
	초반	early stage	序盤	开头，前期	giai đoạn đầu
	허무함	emptiness	虚しさ	空虚	sự trống rỗng
	폐지되다	be abolished	廃止される	被废除	bị hủy bỏ

문화 · 예술 · 스포츠 주제 03

	한국어	영어	일본어	중국어	베트남어
6	기도하다	pray	祈る	祈祷	cầu nguyện
	경제적	economic	経済的	经济上	tính kinh tế
	활동	activity	活動	活动	hoạt động
	포기하다	give up	放棄する、諦める	放弃	từ bỏ, bỏ cuộc
	노동	labor	労働	劳动	lao động
	망가지다	be broken	壊れる	受伤，损坏	bị phá vỡ
	희생	sacrifice	犠牲	牺牲	hy sinh
	빛	light	光	光	ánh sáng
7	수저계급론	spoon class theory (a metaphorical concept dividing social classes)	スプーン階級論	社会阶级论	thuyết giai cấp
	계층	social class	階層	阶层	tầng lớp xã hội
	비유하다	compare metaphorically	比喩する	比喻	so sánh ẩn dụ, ví von
	개념	concept	概念	概念	khái niệm
	예	example	例	例子	ví dụ
	흙수저	dirt spoon (a metaphor for people from less privileged backgrounds)	土スプーン（貧困層）	土汤匙（穷二代）	thìa đất (ẩn dụ cho những người xuất thân từ tầng lớp kém đặc quyền)
	사회적	social	社会的	社会的	thuộc về xã hội
	금수저	gold spoon (a metaphor for people from wealthy or privileged families)	金スプーン（富裕層）	金汤匙（富二代）	thìa vàng (ẩn dụ cho những người xuất thân từ gia đình giàu có hoặc đặc quyền)
	부유하다	be wealthy	裕福だ	富裕	giàu có
	가정	family	家庭	家庭	gia đình
	따르다	follow	従う、ついていく	根据	theo
	배경	background	背景	背景	bối cảnh
	삶	life	人生、生活、暮らし	人生	cuộc sống
	미치다	affect	及ぼす	造成	ảnh hưởng, tác động
	불평등	inequality	不平等	不平等	sự bất bình đẳng
	상징하다	symbolize	象徴する	象征	tượng trưng
8	차이	difference	差、違い	差异	sự khác biệt
	혼내다	scold	叱る	训斥，责骂	la mắng
	숙이다	bow	うつむく、（頭を）下げる	低垂，耷拉	cúi đầu
	상대방	the other person	相手	对方	đối phương

주제 03 문화 · 예술 · 스포츠

	한국어	영어	일본어	중국어	베트남어
8	부딪치다	bump into	ぶつかる	碰	va vào
	악수하다	shake hands	握手する	握手	bắt tay
	무조건	unconditionally	無条件に、必ず	无条件的，一定	vô điều kiện
	반면	on the other hand	反面、一方	相反	mặt khác
	반항	rebellion, disobedience	反抗	反抗	sự phản kháng
	도전	challenge	挑戦	挑战	thử thách
	여겨지다	be considered	思われる	被认为	được coi là
	혼나다	get scolded	叱られる	挨骂	bị la mắng
9	시	poetry	詩	诗	thơ
	사라지다	disappear	消える	消失	biến mất
	순간적	momentary	瞬間的	瞬间的	khoảnh khắc, nhất thời
	강렬하다	intense	強烈だ	强大	mãnh liệt, dữ dội
	관객	audience	観客	观众	khán giả
	눈앞	in front of one's eyes	目の前	眼前	trước mắt
	생생하다	vivid	鮮やかだ、生々しい	鲜活	sống động
	펼쳐지다	unfold	繰り広げられる	展现	mở ra, diễn ra
	사건	event, case	事件	事件	sự kiện, vụ việc
	재생되다	be replayed	再生される	重现	được tái hiện
	지니다	have, keep	持つ、携える	具有	có, giữ, mang
10	OTT 서비스	over-the-top media service	OTTサービス	OTT服务	dịch vụ OTT (over-the-top)
	전파	broadcast signal	電波	广播信号	sóng truyền hình
	케이블	cable	ケーブル	电缆	cáp
	일컫다	refer to	称する、〜と呼ぶ	称为	gọi là
	지상파	terrestrial broadcasting	地上波	地面广播	truyền hình mặt đất
	주도하다	take the lead	主導する	主导	dẫn dắt, chủ trì
	예능	entertainment show	バラエティ（番組）	娱乐节目	chương trình giải trí
	선보이다	showcase	披露する	亮相	ra mắt
	기존	existing	既存	现有	hiện có
	콘텐츠	content	コンテンツ	内容	nội dung
	구독자	subscriber	登録者、購読者	订阅人	người đăng ký, người theo dõi

문화 · 예술 · 스포츠　주제 03

	한국어	영어	일본어	중국어	베트남어
10	반응	response	反応	反应	phản ứng
	더욱더	even more	いっそう、ますます	更加	hơn nữa
	시청자	viewer	視聴者	观众	người xem truyền hình
	제공되다	be provided	提供される	提供	được cung cấp
	기대되다	be expected	期待される	期待	được kỳ vọng
11	인정받다	be recognized	認められる	被肯定	được công nhận
	문학	literature	文学	文学	văn học
	장르	genre	ジャンル	体裁	thể loại
	밀려나다	be pushed out	押し出される、追いやられる	被挤出来	bị đẩy ra
	철학	philosophy	哲学	哲学	triết học
	풍자	satire	風刺	讽刺	châm biếm
	애니메이션	animation	アニメーション	动画片	phim hoạt hình
	웹툰	webtoon	ウェブ漫画	网页漫画	webtoon
	이르다	reach	至る、早い	达到	đạt đến
	발전하다	develop	発展する	发展	phát triển
	독자	reader	読者	读者	độc giả
	전달하다	deliver	伝える	传达	truyền đạt
12	이탈리아	italy	イタリア	意大利	nước ý
	이론가	theorist	理論家	理论家	nhà lý luận
	찬송가	hymn	賛美歌	赞歌	thánh ca
	가사	lyrics	歌詞	歌词	lời bài hát
	따다	quote	引用する	引用	trích dẫn
	음	note	音	音	âm
	신	god	神	神	thần
	대신하다	replace	代わりにする	代替	thay thế
	추가되다	be added	追加される	追加	được thêm vào
	음계	scale	音階	音阶	âm giai
	선	line	線	线	dòng, đường kẻ
	표기하다	notate	表記する	标记	ký hiệu
	제안하다	suggest	提案する	提出	đề xuất
	기보법	staff notation	記譜法	五线谱	phương pháp ghi nhạc

주제 04 사회

22 일차   월   일

POINT 사회 주제에서는 캥거루족, 님비 현상, 다문화 사회 등 사회 현상과 관련된 지문이 출제되기도 하고 나이롱 환자, 오버 투어리즘, 암표 등 사회 문제와 관련된 지문이 출제되기도 한다.

1-4 다음을 읽고 내용이 같은 것을 고르십시오.

1. _____ 초

최근 경기 침체가 계속되면서 '캥거루족'이 늘고 있다고 한다. 캥거루족은 성인이 된 자식이 부모에게서 독립하지 않고 부모의 지원 아래 부모와 함께 사는 젊은 사람들을 말한다. 이는 새끼 캥거루가 어미 캥거루 주머니에서 나오지 않고 사는 것을 비유적으로 표현한 것이다. 캥거루족이 느는 것은 젊은이들의 취업이 어렵고 주거비가 상승하는 등 경제적인 이유가 큰 것으로 보인다.

① 최근 캥거루를 집에서 키우는 사람들이 늘고 있다.
② 캥거루족은 나이 어린 자식과 함께 살고 싶어 한다.
③ 새끼 캥거루는 어미 캥거루에게서 독립하지 않는다.
④ 젊은이들이 경제적인 이유로 캥거루족이 되고 있다.

2. _____ 초

반려동물과 함께할 수 있는 식당이 늘고 있다. 주로 야외 테라스가 있는 식당이나 애견 카페와 같은 식당들이 그러하다. 그런데 이러한 식당을 이용할 때도 지켜야 할 것이 있다. 반드시 목줄을 착용해야 하고 배설물을 즉시 처리해야 하며 사람의 식기에 음식을 주면 안 된다. 가장 중요한 것은 식품위생법에서는 반려동물이 일반 음식점에 출입하는 것을 금지한다는 것이다. 그러니 반려동물과 함께 식당을 이용하려면 미리 확인하는 것이 중요하다.

① 반려동물과 사람이 같은 음식을 주문하면 안 된다.
② 목줄을 가지고 가면 일반 음식점을 이용할 수 있다.
③ 보호자가 있으면 반려동물과 식당 이용이 가능하다.
④ 법에 따르면 반려동물은 일반 음식점에 들어갈 수 없다.

3.  _____초

횡단보도의 보행자 신호등에 대기 시간과 초록불 지속 시간을 숫자로 표시하면 보행자 교통사고 예방에 도움이 된다고 한다. 보행자가 신호등의 대기 시간을 알면 기다리는 시간이 덜 답답하게 느껴져서 무단횡단을 하지 않고 기다렸다가 건너게 되기 때문이다. 그리고 초록불 지속 시간이 많이 남아 있으면 보행자는 횡단보도를 건너지만 그렇지 않으면 무리하게 건너지 않고 다음 신호를 기다린다고 한다.

① 보행자는 횡단보도를 건널 때 신호등의 숫자를 보고 판단한다.
② 보행자는 횡단보도의 초록불 지속 시간이 길면 답답하게 느낀다.
③ 횡단보도 신호등의 대기 시간을 알면 보행자는 무단횡단을 한다.
④ 횡단보도 신호등에 숫자를 표시했지만 크게 달라지는 것이 없었다.

4.  _____초

'섬머타임 제도'는 해가 길어지는 여름철의 일광을 활용하고 에너지 소비를 줄이기 위해 시간을 한 시간 앞당기는 제도이다. 한국에서는 1987년~1988년에 이 제도를 시행했다. 그런데 국민들의 수면시간이 부족해지고 생활 리듬이 변하는 부작용이 있었다. 이 외에도 항공 일정 조정과 전산 시스템 업데이트 등에 비용이 발생했다. 그리고 한국은 일광 시간이 충분하기 때문에 이 제도의 장점이 크지 않아 그 후 시행하지 않게 되었다.

① 섬머타임 제도는 한국에서 현재 시행하고 있다.
② 섬머타임 제도 후 한국 사람들은 잠을 잘 못 잤다.
③ 섬머타임 제도는 시간을 한 시간 미루는 제도이다.
④ 섬머타임 제도를 시행하면 에너지 소비가 증가한다.

---

1. 캥거루족

해설 캥거루족이 느는 것은 젊은이들의 취업이 어렵고 주거비가 상승하는 등 경제적인 이유가 크다.

어휘 캥거루족, 경기, 침체, 성인, 부모, 독립하다, 지원하다, 젊다, 새끼, 어미, 비유적, 표현, 젊은이, 취업, 주거비, 상승

2. 반려동물 동반 식당

해설 식품위생법에서는 반려동물이 일반 음식점에 출입하는 것을 금지한다.

어휘 반려동물, 동반, 함께하다, 야외, 테라스, 애견, 목줄, 착용하다, 배설물, 즉시, 처리하다, 식기, 식품위생법, 일반, 확인하다

3. 보행자 신호등 숫자 표시

해설 보행자는 신호등의 숫자를 보고 횡단보도를 건너거나 다음 신호를 기다린다.

어휘 보행자, 신호등, 표시, 횡단보도, 대기, 초록불, 지속, 예방, 덜, 무단횡단, 건너다, 무리하다

4. 섬머타임 제도

해설 한국에서는 1987년~1988년에 이 제도를 시행했는데 국민들의 수면시간이 부족해졌다.

어휘 섬머타임 제도, 여름철, 일광, 활용하다, 에너지, 소비, 앞당기다, 시행하다, 국민, 수면시간, 생활 리듬, 부작용, 일정, 조정, 전산 시스템, 업데이트, 비용, 발생하다, 충분하다

5-8 다음을 읽고 ( )에 들어갈 내용으로 가장 알맞은 것을 고르십시오.

5.

과거에는 남자는 이래야 하고 여자는 저래야 한다는 식의 고정 관념을 가지고 있는 사람이 많았다. 하지만 모든 사람은 ( ) 평등해야 하고 동등한 기회를 제공받아야 한다. 그래서 남자도 간호사나 유치원 교사가 될 수 있고 여자도 기술자나 정치인이 될 수 있어야 한다. 이렇게 성별에 따른 차별과 불평등을 인식하고 성평등 사회를 이루기 위해 많은 기관에서 '성평등 교육'을 하고 있다.

① 직업에 관계없이
② 과거에 관계없이
③ 성별에 관계없이
④ 교육에 관계없이

6.

'나이롱 환자'는 ( ) 과도한 치료를 받거나 보험금을 부당하게 청구하는 사람들을 말한다. 나이롱 환자가 증가하면 보험료가 상승하고 불필요한 치료와 검사로 사회적 비용이 증가한다. 이에 정부는 경상 환자가 8주 이상 치료를 받을 때 추가 서류를 제출하고 필요성이 인정되지 않으면 보험금을 지급하지 않기로 했다. 또한 보험사와 의료기관의 협력을 강화하고 보험 사기 처벌을 강화하기로 했다.

① 작은 부상에도 불구하고
② 장기간 치료가 필요해서
③ 사고로 입원하게 된 후에
④ 보험에 가입하지 않았는데

---

5. 성평등

해설 남자와 여자는 모두 평등해야 하고 동등한 기회를 제공받아야 한다.

어휘 성평등, 고정 관념, 성별, 평등, 동등하다, 기회, 제공받다, 기술자, 정치인, 차별, 인식하다, 사회, 이루다, 기관

6. 나이롱 환자

해설 나이롱 환자는 작은 부상에도 과도한 치료를 받거나 보험금을 부당하게 청구하는 사람들이다.

어휘 나이롱 환자, 과도하다, 보험금, 부당하다, 청구하다, 증가하다, 보험료, 불필요하다, 검사, 정부, 경상, 추가, 제출, 필요성, 인정되다, 지급하다, 보험사, 협력, 강화, 사기, 처벌

7.

설이나 추석과 같은 명절이 되면 생활 쓰레기는 평소의 2배에 이른다. 사람들이 명절에 주고받는 선물의 대부분이 과대 포장되어 있기 때문이다. 스티로폼 상자, 플라스틱 포장재, 종이 상자 등 종류도 다양하다. 선물을 하는 사람의 입장에서는 (　　　　　　　) 제품을 선택하지만 받는 사람의 입장에서는 분리해서 버려야 하는 쓰레기가 많아지게 된다. 귀한 사람에게 좋은 마음으로 선물하는 만큼 선물을 선택할 때 배려와 주의가 필요하다.

① 분리해서 버리기 좋은
② 저렴하면서도 실용적인
③ 명절에 가장 많이 팔리는
④ 크고 좋아 보이게 포장된

8.

'님비 현상'은 자기 지역에 특정 시설이 들어오는 것을 반대하는 현상을 말한다. 이런 시설에는 쓰레기 처리장, 화장장, 교도소, 발전소 등이 있다. 지역 주민들은 (　　　　　　　) 환경을 오염시키고 건강에 문제를 일으킬 수 있으며 지역의 안전이나 미관이 나빠진다는 것을 이유로 반대한다. 하지만 이러한 시설은 지역에 반드시 필요한 시설이므로 지역 주민과 충분히 소통하고 대안을 제시하여 지역 주민의 불만을 해소해야 한다.

① 이런 시설이 지역에 들어오면
② 지역 주민과 소통하지 않으면
③ 시설 설치에 대한 대안을 제시하면
④ 해당 지역에 불필요한 시설이 생기면

---

7. 과대 포장

해설 명절에 주고받는 선물의 대부분이 크고 좋아 보이게 과대 포장되어 있다.

어휘 과대 포장, 스티로폼, 플라스틱, 포장재, 입장, 제품, 분리하다, 귀하다, 배려, 주의

8. 님비 현상

해설 님비 현상은 특정 시설이 지역에 들어오는 것을 지역 주민들이 반대하는 것이다.

어휘 님비 현상, 지역, 특정, 시설, 처리장, 화장장, 교도소, 발전소, 주민, 환경, 오염, 미관, 충분히, 소통하다, 대안, 제시하다, 불만, 해소하다

9-12 다음 글의 주제로 가장 알맞은 것을 고르십시오.

9.

> 관광지에 너무 많은 관광객이 몰리게 되면 소음 문제, 쓰레기 문제, 환경 및 문화 훼손, 교통 혼잡, 물가 상승 등 다양한 문제가 발생하게 된다. 이로 인해 해당 지역에 사는 주민들은 생활이 불편해지는데 이것을 '오버 투어리즘'이라고 한다. 이를 해결하려면 특정 관광지에만 관광객이 몰리지 않도록 다양한 관광지를 개발하고 관광객 수를 제한해야 한다. 하지만 중요한 것은 현지인이 입을 수 있는 피해에 대해 우리가 인식하고 배려하는 행동을 하는 것이다.

① 오버 투어리즘 현상은 과도한 관광지 개발로 발생한다.
② 관광객 수가 늘면 오버 투어리즘 문제가 해결될 수 있다.
③ 현지인에 대한 배려가 없는 사람은 여행하지 말아야 한다.
④ 오버 투어리즘 문제를 해결하기 위한 다양한 노력이 필요하다.

10.

> 위조지폐로 의심되는 1만 원권을 받았을 경우 이를 확인하는 방법은 다음과 같다. 밝은 곳에서 비추었을 때 여백 공간에 세종대왕 그림이 나타나는지 본다. 그리고 세종대왕 그림 옆 사각형 홀로그램에 한국 지도, 숫자 10000, 4괘 무늬가 나타나는지 확인한다. 또한 지폐의 오른쪽에 은색 선이 있는지 확인한다. 위조지폐로 확인된 후 신고하지 않으면 5년 이하의 징역을 살게 되거나 1,500만 원 이하의 벌금을 내야 할 수 있으니 주의한다.

① 위조지폐를 받았을 때는 반드시 신고해야 한다.
② 위조지폐를 확인하는 방법은 전문가에게 맡긴다.
③ 위조지폐 1만 원권에는 세종대왕 그림이 나타난다.
④ 위조지폐를 만든 사람은 5년 이하의 징역을 살게 된다.

---

9. 오버 투어리즘

해설 이 문제를 해결하려면 다양한 관광지 개발, 관광객 수 제한, 현지인을 배려하는 행동을 해야 한다.

어휘 오버 투어리즘, 몰리다, 소음, 훼손, 혼잡, 물가, 해당, 해결하다, 개발하다, 제한하다, 현지인, 피해

10. 위조지폐

해설 위조지폐를 받았을 때 신고하지 않으면 징역을 살거나 벌금을 내야 하므로 신고해야 한다.

어휘 위조지폐, 의심되다, 경우, 비추다, 여백, 공간, 사각형, 홀로그램, 4괘, 무늬, 은색, 선, 신고하다, 이하, 징역, 벌금

11.  _____ 초

보통 한 국가에 거주하는 외국인 수가 5%를 넘으면 그 사회는 다문화 사회라고 한다. 한국으로 귀화하는 외국인 수는 꾸준히 증가하여 한국에 거주하는 외국인은 2024년 기준으로 5.2%가 되었다. 영주권을 취득하려는 외국인도 증가하고 있으며 국내 체류 외국인의 88%는 체류 기간 만료 이후에도 한국에 계속 살기를 희망하고 있다. 다양한 문화의 사람과 함께 살기 위해서는 서로 포용하고 이해하는 자세가 필요하다.

① 한국에 거주하는 외국인 수를 5%로 늘려야 한다.
② 영주권 취득을 희망하는 외국인이 증가하고 있다.
③ 다문화 사회에서는 서로를 이해하고 포용해야 한다.
④ 영주권 취득과 귀화를 도와주려는 자세가 필요하다.

12.  _____ 초

최근 TV에서 스포츠 예능 프로그램이 인기를 얻으면서 프로 스포츠에 대한 인기도 함께 증가했다. 이에 따라 암표 거래가 늘고 각종 스포츠 경기 입장권의 가격이 급등하고 있다고 한다. 한 예로 공식 가격 3만 원인 야구 경기 티켓이 중고 거래 사이트에 20만 원에 거래되고 있다. 대부분의 암표는 컴퓨터 프로그램을 이용해서 신속하게 대량 구매를 하기 때문에 일반 소비자는 표를 사고 싶어도 살 수가 없다. 암표에 대한 처벌을 강화하여 소비자의 피해를 줄여야 할 것이다.

① 스포츠 경기의 티켓 값이 소비자에게 부담으로 작용한다.
② 암표로 인한 소비자 피해를 줄이려면 강한 처벌이 필요하다.
③ 컴퓨터 프로그램을 이용해서 표를 구매할 수 없게 해야 한다.
④ 스포츠 예능 프로그램은 스포츠 경기 티켓 판매량에 영향을 준다.

---

11. 다문화 사회

해설 다양한 문화의 사람들과 함께 살기 위해서는 서로 이해하고 포용해야 한다.

어휘 다문화 사회, 거주하다, 귀화하다, 꾸준히, 기준, 영주권, 취득하다, 체류하다, 만료, 희망하다, 포용하다, 자세

12. 암표

해설 암표로 인한 피해가 늘고 있으므로 처벌을 강화해서 소비자 피해를 줄여야 한다.

어휘 암표, 스포츠, 예능, 프로그램, 거래, 입장권, 급등, 예, 공식, 중고, 사이트, 신속하다, 대량, 구매, 소비자, 처벌, 강화하다

주제 04 사회

	한국어	영어	일본어	중국어	베트남어
1	캥거루족	Kangaroo tribe, failson (people who depend on their parents either financially or emotionally or both.)	カンガルー族	啃老族	thế hệ Kangaroo (những người phụ thuộc vào cha mẹ về tài chính hoặc tình cảm, hoặc cả hai)
	경기	economic	景気	景气	tình hình kinh tế
	침체	recession	低迷、停滞、沈滞	停滞	suy thoái
	성인	adult	成人	成人	người trưởng thành
	부모	parents	両親	父母	cha mẹ
	독립하다	become independent	独立する	独立	độc lập
	지원하다	support	支援する	支援	hỗ trợ
	젊다	young	若い	年轻	trẻ, trẻ tuổi
	새끼	baby (animal), cub	（動物の）子ども	幼崽	con vật non, con vật mới sinh
	어미	mother (animal)	（動物の）母	妈妈	con mẹ (chỉ động vật con cái đã sinh con)
	비유적	figurative	比喩的	比喻	mang tính ẩn dụ
	표현	expression	表現	表达	sự diễn đạt, biểu hiện
	젊은이	youth	若者	年轻人	thanh niên, giới trẻ
	취업	employment, get a job	就職	就业	tìm việc làm
	주거비	housing cost	住居費	住房费用	chi phí nhà ở
	상승	increase	上昇	上升	sự tăng lên
2	반려동물	companion animal	ペット	宠物	động vật đồng hành, thú cưng
	동반	accompany	同伴	同伴	sự đồng hành
	함께하다	be together	共にする	一起	cùng nhau
	야외	outdoors	野外	室外	ngoài trời
	테라스	terrace	テラス	露台	ban công, sân thượng
	애견	pet dog	愛犬	宠物狗	chó cưng
	목줄	leash	首輪	狗链	dây xích chó
	착용하다	wear (a leash)	着用する	系	đội, mặc, đeo
	배설물	excrement	排泄物	排泄物	chất thải
	즉시	immediately	即時に	马上	ngay lập tức
	처리하다	handle	処理する	处理	xử lý, giải quyết
	식기	dishware	食器	餐具	bát đĩa, dụng cụ ăn uống

사회 주제 04

	한국어	영어	일본어	중국어	베트남어
2	식품위생법	Food Sanitation Act	食品衛生法	食品卫生法	Luật Vệ sinh An toàn Thực phẩm
	일반	general	一般	一般	chung, thông thường
	확인하다	check	確認する	确认	kiểm tra, xác nhận
3	보행자	pedestrian	歩行者	行人	người đi bộ
	신호등	traffic light	信号機	红绿灯	đèn giao thông
	표시	sign	表示	标示	biển báo, dấu hiệu
	횡단보도	crosswalk	横断歩道	人行横道	vạch kẻ đường dành cho người đi bộ
	대기	wait	待機	等待	chờ đợi
	초록불	green light	青信号	绿灯	đèn xanh
	지속	continue	持続	持续	liên tục
	예방	prevention	予防	预防	phòng ngừa
	덜	less	より少なく	少	ít hơn
	건너다	cross	渡る	过	băng qua
	무단횡단	jaywalking	無断横断	乱过马路	băng qua đường trái phép
	무리하다	overdo	無理する	不合理	làm quá sức
4	섬머타임 제도	daylight saving system during the summer	サマータイム制度	夏令时	chế độ giờ mùa hè
	여름철	summer season	夏季	夏季	mùa hè
	일광	sunlight	日光	日光	ánh sáng mặt trời
	활용하다	utilize	活用する	充分利用	tận dụng
	에너지	energy	エネルギー	能源	năng lượng
	소비	consumption	消費	消费	sự tiêu dùng
	앞당기다	advance, move up	繰り上げる	提前	đẩy lên sớm
	시행하다	implement	施行する	实施	thi hành
	국민	citizens	国民	国民	người dân
	수면시간	sleep time	睡眠時間	睡眠时间	thời gian ngủ
	생활 리듬	daily rhythm	生活リズム	生活节奏, 生物钟	nhịp sống hàng ngày
	부작용	side effect	副作用	副作用	tác dụng phụ
	일정	schedule	日程	日程	lịch trình
	조정	adjustment	調整	调整	điều chỉnh
	전산 시스템	computer system	電算システム	计算机系统	hệ thống máy tính
	업데이트	update	アップデート	升级	cập nhật

주제 04 사회

	한국어	영어	일본어	중국어	베트남어
4	비용	cost	費用	费用	chi phí
	발생하다	occur	発生する	发生	phát sinh
	충분하다	sufficient, enough	十分だ	充足	đầy đủ
5	성평등	gender equality	性平等	性别平等	bình đẳng giới
	고정 관념	stereotype	固定観念	刻板印象	định kiến
	성별	gender	性別	性别	giới tính
	평등	equality	平等	平等	bình đẳng
	동등하다	equal	同等だ	同等	tương đương
	기회	opportunity	機会	机会	cơ hội
	제공받다	be provided	提供を受ける	被提供	được cung cấp
	기술자	engineer, technician	技術者	技术人员	kỹ thuật viên, kỹ sư
	정치인	politician	政治家	政治家	chính trị gia
	차별	discrimination	差別	差别	sự phân biệt đối xử
	인식하다	recognize	認識する	认识到	nhận thức
	사회	society	社会	社会	xã hội
	이루다	form, achieve	成し遂げる	实现	đạt được
	기관	institution	機関	机关	cơ quan
6	나이롱 환자	fake patient	偽装患者	假伤患，假病人	bệnh nhân giả vờ
	과도하다	excessive	過度だ	过度	quá mức
	보험금	insurance money	保険金	保险金	tiền bảo hiểm
	부당하다	unfair	不当だ	不当	bất hợp lý
	청구하다	claim	請求する	申请，要求	yêu cầu
	증가하다	increase	増加する	增加	tăng lên
	보험료	insurance premium	保険料	保险费	phí bảo hiểm
	불필요하다	unnecessary	不必要だ	不必要	không cần thiết
	검사	examination	検査	检查	kiểm tra, xét nghiệm
	정부	government	政府	政府	chính phủ
	경상	minor injury	軽傷	轻伤	nhẹ
	추가	additional	追加	追加	bổ sung
	제출	submit	提出	提交	nộp, đệ trình
	필요성	necessity	必要性	必要性	tính cần thiết
	인정되다	be acknowledged, be recognized	認められる	承认	được công nhận

사회 주제 04

	한국어	영어	일본어	중국어	베트남어
6	지급하다	pay	支給する	支付	chi trả, thanh toán
	보험사	insurance company	保険会社	保险公司	công ty bảo hiểm
	협력	cooperation	協力	合作	sự hợp tác
	강화	strengthen	強化する	强化	tăng cường
	사기	fraud	詐欺	诈骗	sự gian lận, lừa đảo
	처벌	punishment	処罰	处罚	sự xử phạt, hình phạt
7	과대 포장	excessive packaging	過剰包装	过度包装	đóng gói quá mức
	스티로폼	styrofoam	発泡スチロール	泡沫塑料	xốp
	플라스틱	plastic	プラスチック	塑料	nhựa
	포장재	packaging material	包装材	包装材料	vật liệu đóng gói
	입장	position, stance	立場	立场	lập trường, quan điểm
	제품	product	製品	产品	sản phẩm
	분리하다	separate	分別する	分开	phân loại
	귀하다	precious, valuable	貴重だ	尊贵	quý giá
	배려	consideration	配慮	考虑，关怀	sự quan tâm
	주의	caution	注意	注意	sự chú ý
8	님비 현상	NIMBY(Not In My Back Yard) phenomenon	NIMBY現象	邻避症候群	hiện tượng NIMBY(Not In My Back Yard)
	지역	region, area	地域	地区	khu vực, vùng
	특정	specific	特定	特定	cụ thể, đặc trưng
	시설	facility	施設	设施	cơ sở, thiết bị
	처리장	treatment center	処理場	处理场	nhà máy xử lý, trạm xử lý
	화장장	crematorium	火葬場	火葬场	nhà hỏa táng
	교도소	prison	刑務所	监狱	nhà tù, trại giam
	발전소	power plant	発電所	发电站	nhà máy điện
	주민	resident	住民	居民	cư dân
	환경	environment	環境	环境	môi trường
	오염	pollution	汚染	污染	ô nhiễm
	미관	appearance	景観	美观	vẻ mỹ quan
	충분히	sufficiently, enough	十分に	充分	một cách đầy đủ
	소통하다	communicate	意思疎通する	沟通	giao tiếp, trao đổi

주제 04 사회

	한국어	영어	일본어	중국어	베트남어
8	대안	alternative	代案	备选方案	giải pháp thay thế
	제시하다	suggest	提示する	提出	đề xuất
	불만	dissatisfaction, grievance	不満	不满	sự bất mãn
	해소하다	remedy, resolve	解消する	消除	giải quyết
9	오버 투어리즘	overtourism	オーバーツーリズム	过度旅游	quá tải du lịch
	몰리다	be crowded	押し寄せる	聚集	bị dồn vào
	소음	noise	騒音	噪音	tiếng ồn
	훼손	damage	毀損、損傷	损坏	sự gây thiệt hại
	혼잡	congestion	混雑	拥挤	sự hỗn loạn
	물가	price	物価	物价	giá cả
	해당	relevant	該当する	相关	có liên quan
	해결하다	solve	解決する	解决	giải quyết
	개발하다	develop	開発する	开发	phát triển
	제한하다	restrict	制限する	限制	hạn chế
	현지인	local resident	地元民	当地人	người dân địa phương
	피해	damage, harm	被害	受害，受损失	thiệt hại
10	위조지폐	counterfeit bill, forged banknotes	偽札	假钞	tiền giả
	의심되다	be suspected	疑われる	怀疑，疑心	bị nghi ngờ
	경우	case, circumstances	場合	情况	trường hợp, tình huống
	비추다	reflect	照らす、映す	照	phản chiếu
	여백	margin, blank	余白	空白	khoảng trắng
	공간	space	空間	地方	không gian
	사각형	rectangle, square	四角形	四边形	hình tứ giác
	홀로그램	hologram	ホログラム	全息图	hologram
	4괘	four trigrams	四卦	四卦	tứ tượng
	무늬	pattern	模様	图案	hoa văn, họa tiết
	은색	silver color	銀色	银色	màu bạc
	선	line	線	线	đường kẻ
	신고하다	report, declare	通報する	举报	báo cáo, khai báo
	이하	less than	以下	一下	ít hơn, dưới
	징역	imprisonment	懲役	徒刑	tù giam
	벌금	fine, penalty	罰金	罚金	tiền phạt

사회 주제 04

	한국어	영어	일본어	중국어	베트남어
11	다문화 사회	multicultural society	多文化社会	多文化社会	xã hội đa văn hóa
	거주하다	reside, live	居住する	居住	cư trú
	귀화하다	naturalize	帰化する	归化，入籍	nhập quốc tịch
	꾸준히	consistently, steadily	着実に、コツコツと	持续	đều đặn
	기준	standard	基準	标准，基准	tiêu chuẩn
	영주권	permanent residency	永住権	永驻权	quyền thường trú
	취득하다	acquire	取得する	取得	đạt được
	체류하다	stay	滞在する	滞留	lưu trú
	만료	expiration	満了	到期	hết hạn
	희망하다	hope	希望する	希望	hy vọng
	포용하다	embrace, tolerate	受け入れる	包容	bao dung
	자세	attitude	姿勢	姿态	tư thế
12	암표	scalped ticket, illegal ticket	闇チケット	黄牛票	vé chợ đen
	스포츠	sports	スポーツ	体育运动	thể thao
	예능	variety, entertainment	バラエティ	综艺娱乐	giải trí
	프로그램	show, program	番組	节目	chương trình
	거래	deal, transaction	取引	交易	giao dịch
	입장권	admission ticket	入場券	入场券，门票	vé vào cửa
	급등	sharp rise	急騰	飞涨	tăng đột ngột
	예	example	例	例子	ví dụ
	공식	official	公式	官方	chính thức
	중고	secondhand, used-one	中古	二手	đồ cũ
	사이트	site	サイト	网站	trang web
	신속하다	prompt	迅速だ	迅速	nhanh chóng
	대량	large quantity	大量	大量	số lượng lớn
	구매	purchase	購入	购买	việc mua sắm
	소비자	consumer	消費者	消费者	người tiêu dùng
	처벌	punishment	処罰	处罚	sự xử phạt, hình phạt
	강화하다	strengthen, intensify	強化する	强化	tăng cường, củng cố

주제 05 교육

23 일차   월   일

POINT 교육 주제에서는 어린이·학생들의 교육 방법을 비롯하여 성인 교육에 대한 문제, 교육 제도와 교육 정보에 대한 문제도 출제될 수 있다. 특수 목적 교육과 사회 변화에 따른 다양한 문제가 출제될 수 있으니 공부할 필요가 있다.

1-4 다음을 읽고 내용이 같은 것을 고르십시오.

1.

가족센터는 4월에 봄맞이 '숲 치유' 프로그램을 운영한다. 이 행사는 다문화 가정을 대상으로 붉은 오름에서 진행된다. 숲 생태계 이해를 위해 해먹에서 쉬기, 짚라인 타기, 트리 클라이밍 등 다양한 활동을 한다. 이 행사의 참가 신청 기간은 3월 30일까지이며 가족센터에 전화하거나 홈페이지를 통해 접수할 수 있다. 단, 부모와 동행하지 않은 아동은 프로그램에 참여할 수 없다.

① 다문화 아동은 누구나 참여할 수 있다.
② 참가 아동은 반드시 부모와 동행해야 한다.
③ 참가 신청은 홈페이지를 통해서만 가능하다.
④ 가족센터는 숲을 보호하는 프로그램을 한다.

2.

문해력은 글을 읽고 잘 이해하는 능력을 말한다. 문해력을 기르기 위해 꼭 종이책 형태의 글을 읽어야 하는 것은 아니다. 요즘 학생들은 종이책 대신 전자책이나 오디오북처럼 다양한 방법으로 글을 접하고 있다. 책을 읽는 방법은 시대에 따라 변화되고 있다. 문해력을 기르기 위해 중요한 것은 각자에게 맞는 방식으로 글을 읽으며 내용을 이해하고 자기 생각을 정리하는 습관을 기르는 것이다.

① 글을 읽고 잘 이해하기 위해서는 종이책을 읽는 게 좋다.
② 종이책보다 전자책이나 오디오북이 읽기에 더 효과적이다.
③ 문해력 향상을 위해 다양한 종류의 글을 접할 필요가 있다.
④ 문해력을 기르기 위해 자신만의 방법을 찾아 글을 읽는 게 좋다.

3.

'엘 시스테마'는 3세 이상의 저소득층 아이들을 위해 무료로 음악 교육을 제공하는 프로그램이다. 교육의 기회가 없던 아이들에게 음악 교육을 제공함으로써 어려운 환경을 극복하고 긍정적인 자아를 형성할 수 있도록 하는 것이다. 아이들은 오케스트라 활동을 함께하며 공동체 의식을 갖게 되는데 이는 단순한 음악 교육을 넘어 아이들이 건전한 사회 구성원으로 성장하는 데 도움을 준다.

① '엘 시스테마'는 경제적으로 어려운 아이들을 위한 프로그램이다.
② '엘 시스테마'는 오케스트라 공연을 위한 전문 음악 교육 프로그램이다.
③ '엘 시스테마'에서 음악을 배우기 위해서는 음악적 재능이 있어야 한다.
④ '엘 시스테마'는 저소득층 아이들을 위해 기부금을 모으는 활동을 한다.

4.

올해부터 '이음 교육'이 본격적으로 도입되어 유치원(만 5세)부터 초등학교 1학년까지 서로 연계해서 교육하는 방향으로 개선되었다. '이음 교육'은 유치원이나 어린이집에서 유아들의 성장 발달에 맞는 교육을 제공하여 초등학교 생활에 필요한 기초적인 역량을 기를 수 있도록 하는 것이다. 이 교육을 통해 유아들이 초등학교 생활에 잘 적응할 수 있는 기반을 마련할 것으로 기대된다.

① 이음 교육을 통해 유아가 성장 발달을 잘할 수 있다.
② 이음 교육은 초등학교에서 배우는 것을 미리 학습한다.
③ 이음 교육은 초등학교 1학년을 대상으로 하는 교육이다.
④ 이음 교육은 유치원이나 어린이집에서 운영하는 교육이다.

---

1. 숲 치유 프로그램

해설 부모와 동행하지 않은 아동은 프로그램에 참여할 수 없다.

어휘 숲, 치유, 가족센터, 봄맞이, 운영하다, 다문화 가정, 대상, 오름, 진행되다, 생태계, 해먹, 짚라인, 트리 클라이밍, 활동, 참가, 홈페이지, 접수하다, 동행하다, 아동, 참여하다

2. 문해력

해설 문해력을 기르기 위해 중요한 것은 각자에게 맞는 방식으로 글을 읽는 것이다.

어휘 문해력, 형태, 대신, 전자책, 오디오북, 접하다, 시대, 변화되다, 각자, 방식

3. 엘 시스테마

해설 엘 시스테마는 저소득층 아이들을 위해 무료로 음악 교육을 제공하는 프로그램이다.

어휘 엘 시스테마, 저소득층, 제공하다, 환경, 극복하다, 긍정적, 자아, 형성하다, 오케스트라, 함께하다, 공동체, 의식, 건전하다, 사회, 구성원, 성장하다

4. 이음 교육

해설 이음 교육은 유치원이나 어린이집에서 유아들의 성장 발달에 맞는 교육을 한다.

어휘 이음 교육, 본격적, 도입되다, 연계하다, 개선되다, 유아, 성장, 발달, 기초적, 역량, 적응하다, 기반, 마련하다, 기대되다

5-8 다음을 읽고 (   )에 들어갈 내용으로 가장 알맞은 것을 고르십시오.

5.

한국에서는 진로 교육이 의무화되었다. 진로 교육의 대상은 초등학교부터 대학교까지의 모든 학생들과 학교 밖 청소년과 성인 학습자까지 포함하고 있다. 진로 교육은 (   ) 자기 적성과 흥미에 맞는 진로를 탐색하고 개발할 수 있도록 지원하는 것을 목표로 한다. 이를 통해 미래에 대한 계획이 생기고 직업에 대한 목표가 뚜렷해지는 효과를 기대할 수 있다.

① 학교에 다니는 학생들이
② 회사에 다니는 직장인들이
③ 다양한 연령대의 학습자들이
④ 취업을 희망하는 실업자들이

6.

고령 사회로 접어들면서 (   ) 추세다. 이에 정부는 도로교통법을 개정하여 만 75세 이상 운전자는 3년마다 치매 검사를 받고 3시간의 교통안전 교육을 이수한 후 운전면허 적성 검사를 받는 것을 의무화했다. 이러한 과정은 운전면허 시험장에서 진행되지만, 반드시 사전 예약이 필요하다. 만약 교통안전 교육을 온라인으로 이수 받았다면 보건소나 병원에서 치매 검사를 받은 후 적성 검사를 받으면 된다.

① 운전면허를 다시 받아야 하는
② 고령 운전자의 사고가 늘어나는
③ 온라인으로 교통안전 교육을 받는
④ 치매 검사를 받는 운전자가 늘어나는

---

5. 진로 교육

해설 진로 교육은 초등학교부터 대학교까지의 모든 학생들과 학교 밖 청소년과 성인 학습자까지 모두 포함한다.

어휘 진로, 의무화되다, 성인, 학습자, 포함하다, 연령대, 적성, 흥미, 탐색하다, 개발, 지원하다, 목표, 뚜렷해지다, 효과, 기대하다

6. 고령 운전자 운전면허 갱신 교육

해설 고령사회로 접어들면서 고령 운전자의 사고가 늘어났기 때문에 정부는 도로교통법을 개정했다.

어휘 고령, 운전자, 갱신, 접어들다, 추세, 정부, 도로교통법, 개정하다, 만, 치매, 교통안전, 이수하다, 운전면허, 의무화하다, 과정, 시험장, 사전, 온라인, 보건소

7.  _____초

최근 학생이나 학부모가 선생님의 권위를 무시하고 교육 활동을 방해하는 교권 침해 문제가 사회적 이슈로 주목받고 있다. 교권 침해 사례 증가로 (   ) 높아져 교권 보호와 교사 심리 치유의 필요성이 대두되었다. 이에 교육부와 보건복지부는 희망하는 교사에게 심리 검사 및 상담과 치료에 필요한 비용을 부담해 주고 신속한 심리 지원을 위해 온라인 커뮤니티 및 교육청 홈페이지에 긴급 심리 상담 번호를 게재했다.

① 교사들의 피로도가
② 학생들의 집중도가
③ 교사들의 업무 성과가
④ 학생들의 피해 사례가

8.  _____초

10대 청소년들의 마약 범죄가 급증하고 마약 노출 위험이 커지면서 학교에서 마약 예방 교육이 강화되고 있다. 이 교육에서는 학생들에게 일상에서 접하는 약물의 이해와 올바른 사용법을 알려주고, 오남용이 신체적, 정신적 건강에 미치는 영향과 마약 중독의 위험성을 설명하며 (   ) 전달한다. 이러한 마약 예방 교육을 통해 청소년들이 실제 마약을 권유받았을 때 효과적으로 대처할 수 있을 것으로 기대된다.

① 마약의 심각성을
② 마약 범죄의 종류를
③ 정확한 약물 복용 방법을
④ 범죄 예방 교육의 중요성을

---

7. 교사 심리 치료 지원

해설: 교권 침해 사례 증가로 교사들의 피로도가 증가하여 교권 보호와 교사 심리 치유가 필요하다.

어휘: 심리, 치료, 지원, 학부모, 권위, 무시하다, 방해하다, 교권, 침해, 사회적, 이슈, 주목받다, 사례, 증가, 보호, 필요성, 대두되다, 교육부, 보건복지부, 상담, 비용, 부담하다, 신속하다, 커뮤니티, 교육청, 긴급, 게재하다

8. 마약 예방 교육

해설: 마약 예방 교육에서는 마약 중독의 위험성을 설명하면서 심각성을 전달한다.

어휘: 마약, 예방, 범죄, 급증하다, 노출, 강화되다, 일상, 약물, 올바르다, 사용법, 오남용, 신체적, 정신적, 미치다, 영향, 중독, 위험성, 전달하다, 실제, 권유받다, 효과적, 대처하다

9-12 다음 글의 주제로 가장 알맞은 것을 고르십시오.

9.  초

최근 한국 사회에는 국제결혼 가정이 늘어나면서 외국에서 태어나 한국으로 입국하는 자녀들이 점점 증가하고 있다. 외국에서 살다가 중도에 한국에 온 자녀는 한국 학교에 다녀야 하므로 언어 장벽과 문화적 차이로 인해 학업과 학교생활에 스트레스를 받는다. 학교는 이런 학생들을 일반 학생들과 함께 교육하는 데 어려움을 느낀다. 이에 정부와 교육 기관은 서로 협력하여 한국어와 한국 문화 교육을 효율적으로 운영하기 위한 방안을 마련해 지원하고 있다.

① 중도 입국 자녀는 한국 생활에 적응하는 데 어려움을 느낀다.
② 중도 입국 자녀와 일반 학생을 같이 수업하는 데 문제가 없다.
③ 학교생활에 적응하지 못하는 중도 입국 자녀가 많아지고 있다.
④ 한국에서는 중도 입국 자녀를 위해 다양한 교육을 지원해 준다.

10.  초

스마트폰과 컴퓨터로 쉽게 정보를 얻을 수 있는 인공지능 시대에는 교육의 방향도 달라져야 한다. 이제 교육자는 단순히 지식을 암기시키는 것보다, 학습자가 얻고자 하는 정보를 정확하게 찾아낼 수 있는 방법을 가르쳐야 한다. 그리고 학습자 스스로 찾아낸 정보를 다양한 관점에서 해석하고 여러 정보를 연결하여 원하는 것을 창출해 내는 통합적인 사고가 가능하게 해야 한다.

① 원하는 정보를 얻기 위해 암기력을 향상해야 한다.
② 인공지능 시대에는 정보를 해석하는 능력이 필요하다.
③ 인공지능 시대의 교육은 과거와는 다르게 변화되어야 한다.
④ 교육자는 학습자가 창의적인 활동을 하도록 지원해야 한다.

---

9. 다문화 교육

해설 한국에서는 중도입국자녀들을 위해 한국어와 한국 문화 교육을 지원하고 있다.

어휘 국제결혼, 입국, 자녀, 중도, 장벽, 문화적, 차이, 학업, 일반, 기관, 협력하다, 효율적, 방안

10. 인공지능 시대의 교육

해설 인공지능 시대에는 교육의 방향도 달라져야 한다.

어휘 인공지능, 스마트폰, 정보, 달라지다, 교육자, 지식, 암기하다, 관점, 해석하다, 창출하다, 통합적, 사고, 가능하다

11.  _____초

　　교육부는 농어촌의 교육 여건 개선과 교육력 향상을 위해 농어촌에 있는 학교의 운영을 지원하고 있다. 이를 위해 교육지원청의 역할을 강화하고 학교와 지역이 협력하여 지역의 자원을 교육에 활용할 수 있도록 하고 있다. 덕분에 최근 농어촌의 자연환경과 전통문화를 활용한 프로그램을 운영하는 학교가 많아졌고 농어촌 학교 교육에 대한 학부모와 아이들의 만족도가 높아졌다.

① 농어촌 가족의 정착을 위해 교육부에서 지원한다.
② 농어촌 학교는 지역 특산물에 대한 교육을 실시한다.
③ 농어촌 학부모와 아이들은 교육부의 정책에 만족한다.
④ 농어촌 학교와 도시 학교의 교육 격차가 여전히 심하다.

12.  _____초

　　'별별캠프'는 경기도교육청이 운영하는 학교 폭력 예방을 위한 체험형 교육 프로그램이다. 학교 폭력 예방 교육에 학생들의 참여를 높이고 경험을 바탕으로 한 폭력 예방 교육과 마음의 치유를 받을 수 있는 프로그램이 필요하다는 요구에 의해 시작되었다. 별별캠프는 숙박 형태의 캠프로 둘레길 걷기, 숲 놀이, 문화지 답사 등을 한다. 또한 공동체 놀이와 가족 중심 활동을 통해 피해 학생과 가족의 치유와 회복을 돕는다.

① 학교 폭력 예방 교육은 경험을 중심으로 한 교육이어야 한다.
② 자연 체험과 문화 활동은 청소년들의 정서에 좋은 영향을 미친다.
③ 경기도교육청은 학생들의 교육 참여도를 높이기 위해 노력하고 있다.
④ 경기도 교육청은 체험형 캠프를 통해 학교폭력 예방과 회복을 지원한다.

---

11. 농어촌 지역의 교육 지원

해설) 농어촌 학교 교육에 대한 학부모와 아이들의 만족도가 높아졌다.

어휘) 농어촌, 지역, 여건, 개선, 교육력, 향상, 운영, 교육지원청, 역할, 강화하다, 자원, 활용하다, 전통 문화, 만족도

12. 학교 폭력 예방 교육 (별별캠프)

해설) 별별캠프는 경기도교육청이 운영하는 학교폭력 예방을 위한 체험형 교육 프로그램이다.

어휘) 학교 폭력, 경기도교육청, 체험형, 참여, 바탕, 요구, 숙박, 캠프, 둘레길, 문화지, 답사, 또한, 활동, 피해, 회복

주제 05 교육

	한국어	영어	일본어	중국어	베트남어
1	숲	forest	森	森林	rừng
	치유	healing	癒し、治癒	治愈	chữa lành, trị liệu
	가족센터	family center	家族センター	家庭中心	trung tâm gia đình
	봄맞이	welcoming spring, spring greeting	春を迎えること	迎春	đón xuân, chào xuân
	운영하다	operate	運営する	运营	vận hành, điều hành
	다문화 가정	multicultural family	多文化家庭、国際結婚家庭	多文化家庭	gia đình đa văn hóa
	대상	target	対象	对象	đối tượng
	오름	Oreum, volcanic cone	オルム、寄生火山	山坡	Oreum, nón núi lửa
	진행되다	be conducted	進行する	进行	được tiến hành
	생태계	ecosystem	生態系	生态系统	hệ sinh thái
	해먹	hammock	ハンモック	吊床	võng
	짚라인	zipline	ジップライン	高空飞索	zipline (đu dây mạo hiểm)
	트리 클라이밍	tree climbing	ツリークライミング	爬树	leo cây
	활동	activity	活動	活动	hoạt động
	참가	participation	参加	参加	sự tham gia
	홈페이지	homepage, website	ホームページ	网址	trang chủ
	접수하다	register, receive	受付する	申请，受理	đăng ký, tiếp nhận
	동행하다	accompany	同行する	同行	đồng hành
	아동	child	児童	儿童	nhi đồng
	참여하다	takepartin, participate	参加する	参加	tham gia, tham dự
2	문해력	literacy	リテラシー	读写能力	khả năng đọc hiểu
	형태	form	形態	形态	hình dạng, hình thái
	대신	instead	代わり（に）	代替	thay vì
	전자책	e-book	電子書籍	电子书	sách điện tử, ebook
	오디오북	audiobook	オーディオブック	有声读物	sách nói, audiobook
	접하다	encounter	接する	接收	tiếp xúc, tiếp cận
	시대	era, period	時代	时代	thời đại, kỷ nguyên
	변화되다	be changed	変化する	变化	bị thay đổi, biến đổi

교육 주제 05

	한국어	영어	일본어	중국어	베트남어
2	각자	each	それぞれ	各自	mỗi người
	방식	method	方式	方式	phương thức
3	엘 시스테마	El Sistema	エル・システマ	音乐救助体系	El Sistema
	저소득층	low-income group	低所得層	低收入人群	tầng lớp thu nhập thấp
	제공하다	provide	提供する	提供	cung cấp
	환경	situation, environment	環境	环境	môi trường
	극복하다	overcome	克服する	克服	khắc phục
	긍정적	positive	肯定的	积极乐观的	tích cực
	자아	self, ego	自我	自我	bản ngã, cái tôi
	형성하다	form, devdlop	形成する	形成	hình thành, tạo thành
	오케스트라	orchestra	オーケストラ	管弦乐团	dàn nhạc giao hưởng
	함께하다	be together	共にする	一起	cùng nhau
	공동체	community	共同体	共同体	cộng đồng
	의식	spirit	意識	意识	ý thức
	건전하다	healthy	健全だ	健全的	lành mạnh, khỏe mạnh
	사회	society	社会	社会	xã hội
	구성원	member	構成員	成员	thành viên, bộ phận cấu thành
	성장하다	grow, develop	成長する	成长	tăng trưởng, phát triển
4	이음 교육	connection-based education	つなぎ教育	连接的教育	giáo dục dựa trên kết nối
	본격적	full-scale	本格的	全面的	quy mô lớn
	도입되다	be introduced	導入される	引入	được đưa vào
	연계하다	link, connect	連携する	连接	liên kết, kết nối
	개선되다	improve	改善される	改善	được cải thiện
	성장	growth	成長	成长	sự tăng trưởng
	발달	development	発達	发达	sự phát triển
	기초적	basic, fundamental	基礎的	基础的	cơ bản, nền tảng
	역량	competence	力量	能力	năng lực
	유아	infant	幼児	幼儿	trẻ sơ sinh, trẻ nhỏ
	적응하다	adapt	適応する	适应	thích nghi

주제 05 교육

	한국어	영어	일본어	중국어	베트남어
4	기반	foundation	基盤	基础	nền tảng, cơ sở
	마련하다	prepare	用意する	准备	chuẩn bị, thu xếp
	기대되다	be expected	期待される	期待	được kỳ vọng
5	진로	career path	進路	职业规划	định hướng nghề nghiệp
	의무화되다	become mandatory	義務化される	成为义务	được nghĩa vụ hóa
	성인	adult	成人	成人	người trưởng thành
	학습자	learner	学習者	学习者	học viên
	포함하다	include	含む	包含	bao gồm
	연령대	age group	年齢層	年龄段	độ tuổi
	적성	aptitude	適性	资质	năng khiếu
	흥미	interest	興味	趣味	hứng thú
	탐색하다	explore	探索する、探る	探索	tìm kiếm, tìm tòi
	개발하다	develop	開発する	开发	phát triển
	지원하다	support	支援する	支援	hỗ trợ
	목표	goal, aim, purpose	目標	目标	mục tiêu
	뚜렷해지다	become clear	明確になる	变清晰	trở nên rõ ràng
	효과	effect	効果	效果	hiệu quả
	기대하다	expect	期待する	期待	kỳ vọng
6	고령	elderly, older	高齢	高龄	tuổi cao
	운전자	driver	運転者	驾驶员	người lái xe, tài xế
	갱신	renewal	更新	更新	gia hạn, làm mới
	접어들다	enter, get into	入り込む	进入	bước vào, tiến vào
	추세	trend, tendency	趨勢、トレンド	趋势	xu hướng
	정부	government	政府	政府	chính phủ
	도로교통법	Road Traffic Act	道路交通法	交通法	Luật Giao thông Đường bộ
	개정하다	revise	改正する	修改	sửa đổi, bổ sung
	만	aged	満	满	đủ (tuổi)
	치매	dementia	認知症	痴呆	chứng mất trí nhớ
	교통안전	traffic safety	交通安全	交通安全	an toàn giao thông

교육 주제 05

한국어	영어	일본어	중국어	베트남어
이수하다	complete	履修する	完成，修完	hoàn thành khóa học
운전면허	driver's license	運転免許	驾驶执照	giấy phép lái xe
의무화하다	make mandatory	義務化する	义务化	được nghĩa vụ hóa
과정	course	課程	课程	khóa học
시험장	test center	試験場	考场	địa điểm thi
사전	advance	事前	事先	trước đó
온라인	online	オンライン	线上	trực tuyến
보건소	health center	保健所	保健所	trung tâm y tế, trạm y tế
심리	psychology	心理	心理	tâm lý
치료	treatment	治療	治疗	điều trị
지원	support	支援	支援	hỗ trợ
학부모	parents, school parents	保護者	家长	phụ huynh
권위	authority	権威	权威	quyền uy
무시하다	disregard, neglect	無視する	无视	coi thường
방해하다	interfere, interrupt	妨害する	妨碍	cản trở, làm phiền
교권	teacher's rights, teacher's authority	教師の人権	教师权威	quyền của giáo viên
침해	violation	侵害	侵犯	sự xâm phạm
사회적	social	社会的	社会的	thuộc về xã hội
이슈	issue	イシュー	问题	vấn đề
주목받다	attract attention	注目される	被关注	thu hút sự chú ý
사례	case	事例	事例	trường hợp, ví dụ
증가	increase	増加	增加	sự tăng lên
보호	protection	保護	保护	sự bảo hộ, bảo vệ
필요성	necessity	必要性	必要性	tính cần thiết
대두되다	arise	台頭する	出现	nổi lên
교육부	Ministry of Education	教育部	教育部	Bộ Giáo dục
보건복지부	Ministry of Health and Welfare	保健福祉部	保健福祉部	Bộ Y tế và Phúc lợi
상담	counseling	相談	咨询	tư vấn
비용	cost	費用	费用	chi phí

주제 05 교육

	한국어	영어	일본어	중국어	베트남어
7	부담하다	bear	負担する	负担	đảm trách, chịu trách nhiệm
	신속하다	prompt, swift	迅速だ	迅速	nhanh chóng
	커뮤니티	community	コミュニティ	社区	cộng đồng
	교육청	officeofeducation	教育庁	教育部	sở giáo dục
	긴급	emergency	緊急	紧急	khẩn cấp
	게재하다	publish, print	掲載する	发行，刊登	đăng tải
8	마약	drug	麻薬	毒品	ma túy
	예방	prevention	予防	预防	phòng ngừa
	범죄	crime	犯罪	犯罪	tội phạm
	급증하다	surge	急増する	激增	tăng đột ngột
	노출	exposure	露出	暴露，流出	phơi nhiễm
	강화되다	strengthen	強化される	强化	được tăng cường, củng cố
	일상	daily life	日常	日常	hàng ngày, thường ngày
	약물	medication, substance	薬物	药物	thuốc, dược phẩm
	올바르다	correct	正しい		đúng đắn, chính xác
	사용법	usage	使用法	使用方法	cách sử dụng
	오남용	misuse, abuse	誤用と乱用	误滥用	lạm dụng, sử dụng sai mục đích
	신체적	physical	身体的	身体的	thuộc về thể chất, cơ thể
	정신적	mental	精神的	精神的	thuộc về tinh thần, tâm lý
	미치다	affect	及ぼす	波及	ảnh hưởng, tác động
	영향	influence	影響	影响	sự ảnh hưởng
	중독	addiction	中毒	上瘾	nghiện, nhiễm độc
	위험성	risk	危険性	风险	tính nguy hiểm
	전달하다	deliver	伝える	传达	truyền đạt
	실제	real	実際	现实中	thực tế
	권유받다	be advised	勧められる	被劝诱	được khuyên
	효과적	effective	効果的	有效的	có hiệu quả
	대처하다	cope with	対処する	应对	đối phó, ứng phó
9	국제결혼	international marriage	国際結婚	跨国婚姻	kết hôn quốc tế

주제 05 교육

	한국어	영어	일본어	중국어	베트남어
9	입국	entry, entrance	入国	入国	nhập cảnh
	자녀	child	子ども	子女	con cái
	중도	midway	中途	中途	giữa chừng
	장벽	barrier	障壁	障碍	rào cản
	문화적	cultural	文化的	文化的	thuộc về văn hóa
	차이	difference, disparity	違い	差异	sự khác biệt
	학업	academic	学業	学业	việc học
	일반	general, ordinary	一般	一般	chung, thông thường
	기관	institution, organization	機関	机关	cơ quan
	협력하다	collaborate, cooperate	協力する	合作	hợp tác
	효율적	efficient, effective	効率的	有效的	năng suất
	방안	solution, plan	案、方策	方案	phương án
10	인공지능	AI (Artificial Intelligence)	人工知能	人工智能	AI (trí tuệ nhân tạo)
	스마트폰	smartphone	スマートフォン	智能手机	điện thoại thông minh
	정보	information, data	情報	信息	thông tin
	달라지다	change, alter	変わる	变化	thay đổi
	교육자	educator, teacher	教育者	教育工作者	nhà giáo dục
	지식	knowledge	知識	知识	kiến thức, tri thức
	암기하다	memorize	暗記する	背诵	học thuộc lòng
	관점	perspective, viewpoint	観点	观点	quan điểm
	해석하다	interpret	解釈する	解释	giải thích, diễn giải
	창출하다	create, generate	創出する、創造する	创造出	sáng tạo
	통합적	integrative, holistic	統合的	综合的	tổng hợp
	사고	thinking, thought	思考	思考	suy nghĩ, tư duy
	가능하다	possible, feasible	可能だ	可能	có thể
11	농어촌	farming and fishing communities	農漁村	农渔村	vùng nông thôn và ven biển
	지역	region, area	地域	地区	khu vực, vùng
	여건	conditions, circumstances	条件	条件	điều kiện, hoàn cảnh

주제 05 교육

	한국어	영어	일본어	중국어	베트남어
11	개선	improve, enhance	改善	改善	cải thiện
	교육력	educational ability, educational capacity	教育力	教育能力	năng lực giáo dục
	향상	improvement, advancement	向上	向上，提升	sự nâng cao
	운영	operation, management	運営	运营	sự vận hành, điều hành
	교육지원청	officeofeducation	教育支援庁	教育局	văn phòng hỗ trợ giáo dục
	역할	role	役割	作用，角色	vai trò
	강화하다	strengthen, reinforce	強化する	强化	tăng cường, củng cố
	자원	resources	資源	资源	tài nguyên, nguồn lực
	활용하다	utilize, make use of	活用する	充分利用	tận dụng
	전통 문화	traditional culture	伝統文化	传统文化	văn hóa truyền thống
	만족도	satisfaction, contentment	満足度	满意度	mức độ hài lòng
12	학교 폭력	school violence, bullying	校内暴力、いじめ	校园暴力	bạo lực học đường
	경기도교육청	Gyeonggi-do Office of Education	京畿道教育庁	京畿道教育厅	Sở giáo dục tỉnh Gyeonggi-do
	체험형	experiential, hands-on	体験型	体验型	mang tính trải nghiệm
	바탕	foundation, basis	土台	基础	nền tảng, cơ sở
	요구	demand, requirement	要求	要求	yêu cầu
	숙박	accommodation	宿泊	住宿	nơi lưu trú
	캠프	camp	キャンプ	营地	trại
	둘레길	trail, walking path	周回道	步道	đường mòn đi bộ
	문화지	cultural magazine	文化誌	文化杂志	tạp chí văn hóa
	답사	exploration	踏査	实地参观	thăm dò, khảo sát
	또한	also, additionally	また	而且	hơn nữa, ngoài ra
	피해	damage, harm	被害	受害	thiệt hại
	회복	recovery, restoration	回復	恢复	sự phục hồi

memo

주제 06 의학·건강

POINT 의학·건강 주제에서는 질병에 대한 의학 정보나 의학 상식 및 건강관리에 도움이 되는 정보 등의 문제가 출제된다. 주제는 어렵지만 전문성이 없어도 충분히 이해할 수 있는 수준의 내용이다.

 다음을 읽고 내용이 같은 것을 고르십시오.

1.

> 원격 의료란 환자가 직접 병원에 방문하지 않고 인터넷이 연결된 모니터 등 의료 장비를 통해 의사의 진료를 받을 수 있는 서비스이다. 원격 의료는 거동이 불편한 노인이나 장애인, 수술 후 퇴원한 재택 환자에게 효율적이며, 군인이나 교도소 등 특수 지역의 환자를 보다 신속하게 진료하는 것이 가능하다. 하지만 사람들은 환자가 의료 정보를 입력하는 과정에서 오류가 있을 수 있어 잘못된 진료를 받을 확률이 높다고 말한다.

① 원격 의료 서비스는 모든 환자에게 효율적이다.
② 원격 의료는 병원에 방문해서 진료받는 서비스이다.
③ 원격 의료 서비스는 퇴원한 환자를 진료하지 않는다.
④ 원격 의료를 받으려는 환자가 정보를 잘못 입력할 수 있다.

2.

> 도수 치료란 전문 치료사가 손을 이용해 관절과 근육, 척추 등 전반적인 신체의 기능 회복에 중점을 두고 치료하는 것을 말한다. 도수 치료에는 수술이나 약물이 필요하지 않다. 지속적으로 도수 치료를 받으면 관절의 영양 상태가 좋아지고 뼈나 근육의 잘못된 위치가 조절된다. 또한 도수 치료는 근력을 강화시켜 줄 뿐만 아니라 통증 조절과 근육 이완에도 효과가 있어 재활을 위한 운동 치료와 병행하기도 한다.

① 도수 치료는 의사가 손을 이용해 치료한다.
② 도수 치료를 받으려면 약물 치료와 병행해야 한다.
③ 도수 치료는 환자들의 재활 치료를 목적으로 한다.
④ 도수 치료는 근육이나 관절에 관련된 질환에 효과적이다.

3.

> 치매를 일으키는 원인은 다양하다. 그중 단백질이 뇌에서 비정상적으로 얽히고 쌓여서 발생하는 치매도 있다. 이러한 치매의 치료제가 최근 개발되어 환자나 가족들에게 희망을 주고 있다. 이 치료제는 주기적으로 주사를 맞는 방식인데 인지 기능이 저하되는 속도와 치매 증상이 심해지는 속도를 늦춘다. 이 치료제를 두고 의학계에서는 치매를 정복하는 여정의 '최종 단계의 시작'이라고 평가하고 있다.

① 이 치료제는 한 번만 맞아도 치매를 정복할 수 있다.
② 의학계에서는 이 치료제의 개발을 높이 평가하고 있다.
③ 여러 가지 치매 원인에 따라 다양한 치료제가 개발되었다.
④ 치료제의 개발로 대부분의 치매는 치료가 가능하게 되었다.

4.

> 심폐 소생술이란 심장과 폐의 활동이 멈추어 호흡이 정지되었을 때 실시하는 응급 처치이다. 만약 심장이 멈췄는데 아무런 조치를 취하지 않으면 4~5분 이내에 뇌에 손상이 일어나고 5분이 지나면 생명이 위태로워질 수 있다. 심장과 폐의 활동이 멈췄을 때 바로 심폐 소생술을 하면 환자가 살 수 있는 확률은 3배 이상으로 높아진다. 만약 심폐 소생술을 배운 적이 없거나 할 줄 모른다면 전기로 충격을 주는 '자동 심장 충격기'가 근처에 있는지 찾아봐야 한다.

① 심폐 소생술은 심장이나 폐에 질병이 있는 환자에게 사용한다.
② 심폐 소생술은 호흡이 약할 때 사용하면 뇌 손상을 막을 수 있다.
③ 심폐 소생술을 할 줄 모르면 '자동 심장 충격기'를 사용하면 된다.
④ 심폐 소생술을 제때 사용하지 않으면 사망률은 두 배 이상 증가한다.

---

1. 원격 의료

해설 환자가 의료 정보를 입력하는 과정에서 오류가 있을 수도 있다.

어휘 원격 의료, 모니터, 의료 장비, 진료, 거동, 장애인, 재택, 효율적, 교도소, 특수, 지역, 신속하다, 진료하다, 가능하다, 정보, 입력하다, 과정, 오류, 확률

2. 도수 치료

해설 도수 치료를 받으면 관절과 근육 등 전반적인 신체 기능 회복에 도움이 된다.

어휘 도수 치료, 전문, 치료사, 관절, 근육, 척추, 전반적, 기능, 회복, 중점, 약물, 지속적, 영양, 상태, 뼈, 조절되다, 강화시키다, 통증, 이완, 효과, 재활, 병행

3. 치매 치료제

해설 의학계에서는 치매를 정복하는 여정의 '최종 단계 시작'이라고 평가했다.

어휘 치매, 치료제, 원인, 그중, 단백질, 뇌, 비정상적, 얽히다, 쌓이다, 발생하다, 개발, 주기적, 방식, 인지 기능, 저하, 증상, 늦추다, 의학계, 정복하다, 여정, 최종, 단계, 평가하다

4. 심폐 소생술

해설 심폐 소생술을 할 줄 모르면 근처에 '자동 심장 충격기'가 있는지 찾아봐야 한다.

어휘 심폐 소생술, 심장, 폐, 활동, 호흡, 정지되다, 실시하다, 응급 처치, 아무런, 조치, 취하다, 이내, 손상, 생명, 위태롭다, 충격, 자동 심장 충격기

5-8 다음을 읽고 ( )에 들어갈 내용으로 가장 알맞은 것을 고르십시오.

5.  _____초

> 미국 만화 뽀빠이를 보면 뽀빠이가 시금치를 먹고 근육이 커진 팔뚝을 치켜올리며 악당을 물리친다. 그런데 뽀빠이는 왜 하필 시금치를 먹을까? 시금치는 항암 효과가 뛰어나고 노화를 예방하며 빈혈에도 좋다. 또한 피부를 윤택하게 해 준다. 최근 한 연구에 따르면 시금치에 풍부하게 들어있는 질산염이 (　　　　　　　) 연관이 있다고 한다. 그러니까 뽀빠이가 시금치를 먹고 근육이 커지는 것이 아주 사실무근은 아닌 것이다.

① 빈혈의 예방에
② 피부의 탄력에
③ 근육의 강화에
④ 노화의 방지에

6.  _____초

> 그리스 신화에는 스틱스라는 강이 나오는데 여기에 몸을 담그면 절대 다치지 않는다고 한다. 그래서 여신 테티스는 자기 아들의 발뒤꿈치를 잡고 아들을 강물에 거꾸로 담갔다. 덕분에 테티스의 아들 아킬레스는 다치지 않는 몸을 갖게 되어 전쟁의 영웅이 되지만 곧 발뒤꿈치에 화살을 맞아 죽는다. 테티스가 잡은 아킬레스의 발뒤꿈치 부분만 (　　　　　　　) 때문이다. 그후 아킬레스건은 인간의 치명적인 약점을 말할 때 사용하게 되었다.

① 강물에 씻지 않았기
② 강물에 닿지 않았기
③ 강물에 뜨지 않았기
④ 강물에 걷지 않았기

---

5. 시금치

해설 뽀빠이가 시금치 먹고 근육이 커지는 이유는 시금치에 들어있는 질산염과 연관이 있다.

어휘 시금치, 뽀빠이, 팔뚝, 치켜올리다, 악당, 물리치다, 하필, 항암 효과, 뛰어나다, 노화, 예방, 빈혈, 또한, 피부, 윤택하다, 연구, 풍부하다, 질산염, 연관, 사실무근

6. 아킬레스건

해설 테티스가 아들의 발뒤꿈치를 잡고 있어서 이 부분만 강물에 담그지 못했다.

어휘 아킬레스건, 그리스 신화, 스틱스, 담그다, 절대, 테티스, 아킬레스, 발뒤꿈치, 거꾸로, 전쟁, 영웅, 화살, 실제로, 치명적, 약점

7.

껌을 씹는 것은 뇌 기능 향상에 도움이 된다. 껌을 씹으면 뇌에 공급되는 피의 양이 25%~40% 정도 늘어난다. 피의 양이 증가하면 산소 공급도 증가하기 때문에 뇌 기능이 더 활발해진다. 특히 기억력 향상에 도움이 된다는 연구 결과도 있다. 그리고 껌을 씹으면 (　　　　　　　) 도움이 된다. 한 대학 연구에 의하면 점심 이후 껌을 씹으면 식욕을 줄일 수 있고 고칼로리의 음식을 찾지 않게 된다고 한다.

① 체중을 줄이는 데
② 입 냄새를 없애는 데
③ 치아를 건강하게 하는 데
④ 턱 근육을 발달시키는 데

8.

비타민은 신체의 다양한 활동을 돕는 필수 영양소이다. 비타민에는 지용성 비타민과 수용성 비타민이 있다. 지용성 비타민은 A, D, E, K가 있고 지방에 잘 녹으며 많이 먹으면 체내에 쌓여 부작용이 일어날 수 있다. 반면 수용성 비타민은 B, C가 있는데 물에 잘 녹으며 많이 먹으면 소변으로 배출된다. 지용성 비타민과 수용성 비타민은 각각 (　　　　　　　) 때문에 다양한 음식을 통해 골고루 섭취하는 것이 중요하다.

① 성능과 종류가 같기
② 특성과 기능이 다르기
③ 속성과 효과가 빠르기
④ 성질과 영향이 비슷하기

---

7. 껌의 효능

해설: 껌을 씹으면 식욕을 줄이고 고칼로리 음식을 찾게 되지 않아 체중을 줄이는 데 도움이 된다.

어휘: 껌, 효능, 향상, 공급되다, 양, 늘어나다, 증가하다, 산소, 공급, 활발해지다, 기억력, 체중, 식욕, 고칼로리

8. 비타민

해설: 지용성 비타민과 수용성 비타민은 각각 특성과 기능이 달라 골고루 섭취해야 한다.

어휘: 비타민, 신체, 필수, 영양소, 지용성, 수용성, 지방, 녹다, 체내, 부작용, 반면, 소변, 배출되다, 특성, 골고루, 섭취하다

9-12 다음 글의 주제로 가장 알맞은 것을 고르십시오.

9.

최근 각종 매체에서 레몬수가 면역 체계를 강화하고 피부에 수분을 공급하여 피부를 촉촉하게 해 준다는 영상이 많이 나오고 있다. 레몬의 비타민C가 면역 기능에 도움이 되기는 하지만 비타민C를 섭취하는 것만으로 면역 체계를 강화할 수 있다는 근거는 부족하다. 또한 레몬 때문에 수분이 공급되는 것이 아니라 수분이 주성분인 음료를 마셨기 때문에 피부를 촉촉하게 해 주는 것이다. 그러므로 매체에서 나온 정보를 전부 믿지 않도록 주의해야 한다.

① 레몬수에 대한 매체의 정보가 모두 맞는 것은 아니다.
② 레몬수에 대한 정보는 근거가 부족하므로 알아봐야 한다.
③ 레몬수는 피부를 촉촉하게 하고 면역 기능을 강화해 준다.
④ 매체에서 다루는 건강 정보에 대해 기대하는 것이 중요하다.

10.

인공 혈액은 혈액형의 구분 없이 피를 줄 수 있는 데다가, 헌혈한 피에 비해 오랫동안 보관이 가능하다. 또한 환자가 헌혈한 사람의 질병을 옮을 수 있는 사고까지 막을 수 있다. 그래서 1980년대 중반부터 인공 혈액에 대한 연구가 시작되었지만 안전성은 아직 확보가 되지 않은 상태이다. 안전하게 사용할 수 있는 인공 혈액이 개발되려면 시간이 더 걸릴 것으로 예상된다. 아직까지는 수혈이 필요한 환자를 구할 수 있는 유일한 방법은 헌혈이다.

① 피를 오래 보관할 수 있는 방법이 시급하다.
② 헌혈을 할 때 질병을 옮기지 않는 것이 중요하다.
③ 곧 사용이 가능한 인공 혈액의 개발을 앞두고 있다.
④ 안전하게 사용할 수 있는 인공 혈액의 개발이 필요하다.

---

9. 레몬수

해설 매체에서 나온 레몬수 정보는 전부 믿지 않도록 주의해야 한다.

어휘 레몬수, 각종, 매체, 면역, 체계, 강화하다, 수분, 공급하다, 촉촉하다, 영상, 레몬, 비타민C, 근거, 주성분, 주의하다

10. 인공 혈액

해설 인공 혈액은 아직 안전성이 확보되지 않아 개발이 필요하다.

어휘 인공, 혈액, 혈액형, 구분, 헌혈하다, 보관, 질병, 옮다, 막다, 중반, 안전성, 확보, 개발되다, 예상되다, 수혈, 구하다, 유일하다

11.　　　　　　　　　　　　　　　　　　　　　　　　　　　　　　　초

장기 이식은 우리 몸속에 있는 장기가 제 기능을 못 할 때 건강한 장기로 바꾸는 수술이다. 하지만 장기 기증의 조건이 매우 까다로운 편이고, 이식할 수 있는 장기는 턱없이 부족해 많은 사람들이 수술을 받지 못하고 있다. 그런데 최근 의료 기술의 발달로 3D 프린터를 이용해 장기를 만드는 '바이오 프린팅' 기술이 나와서 화제다. 아직까지는 연구용으로만 제작해 쓰이고 있지만 향후 맞춤형 장기가 제작될 것으로 기대되고 있다.

① 이식할 수 있는 장기가 부족하여 많은 사람들이 죽고 있다.
② 장기 이식 수술의 문제점인 장기 기증의 조건을 완화시켜야 한다.
③ '바이오 프린팅' 기술을 제한적으로 사용하고 있지만 미래가 밝다.
④ '바이오 프린팅' 기술로 인해 개인별 맞춤형 장기 제작이 가능하다.

12.　　　　　　　　　　　　　　　　　　　　　　　　　　　　　　　초

두뇌 활동을 가장 활발하게 하려면 최소 7~8시간은 자야 한다고 한다. 하지만 레오나르도 다 빈치는 15분을 잔 후에 4시간 일하기를 6번을 반복하면서 하루에 90분 정도 잠을 잤다. 그는 이렇게 잠을 적게 잤지만 피곤함을 전혀 느끼지 않았다고 한다. 이처럼 각자 필요로 하는 수면의 양이 사람마다 다를 수 있기 때문에 자신의 몸 상태에 따라 수면 시간을 결정하는 것이 가장 바람직할 것이다.

① 레오나르도 다 빈치처럼 하루 90분을 자는 것이 좋다.
② 시간을 나눠서 자는 것이 두뇌 활동을 가장 활발하게 한다.
③ 피곤함을 느끼지 않으려면 7~8시간을 자는 것이 중요하다.
④ 사람마다 필요한 수면 시간은 달라 자신에게 맞게 정해야 한다.

---

11. 바이오 프린팅

해설 바이오 프린팅은 아직까지는 연구용으로만 쓰이고 있지만 미래가 기대되고 있다.

어휘 바이오 프린팅, 장기, 이식, 몸속, 기증, 조건, 까다롭다, 이식하다, 턱없다, 기술, 발달, 3D 프린터, 화제, 연구용, 제작하다, 쓰이다, 향후, 맞춤형, 제작되다, 기대되다

12. 적정 수면 시간

해설 적정 수면 시간은 자신의 몸 상태에 따라 결정하는 것이 가장 바람직하다.

어휘 적정, 수면, 두뇌, 활발하다, 최소, 레오나르도 다빈치, 반복하다, 각자, 바람직하다

의학 · 건강

	한국어	영어	일본어	중국어	베트남어
1	원격 의료	telemedicine, remote healthcare	遠隔医療	远程医疗	khám chữa bệnh từ xa
	모니터	monitor, screen	モニター	显示器	màn hình
	의료 장비	medical equipment, healthcare device	医療機器	医疗器械	thiết bị y tế
	진료	treatment, medical consultation	診療	诊疗	việc khám chữa bệnh
	거동	movement, mobility	動作、挙動	行动	sự đi lại, di chuyển
	장애인	disabled person, person with disability	障がい者	残疾人	người khuyết tật
	재택	home care, home-based	在宅	居家	tại nhà
	효율적	efficient, effective	効率的	有效率的	năng suất
	교도소	priso, correctionalfacility	刑務所	监狱	nhà tù, trại giam
	특수	specific, special	特殊	特殊	đặc thù
	지역	region, area	地域	地区	khu vực, vùng
	신속하다	swift, prompt	迅速だ	迅速	nhanh chóng
	진료하다	provide treatment, treat	診療する	诊疗	khám chữa bệnh
	가능하다	possible, feasible	可能だ	可能	có thể
	정보	information, data	情報	信息	thông tin
	입력하다	input, enter	入力する	输入	nhập vào
	과정	process	過程	过程	quá trình
	오류	error, mistake	エラー	错误	lỗi, sai sót
	확률	probability, likelihood	確率	概率	xác suất
2	도수 치료	physiotherapy, manual therapy	徒手療法	物理疗法	vật lý trị liệu
	전문	specialist, expert	専門	专门	chuyên môn
	치료사	therapist	セラピスト、治療士	治疗专家	chuyên viên trị liệu
	관절	joint	関節	关节	khớp
	근육	muscle	筋肉	肌肉	cơ bắp
	척추	spine, backbone	脊椎	脊椎	cột sống
	전반적	overall, comprehensive	全般的	全面的	toàn diện, tổng thể
	기능	function, ability	機能	功能	chức năng

의학 · 건강 주제 06

	한국어	영어	일본어	중국어	베트남어
2	회복	recovery, rehabilitation	回復	恢复	sự phục hồi
	중점	focus	重点	重点	trọng tâm
	약물	medication	薬物	药物	thuốc, dược phẩm
	지속적	continuous, sustained	持続的	持续的	tính liên tục
	영양	nutrition	栄養	营养	dinh dưỡng
	상태	condition, state	状態	状态	tính trạng, trạng thái
	뼈	bone, skeletal structure	骨	骨头	xương
	조절되다	regulated, controlled	調整する	调整	được điều chỉnh
	강화시키다	strengthen, enhance	強化する	使强化	làm cho tăng cường, củng cố
	통증	pain	痛み	疼痛	cơn đau
	이완	relaxation, relief	弛緩、緩和	缓解	thư giãn
	효과	effect, impact	効果	效果	hiệu quả
	재활	rehabilitation, recovery	リハビリ	康复	sự phục hồi chức năng
	병행	combine, doing things simultaneously	並行	并行	kết hợp
3	치매	dementia	認知症	痴呆	chứng mất trí nhớ
	치료제	medicine	治療薬	药品	thuốc điều trị
	원인	cause, reason	原因	原因	nguyên nhân
	그중	among them	その中	其中	trong số đó
	단백질	protein	タンパク質	蛋白质	protein, chất đạm
	뇌	brain	脳	脑	não
	비정상적	abnormal, irregular	異常な	不正常的	bất thường
	얽히다	entangle, intertwine	絡まる	缠绕	vướng víu
	쌓이다	accumulate, build up	たまる、積もる	堆积	tích tụ, chồng chất
	발생하다	occur, happen	発生する	发生	phát sinh
	개발	development	開発	开发	sự phát triển
	주기적	periodic, cyclical	周期的	定期	định kỳ
	방식	method	方式	方式	phương thức

 의학 · 건강

	한국어	영어	일본어	중국어	베트남어
3	인지 기능	cognitive function, mental function	認知機能	认知功能	chức năng nhận thức
	저하	decline, deterioration	低下	低下	sự suy giảm
	증상	symptom	症状	症状	triệu chứng
	늦추다	delay, slow down	遅らせる	延迟	làm chậm lại
	의학계	medical field	医学界	医学界	giới y học
	정복하다	conquer, overcome	征服する、克服する	征服	chinh phục
	여정	journey	旅程	旅程	hành trình
	최종	final	最終	最终	cuối cùng
	단계	stage, step	段階	阶段	giai đoạn, bước
	평가하다	evaluate, assess	評価する	评价	đánh giá
4	심폐 소생술	CPR (cardiopulmonary resuscitation)	心肺蘇生術	心肺复苏术	hồi sức tim phổi (CPR)
	심장	heart, cardiac organ	心臓	心脏	tim
	폐	lung, respiratory organ	肺	肺	phổi
	활동	activity	活動	活动	hoạt động
	호흡	breathing, respiration	呼吸	呼吸	hô hấp
	정지되다	stop, cease	停止する	停止	dừng lại
	실시하다	implement	実施する	实施	tiến hành
	응급 처치	first aid, emergency treatment	応急処置	急救处理	sơ cứu, cấp cứu
	아무런	no action, no response	何の	任何	không có bất kỳ
	조치	measures, action	措置	措施	biện pháp, hành động
	취하다	take	取る	采取	thực hiện, áp dụng
	이내	within	以内	以内	trong vòng
	손상	damage, injury	損傷	损伤	tổn thương
	생명	life	生命	生命	sinh mệnh
	위태롭다	endanger, critical	危うい	危险	nguy hiểm
	충격	shock, impact	衝撃	冲击	sốc, va đập
	자동 심장 충격기	AED (Automated External Defibrillator)	AED（自動体外式除細動器）	自动体外除颤器	máy khử rung tim tự động (AED)

의학 · 건강 주제 06

	한국어	영어	일본어	중국어	베트남어
5	시금치	spinach	ほうれん草	菠菜	rau chân vịt
	뽀빠이	Popeye (cartoon character)	ポパイ	大力水手	Popeye
	팔뚝	forearm, upper arm	二の腕	手臂	bắp tay
	치켜올리다	lift	持ち上げる	举起	giơ lên cao
	악당	villain	悪党	恶棍	kẻ ác
	물리치다	defeat	打ち負かす	击败	đánh bại
	하필	of all times, why on earth	よりによって	偏偏	cớ sao
	항암 효과	anticancer effect, cancer prevention	抗がん効果	抗癌效果	hiệu quả ngăn ngừa ung thư
	뛰어나다	excel, outstanding	優れている	出众	xuất sắc, vượt trội
	노화	aging	老化	老化	sự lão hóa
	예방	prevent	予防	预防	phòng ngừa
	빈혈	anemia	貧血	贫血	thiếu máu
	또한	also, in addition (to)	また	还有	hơn nữa, ngoài ra
	피부	skin	肌	皮肤	da
	윤택하다	radiant, glowing	潤う、潤沢だ	光亮	mịn màng, bóng láng
	연구	research, study	研究	研究	nghiên cứu
	풍부하다	abundant, rich	豊富だ	丰富	phong phú
	질산염	nitrate	硝酸塩	硝酸盐	nitrate
	연관	relation, connection	関連	有关联	liên quan
	사실무근	groundless, unfounded	事実無根	没有事实根据	vô căn cứ
6	아킬레스건	Achilles' tendon, Achilles' heel (vulnerable point, weak point)	アキレス腱	跟腱	gót chân A-sin (chỉ nhược điểm, điểm yếu)
	그리스 신화	Greek mythology	ギリシャ神話	希腊神话	thần thoại Hy Lạp
	스틱스	Styx	スティクス	冥河	sông Styx
	담그다	dip, immerse	浸す	浸泡	nhúng, ngâm
	절대	absolute	絶対（に）	绝对	tuyệt đối
	테티스	Tethys	テティス	忒提斯	thần Tethys
	아킬레스	Achilles	アキレス	阿喀琉斯	thần A-sin
	발뒤꿈치	heel	かかと	脚后跟	gót chân

 의학 · 건강

	한국어	영어	일본어	중국어	베트남어
6	거꾸로	in reverse, upside down	逆に	颠倒	ngược lại, lộn ngược
	전쟁	war	戦争	战争	chiến tranh
	영웅	hero	英雄	英雄	anh hùng
	화살	arrow	矢	箭	mũi tên
	실제로	actually, really	実際に	实际上	theo thực tế
	치명적	critical, fatal, deadly	致命的	致命的	chí mạng
	약점	weakness	弱点	弱点	điểm yếu
7	껌	gum	ガム	口香糖	kẹo cao su
	효능	effectiveness	効能	功效	hiệu năng
	향상	enhance, improve	向上	提升	nâng cao
	공급되다	supplied, provided	供給される	供给	được cung cấp
	양	amount, quantity	量	量	lượng
	늘어나다	grow, increase, rise	増える	增长	gia tăng
	증가하다	increase, expand	増加する	增加	tăng lên
	산소	oxygen	酸素	氧气	oxy
	공급	supply, provision	供給	供给	sự cung cấp
	활발해지다	become active	活発になる	变得活跃	trở nên hoạt bát
	기억력	memory	記憶力	记忆力	trí nhớ
	체중	(body) weight	体重	体重	cân nặng
	식욕	appetite	食欲	食欲	sự thèm ăn
	고칼로리	high-calorie	高カロリー	高卡路里	nhiều calo
8	비타민	vitamin	ビタミン	维生素	vitamin
	신체	body	身体	身体	cơ thể
	필수	essential	必須	必须	thiết yếu
	영양소	nutrient	栄養素	营养素	chất dinh dưỡng
	지용성	fat-soluble	脂溶性	脂溶性	tan trong chất béo
	수용성	water-soluble	水溶性	水溶性	tan trong nước
	지방	fat	脂肪	脂肪	chất béo, mỡ
	녹다	melt	溶ける	溶化	tan chảy
	체내	in the body	体内	体内	trong cơ thể
	부작용	side effect	副作用	副作用	tác dụng phụ
	반면	on the other hand	一方	反之	mặt khác
	소변	urine	尿	尿	nước tiểu

의학·건강 주제 06

	한국어	영어	일본어	중국어	베트남어
8	배출되다	be excreted	排出される	排出	được thải ra
	특성	characteristic, trait	特性	特征	đặc tính, đặc điểm
	골고루	evenl, balanced	まんべんなく	均衡	đều đặn
	섭취하다	take, intake	摂取する	摄取	hấp thụ
9	레몬수	lemon water	レモン水	柠檬水	nước chanh
	각종	various, types of	各種	各种	các loại
	매체	media	メディア	媒体	phương tiện truyền thông
	면역	immune	免疫	免疫	miễn dịch
	체계	system	体系	系统	hệ thống
	강화하다	strengthen, enhance	強化する	强化	tăng cường, củng cố
	수분	hydration, water	水分	水分	độ ẩm
	공급하다	supply	供給する	供给	cung cấp
	촉촉하다	moist	しっとりする	湿润	ẩm ướt
	영상	video	映像	视频	video, hình ảnh
	레몬	lemon	レモン	柠檬	chanh
	비타민C	vitamin C	ビタミンC	维生素C	vitamin C
	근거	basis, evidence	根拠	根据	căn cứ
	주성분	main ingredient, active ingredient	主成分	主要成分	thành phần chính
	주의하다	be cautious, watch out	注意する	注意	chú ý
10	인공	artificial	人工	人工	nhân tạo
	혈액	blood	血液	血液	máu
	혈액형	blood type	血液型	血型	nhóm máu
	구분	classification, division	区別	区分	phân biệt
	헌혈하다	donate blood	献血する	献血	hiến máu
	보관	storage	保管する	保管	sự bảo quản
	질병	disease, illness	病気	疾病	bệnh tật
	옮다	spread, transfer	うつる	传播	lây lan
	막다	prevent, block	防ぐ	阻挡	ngăn chặn
	중반	mid-stage, middle	中盤	中期	giữa
	안전성	safety, security	安全性	安全性	tính an toàn
	확보	secure	確保	确保	sự đảm bảo

주제 06 의학·건강

	한국어	영어	일본어	중국어	베트남어
10	개발되다	developed	開発される	开发	được phát triển
	예상되다	expected, anticipated	予想される	预料	được dự đoán
	수혈	blood transfusion	輸血	输血	truyền máu
	구하다	save	救う	寻找	cứu
	유일하다	unique, only	唯一だ	唯一的	duy nhất
11	바이오 프린팅	bioprinting	バイオプリンティング	生物打印	in sinh học
	장기	organ	臓器	器官	nội tạng
	이식	transplant	移植	移植	sự cấy ghép
	몸속	inside the body	体内	体内	bên trong cơ thể
	기증	donation	寄贈	捐赠	hiến tặng
	조건	condition, requirement	条件	条件	điều kiện
	까다롭다	strict, demanding	厳しい	苛刻	khắt khe
	이식하다	transplant	移植する	移植	cấy ghép
	턱없다	ridiculous	ありえない	过分的	vô lý
	기술	technology	技術	技术	kỹ thuật, công nghệ
	발달	advancement, development	発達	发达	sự phát triển
	3D 프린터	3D printer	3Dプリンター	3D打印机	máy in 3D
	화제	topic, news	話題	话题	chủ đề, tin tức
	연구용	for research purposes	研究用	研究用	dùng cho nghiên cứu
	제작하다	produce, make	製作する	制作	chế tạo
	쓰이다	be used	使われる	被使用	được sử dụng
	향후	future, ahead	今後	今后	trong tương lai, về sau
	맞춤형	customized, personalized	オーダーメイド	定做	theo yêu cầu, cá nhân hóa
	제작되다	be produced, made	製作される	制作	được chế tạo
	기대되다	expected, anticipated	期待される	期待	được kỳ vọng
12	적정	appropriate, suitable	適正	合适	thích hợp, phù hợp
	수면	sleep	睡眠	睡眠	giấc ngủ
	두뇌	brain	頭脳、脳	大脑	não bộ

주제 06 의학·건강

	한국어	영어	일본어	중국어	베트남어
12	활발하다	active, vibrant	活発だ	活泼	hoạt bát
	최소	minimum, least	最小	最少	tối thiểu
	레오나르도 다빈치	Leonardo da vinci	レオナルド・ダ・ヴィンチ	达芬奇	leonardo da vinci
	반복하다	repeat	繰り返す	反复	lặp lại
	각자	each, everyone	それぞれ	各自	mỗi người
	바람직하다	desirable, ideal	望ましい	理想的	đáng mong muốn

주제 07 역사

25일차   월   일

POINT 역사 주제에서는 주로 역사에 관한 인물이나 역사적 사건, 유적지나 유물 등에 관련된 글 등이 출제된다. 역사와 관련된 용어가 자주 나오는 편이므로 다양한 역사 관련 지문을 읽어 보는 것이 좋다.

 다음을 읽고 내용이 같은 것을 고르십시오.

1.  _____ 초

최초의 치약은 약 5천 년 전의 이집트인들이 발명했다. 고고학자들이 발견한 파피루스에는 치아 세척제 제조법이 쓰여 있었다. 이 치아 세척제는 소금, 후추, 박하 잎 등 다양한 재료를 섞어 만든다. 이러한 혼합물은 치아를 깨끗하게 할 뿐만 아니라 입냄새를 없애는 데도 효과적이라고 한다. 이집트인들은 씹을 수 있는 끝이 달린 특수한 막대기에 혼합물을 발라서 사용했는데 이것은 오늘날의 칫솔과 비슷한 역할을 한 것이다.

① 고대 이집트인들은 5천 년 전에 최초로 칫솔을 발명했다.
② 고대 이집트인들은 파피루스에 칫솔을 만드는 방법을 기록했다.
③ 고대 이집트인들이 소금, 후추, 허브 잎을 이에 문질러서 닦았다.
④ 고대 이집트인들은 치아 건강을 위해 치약을 제조하여 사용하였다.

2.  _____ 초

'직지심체요절'은 가장 오래된 금속활자 인쇄본으로 프랑스 국립도서관에서 일하던 박병선 박사에 의해 우연히 발견되었다. 독일의 쿠텐베르크의 성서보다 78년 앞서 제작된 것으로 2001년 유네스코 세계기록유산에 등재되었으며 프랑스 국립도서관에 소장되어 있다. 국제법상 도난이나 약탈된 문화재의 경우 본국에 되돌려 주는 것이 관례지만 직지는 1880~1890년 사이 프랑스인이 한국에서 구매해서 가져간 것이기 때문에 한국에서는 볼 수 없다.

① 직지심체요절은 약탈당한 한국의 문화재이다.
② 직지심체요절은 현재 한국의 국립도서관에 있다.
③ 직지심체요절은 한국에서 박병선 박사가 발견하였다.
④ 직지심체요절은 도난당한 유물이 아니라 돌려받기 어렵다.

3.  _____초

허난설헌은 조선의 여성 시인이다. 그녀는 시와 그림에 뛰어난 실력을 가지고 있었다. 그러나 결혼 후 자신의 재능을 질투하는 남편 때문에 불행한 결혼 생활을 했고 두 아이마저 먼저 떠나보내야 했다. 그나마 시를 지어서 위안을 삼았으나 결국 27세 젊은 나이에 생을 마감했다. 후에 동생 허균이 누나의 시를 모아 책으로 만들었다. 이 책은 조선보다 중국 명나라에서 편찬되어 알려지기 시작했는데 청나라에서는 베스트셀러였으며 일본에도 소개되었다.

① 허난설헌의 시집은 중국과 일본에 소개되었다.
② 허난설헌은 조선에서 가장 유명했던 여성 시인이다.
③ 허난설헌은 동생 허균과 함께 시를 쓰고 책을 편찬했다.
④ 허난설헌의 시집은 조선 여성들에게 많은 인기를 얻었다.

4.  _____초

로제타석은 1799년 나폴레옹의 프랑스 군인들이 이집트 알렉산드리아에서 발견했다. 이 비석은 그리스 왕이 이집트 백성에게 내리는 칙령이었는데 세 종류의 문자로 새겨져 있었다. 이 비석에는 그 시대에 사용하던 그리스어가 새겨져 있어서 당시 해석이 안 되던 고대 이집트 상형문자들을 해석할 수 있었다. 이 획기적인 발견 덕분에 19세기 이후 고고학자들은 고대 이집트에 대해 더 많은 것을 이해할 수 있었다.

① 비석에는 세 가지의 언어가 쓰여 있었다.
② 이집트에서 고고학자들이 로제타석을 찾아냈다.
③ 17세기 이후부터는 상형문자를 이해할 수 있었다.
④ 로제타석의 발견으로 그리스 문자를 해석할 수 있었다.

---

1. 이집트 치약

   해설 고대 이집트인들이 만든 치아 세척제는 치아를 깨끗하게 하고 입 냄새를 없애는 데 효과적이었다.

   어휘 이집트, 최초, 발명하다, 고고학자, 발견하다, 파피루스, 치아, 세척제, 제조법, 후추, 박하, 혼합물, 입냄새, 없애다, 효과적, 달리다, 특수하다, 막대기, 오늘날, 역할

2. 직지심체요절

   해설 직지심체요절은 도난당한 것이 아니라 프랑스인이 한국에서 구매한 것이기 때문에 돌려받기 어렵다.

   어휘 직지심체요절, 금속활자, 인쇄본, 국립도서관, 박사, 우연히, 발견되다, 쿠텐베르크, 성서, 앞서, 제작되다, 유네스코 세계기록유산, 등재되다, 소장되다, 국제법, 도난, 약탈, 문화재, 본국, 되돌리다, 관례, 구매하다

3. 허난설헌

   해설 허난설헌의 책은 중국에서 편찬되었고 일본에도 소개되었다.

   어휘 조선, 시인, 뛰어나다, 실력, 재능, 질투하다, 불행하다, 떠나보내다, 그나마, 위안, 삼다, 결국, 생, 마감하다, 편찬되다, 알려지다, 베스트셀러

4. 로제타석

   해설 이집트에서 발견한 로제타석에는 세 종류의 언어가 쓰여 있었다.

   어휘 로제타석, 나폴레옹, 비석, 그리스, 백성, 칙령, 문자, 새기다, 시대, 그리스어, 당시, 해석, 고대, 상형문자, 획기적, 발견, 세기

5-8 다음을 읽고 ( )에 들어갈 내용으로 가장 알맞은 것을 고르십시오.

5.

 초

지도의 완성체라고 하는 김정호의 〈대동여지도〉보다 100여 년 앞선 지도가 있다. 〈대동여지도〉의 탄생에 도움이 된 정상기의 〈동국지도〉이다. 그는 실제 거리를 지도에서 얼마만큼의 길이로 ( ) '축척'을 최초로 사용했다. 또한 이전 지도와는 비교가 되지 않을 만큼 다양한 기호를 많이 사용했다. 조선 후기의 왕 영조는 지도의 정확성에 감탄하여 베껴서 보관하도록 지시했다고 한다. 그러나 안타깝게도 원본은 전해지는 것이 없다.

① 줄여서 표현하는
② 늘려서 옮겨 놓은
③ 간략하게 나타내는
④ 길어지게 그려 놓은

6.

조선 시대에도 치킨과 맥주가 있었다. 13세기 중반에 만든 최초의 요리책 『산가요록』을 보면 닭을 여러 조각으로 잘라 기름과 간장, 참기름, 식초를 넣어 '포계'를 만든다고 나온다. 게다가 조선 시대 맥주라 불린 '보리술'에 대한 기록도 나와 있다. 물론 당시 기름이 귀해서 닭고기를 튀기지는 못했고, 보리술은 서양식 맥주와는 조금 달랐지만, 조선 시대에도 치킨, 맥주와 ( ) 것이 흥미롭다고 할 수 있다.

① 다른 음식을 먹었다는
② 함께 음식을 즐겼다는
③ 비슷한 음식이 있었다는
④ 똑같은 음식을 만들었다는

---

5. 동국지도

해설 동국지도는 지도에서 실제 거리를 줄여서 표현하는 축척을 사용했다.

어휘 동국지도, 완성체, 대동여지도, 앞서다, 탄생, 실제, 얼마만큼, 축척, 또한, 기호, 후기, 정확성, 감탄하다, 베끼다, 보관하다, 지시하다, 안타깝다, 원본

6. 포계와 보리술

해설 조선 시대에 치킨과 비슷한 포계, 맥주와 비슷한 보리술이 있었다.

어휘 보리술, 중반, 조각, 참기름, 게다가, 불리다, 기록, 귀하다, 튀기다, 서양식, 흥미롭다

7.  _____초

방사성 탄소 연대측정법은 화석의 연대를 측정할 때 이용한다. 방사성 탄소란 모든 생물에 존재하는 원소이다. 생물이 죽으면 방사성 탄소의 양은 일정한 속도로 줄어든다. 그래서 화석에 남아 있는 방사성 탄소의 농도를 측정하고 현재 살아있는 생물과 비교하면 (　　　　　　　) 알아낼 수 있다. 다시 말해 뼈나 껍데기, 나무 등에 남아 있는 방사성 탄소의 양을 측정함으로써 죽은 지 얼마나 지났는지를 계산할 수 있는 것이다.

① 생물이 먹은 음식을
② 생물이 죽은 시기를
③ 생물이 태어난 장소를
④ 생물이 부패한 정도를

8.  _____초

역사란 인류가 지금까지 살아온 발자취이자 지난 시대에 남긴 기록물을 말한다. 우리는 과거가 남긴 흔적을 통해서 그 과거를 알 수 있다. 그래서 역사는 '과거에 일어난 사실'과 '과거에 일어난 사실에 대한 기록'으로 나눌 수 있다. '과거에 일어난 사실'로서의 역사는 인간이 살아온 과정 그 자체를 의미하기에 객관적이고, '과거에 일어난 사실에 대한 기록'으로서의 역사는 기록하는 과정에서 (　　　　　　　) 반영된 것이라 주관적이라 할 수 있다.

① 과거의 역사적 사건이
② 기록자의 과거 행동이
③ 사람들의 거짓된 정보가
④ 역사가의 사상이나 의견이

---

7. 방사성 탄소 연대측정법

해설 남아 있는 방사성 탄소의 양을 측정하면 죽은 지 얼마나 지났는지를 알아낼 수 있다.

어휘 방사성 탄소, 연대측정법, 화석, 측정하다, 생물, 존재하다, 원소, 일정하다, 줄어들다, 농도, 알아내다, 뼈, 껍데기

8. 역사

해설 기록으로서의 역사는 역사가의 사상이나 의견이 기록하는 과정에서 반영된 것이라 주관적이다.

어휘 인류, 살아오다, 발자취, 기록물, 흔적, 인간, 과정, 자체, 객관적, 역사가, 사상, 의견, 반영되다, 주관적

9-12 다음 글의 주제로 가장 알맞은 것을 고르십시오.

9.

광해군은 조선의 왕 중에 가장 뛰어난 외교로 나라를 다스린 왕이다. 중국의 명나라와 후금 사이에서 상황을 잘 파악해 중립적인 외교를 통해 국가를 안전하게 지켜냈다. 또한 일본과는 협약을 체결해 양국 관계를 안정시켰다. 하지만 새어머니를 왕비 자리에서 물러나게 하고, 동생을 죽인 일 때문에 왕의 자리에서 쫓겨났다. 정치란 안을 잘 다스린 후 밖을 잘 다스려야 하는데 광해군은 안을 제대로 돌보지 않은 것이 그의 실수라 할 수 있다.

① 광해군은 나라를 지키기 위해 동생을 죽인 왕이다.
② 광해군은 명나라와 후금에 대해 정확히 파악하지 못했다.
③ 광해군의 외교는 훌륭했지만 국내 정치를 제대로 하지 못했다.
④ 광해군은 동생을 죽인 왕이지만 외교를 잘했기에 뛰어난 왕이다.

10.

지난 2008년 한국의 국보 1호 숭례문 화재 사건 이후 문화재청은 체계적인 문화재 관리를 위해 화재가 발생한 2월 10일을 '문화재 방재의 날'로 정했다. 하지만 문제는 전통 건축 수리 분야의 장인들이 대부분 고령화되고 있다는 것이다. 전통 건축 기술을 배우는 것은 힘든 직업이라 대부분의 젊은이들이 꺼린다. 이에 전문 기술을 계승하려는 장인들에게 제대로 보상하는 시스템을 구축해야 젊은 장인이 늘어날 수 있을 것이다.

① 전통 건축 기술을 누구나 배우기 쉽게 해야 한다.
② 문화재청은 문화재를 널리 알리기 위해 노력해야 한다.
③ 젊은이들이 전통 건축 기술을 계승할 수 있도록 해야 한다.
④ 문화재청은 젊은이들이 문화재에 관심을 가질 수 있게 해야 한다.

---

9. 광해군

해설 광해군은 외교로 가장 뛰어난 왕이지만 국내 정치를 제대로 돌보지 않았다.

어휘 외교, 다스리다, 상황, 파악하다, 중립적, 국가, 협약, 체결하다, 양국, 안정시키다, 새어머니, 왕비, 물러나다, 쫓겨나다, 정치, 제대로, 돌보다

10. 문화재 복원

해설 젊은이들이 전통 건축 기술을 배우는 것을 꺼려하므로 젊은 장인이 늘어나도록 보상을 해야 한다.

어휘 복원, 국보, 화재, 문화재청, 체계적, 관리, 발생하다, 방재, 전통, 건축, 수리, 분야, 장인, 고령화, 기술, 젊은이, 꺼리다, 전문, 계승하다, 보상하다, 시스템, 구축하다

11.

청동기 시대에 흙으로 만든 대표적인 그릇을 '민무늬 토기'라고 한다. 말 그대로 무늬가 없는 토기이다. 하지만 가끔 무늬나 색을 입힌 토기들이 발견된다. 바로 '붉은 간 토기'이다. 붉은 간 토기는 발견된 수량이 많지 않고 민무늬 토기에 비해 시간과 노력을 더 기울여 만들어졌다. 그래서 집터보다는 무덤 안이나 건물 기둥 밑에서 주로 발견되었는데 이는 특정한 행사에 썼기 때문인 것으로 보인다. 이처럼 당시 붉은 간 토기는 그릇의 기능을 넘어 상징적인 물건으로 사용됐다.

① 그릇을 만들 때 시간과 노력을 많이 들여야 좋은 그릇이다.
② 행사를 할 때는 특별한 의미를 그릇에 담아 사용해야 한다.
③ 청동기 시대의 그릇은 무늬가 없는 '민무늬 토기'가 대표적이다.
④ 붉은 간 토기는 단순한 그릇이 아니라 특별한 행사에 쓰던 물건이었다.

12.

과거의 많은 제국이나 원시 부족들은 종교 의식의 일환으로 제사를 지낼 때 인간을 신에게 제물로 바쳤다. 한 예로 중앙아메리카의 아스텍족의 경우 태양이 사라지지 않게 하기 위해서 태양의 신에게 인간의 심장을 바쳤다. 그러나 이렇게 잔인한 의식을 한 이유는 지배자가 자신의 권력을 유지하기 위해서라는 연구 결과가 나왔다. 어쩌면 아스텍족도 이와 같은 이유로 인간을 제물로 바쳤을지도 모른다.

① 인간 제물은 부족들이 신들과 소통하는 방법일 뿐이다.
② 인간을 제물로 바치는 의식은 종교적으로 신성한 의식이다.
③ 인간을 제물로 바치던 과거의 잔인한 행동은 없어져야 한다.
④ 인간 제물은 지배층의 정치적 목적을 위한 수단일 수도 있다.

---

11. 붉은 간 토기

해설 붉은 간 토기는 그릇의 기능을 넘어 특별한 행사에 상징적인 물건으로 사용됐다.

어휘 붉은 간 토기, 청동기, 흙, 대표적, 민무늬 토기, 입히다, 수량, 기울이다, 집터, 무덤, 기둥, 특정하다, 기능, 상징적

12. 인간 제물

해설 중앙아메리카의 아스텍족이 인간을 제물로 바쳤던 것은 지배자가 권력을 유지하기 위한 수단일 수도 있다.

어휘 제물, 제국, 원시, 부족, 종교, 의식, 일환, 제사, 신, 바치다, 예, 중앙아메리카, 태양, 사라지다, 심장, 잔인하다, 지배자, 권력, 유지하다, 연구, 어쩌면

주제 07 역사

	한국어	영어	일본어	중국어	베트남어
1	이집트	Egypt	エジプト	埃及	Ai Cập
	최초	first, initial	最初	最早	đầu tiên
	발명하다	invent, create	発明する	发明	phát minh
	고고학자	archaeologist	考古学者	考古学家	nhà khảo cổ học
	발견하다	discover, find	発見する	发现	phát hiện
	파피루스	papyrus	パピルス	纸莎草纸	giấy cói
	치아	tooth	歯	牙齿	răng
	세척제	cleanser	洗浄剤	清洁剂	chất tẩy rửa
	제조법	recipe, formula	製造法	制造方法	phương pháp chế tạo
	후추	pepper	コショウ	胡椒	hạt tiêu
	박하	mint	ミント	薄荷	bạc hà
	혼합물	mixture	混合物	混合物	hỗn hợp
	입냄새	bad breath, halitosis	口臭	口臭	hôi miệng
	없애다	eliminate, get rid of	なくす、除去する	去除	loại bỏ, khử
	효과적	effective	効果的	有效果	có hiệu quả
	달리다	run	走る	带有	chạy
	특수하다	special, unique	特殊だ	特殊	đặc biệt, độc đáo
	막대기	stick	棒	棍，棒	que, gậy
	오늘날	today, nowadays	今日	今天	ngày nay
	역할	role	役割	作用	vai trò
2	직지심체요절	Jikji Simche Yojeol(Anthology of great buddhist priests' Zen teachings)	直指心体要節	直指心体要节	Jikji Simche Yojeol (tuyển tập các bài giảng thiền của các vị cao tăng)
	금속활자	metal type	金属活字	金属活字	chữ kim loại
	인쇄본	printed book	印刷本	印刷本	bản in
	국립도서관	national library	国立図書館	国立图书馆	thư viện quốc gia
	박사	doctor	博士	博士	tiến sĩ
	우연히	by chance, accidentally	偶然に	偶然	tình cờ, ngẫu nhiên
	발견되다	be discovered	発見される	发现	được phát hiện
	쿠텐베르크	Gutenberg	グーテンベルク	古腾堡	gutenberg
	성서	bible	聖書	圣经	kinh thánh
	앞서	previously	先に	领先	trước đó

역사 주제 07

	한국어	영어	일본어	중국어	베트남어
2	제작되다	be produced	製作される	制作	được chế tạo
	유네스코 세계기록유산	UNESCO Memory of the World Program (documentary heritage)	ユネスコ世界記録遺産	联合国世界记忆名录	di sản tư liệu thế giới của UNESCO
	등재되다	be listed, registered	登録される	入选	được đăng ký
	소장되다	be stored, kept	所蔵される	收藏	được lưu giữ
	국제법	international law	国際法	国际法	luật quốc tế
	도난	robbery	盗難	盗窃	vụ trộm cắp
	약탈	theft	略奪	掠夺	cướp bóc
	문화재	cultural heritage	文化財	文化遗产	di sản văn hóa
	본국	home country	本国	本国	quê hương
	되돌리다	return	元に戻す、返還する	归还	trả lại, hoàn trả
	관례	custom, practice, convention	慣例	惯例	thông lệ, tập quán
	구매하다	purchase	購入する	购买	mua sắm
3	조선	Joseon	朝鮮	朝鲜	triều đại Joseon
	시인	poet	詩人	诗人	nhà thơ
	뛰어나다	excellent, outstanding	優れている	杰出	xuất sắc, vượt trội
	실력	skill, ability	実力	实力	kỹ năng, năng lực
	재능	talent	才能	才能	tài năng, năng khiếu
	질투하다	envy	嫉妬する	嫉妒	ghen tị
	불행하다	unfortunate	不幸だ	不幸	bất hạnh
	떠나보내다	lose	見送る	送走	tiễn đưa
	그나마	at least	少なくとも	还好，至少	ít nhất, dù sao thì
	위안	consolation, comfort	慰め	安慰	sự khuây khoả
	삼다	take	～とする	当作	coi như
	결국	eventually	結局	结果	cuối cùng, kết cục
	생	life	人生	人生	cuộc đời
	마감하다	comes to an end, end	終える	结束	kết thúc
	편찬되다	compiled	編纂される	编译	được biên soạn
	알려지다	become known	知られる	为人所知	được biết đến
	베스트셀러	bestseller	ベストセラー	畅销书	sách bán chạy nhất

주제 07 역사

	한국어	영어	일본어	중국어	베트남어
4	로제타석	Rosetta Stone	ロゼッタストーン	罗塞塔石碑	đá Rosetta
	나폴레옹	Napoleon	ナポレオン	拿破仑	Napoleon
	비석	stele, memorial stone	石碑	石碑	bia đá
	그리스	Greece	ギリシャ	希腊	Hy Lạp
	백성	people	民、百姓	百姓	dân chúng
	칙령	decree, imperial order	勅令	敕令	sắc lệnh
	문자	letters	文字	文字	chữ viết, ký tự
	새기다	inscribe, carve	刻む	刻	khắc, chạm
	시대	era	時代	时代	thời đại, kỷ nguyên
	그리스어	Greek	ギリシャ語	希腊语	tiếng hy lạp
	당시	at the time	当時	当时	khi đó
	해석	interpretation	解釈	解释	diễn giải
	고대	ancient	古代	古代	cổ đại
	상형문자	hieroglyphs	象形文字	象形文字	chữ tượng hình
	획기적	groundbreaking	画期的	划时代的	mang tính đột phá
	발견	discovery	発見	发现	sự khám phá, phát hiện
	세기	century	世紀	世纪	thế kỷ
5	동국지도	Dongguk map	東国地図	东国地图	bản đồ Dongguk
	완성체	completed form	完成形	完成本	dạng hoàn chỉnh
	대동여지도	Daedongyeojido	大東輿地図	大东与地图	bản đồ Daedongyeojido
	앞서다	ahead	先立つ	领先	đi trước
	탄생	birth	誕生	诞生	sự ra đời
	실제	actual	実際	世纪	thực tế
	얼마만큼	how much	どれくらい	多大程度	bao nhiêu, đến mức nào
	축척	accumulation	縮尺	比例尺	tỉ lệ rút gọn
	또한	also	また	而且	hơn nữa, ngoài ra
	기호	symbol	記号	记号	ký hiệu
	후기	late period	後期	后期	hậu kỳ
	정확성	accuracy	正確性	准确性	tính chính xác
	감탄하다	admire	感嘆する	感叹	ngưỡng mộ
	베끼다	copy	写す	誊抄	sao chép

역사 주제 07

	한국어	영어	일본어	중국어	베트남어
5	보관하다	store	保管する	保管	bảo quản
	지시하다	direct	指示する	指示	chỉ thị
	안타깝다	unfortunate	残念だ	不幸的	đáng tiếc
	원본	original	原本	原本	bản gốc
6	보리술	barley wine	麦酒	大麦酒	rượu lúa mạch
	중반	mid-term	中盤	中期	giữa
	조각	piece	彫刻	块	mảnh, miếng
	참기름	sesame oil	ごま油	香油	dầu mè
	게다가	in addition, furthermore	そのうえ	再加上	hơn nữa, thêm vào đó
	불리다	to be called, to be named	呼ばれる	被叫做	được gọi là
	기록	record	記録	记录	ghi chép
	귀하다	precious, valuable	貴重だ	贵重	quý giá
	튀기다	to fry, to splatter	揚げる	炸	chiên, rán
	서양식	Western style	西洋式	西式	kiểu phương tây
	흥미롭다	interesting	興味深い	有趣	thú vị, hấp dẫn
7	방사성 탄소	radiocarbon, radioactive carbon	放射性炭素	放射性碳	cacbon phóng xạ
	연대측정법	carbon dating (dating method)	年代測定法	定年法	phương pháp xác định niên đại bằng cacbon
	화석	fossil	化石	化石	hóa thạch
	측정하다	measure	測定する	测量	đo đạc
	생물	organism, living being	生物	生物	sinh vật
	존재하다	exist, be present	存在する	存在	tồn tại
	원소	element	元素	元素	nguyên tố
	일정하다	be constant, be regular	一定だ	一定的	nhất định, đều đặn
	줄어들다	decrease, shrink	減る	减少	giảm đi, thu hẹp
	농도	concentration	濃度	浓度	nồng độ
	알아내다	find out, discover	突き止める	找到	tìm ra, khám phá ra
	뼈	bone	骨	骨头	xương
	껍데기	shell, skin	殻、皮	皮，外壳	vỏ

주제 07 역사

	한국어	영어	일본어	중국어	베트남어
8	인류	humanity, mankind	人類	人类	nhân loại
	살아오다	live through, survive	生き抜く	存活	sống qua, trải qua
	발자취	footprint, trace	足跡	足迹	dấu chân, vết tích
	기록물	record, document	記録物	记录	tài liệu, vật ghi lại
	흔적	trace, mark	痕跡	痕迹	dấu vết
	인간	human, mankind	人間	人	con người
	과정	process, course	過程	过程	quá trình, khóa học
	자체	self, own	自体	本身	tự thân
	객관적	objective, impartial	客観的	客观的	khách quan
	역사가	historian, history	歴史家	历史学家	nhà sử học
	사상	thought, ideology	思想	思想	tư tưởng
	의견	opinion	意見	意见	ý kiến
	반영되다	be reflected	反映される	反映	được phản ánh
	주관적	subjective, personal	主観的	主观的	chủ quan
9	외교	diplomacy	外交	外交	ngoại giao
	다스리다	to rule, to govern	治める	治理	cai trị, thống trị
	상황	situation, circumstance	状況	情况	hoàn cảnh, tình hình
	파악하다	grasp, understand	把握する	把握	nắm bắt
	중립적	neutral	中立的	中立的	trung lập
	국가	country, nation	国家	国家	quốc gia
	협약	agreement, treaty	協約	协约	hiệp ước
	체결하다	sign, conclude	締結する	缔结	ký kết
	양국	both countries	両国	两国	hai nước
	안정시키다	stabilize, calm	安定させる	使稳定	làm ổn định
	새어머니	stepmother	継母	继母	mẹ kế
	왕비	queen	王妃	王妃	vương phi
	물러나다	step down, withdraw	退く	退下，下台	rút lui, thoái vị
	쫓겨나다	be expelled, be ousted	追われる	被赶走	bị đuổi, bị trục xuất
	정치	politics	政治	政治	chính trị
	제대로	properly, correctly	ちゃんと	顺利地，圆满地	đúng cách, chỉnh tề

역사 주제 07

	한국어	영어	일본어	중국어	베트남어
9	돌보다	take care of, look after	世話する	关照	chăm sóc, trông nom
	복원	restoration	復元	复原	phục hồi
	국보	national treasure	国宝	国宝	quốc bảo
	화재	fire	火災	火灾	hỏa hoạn
	문화재청	cultural heritage administration	文化財庁	文化遗产厅	cục di sản văn hóa
	체계적	systematic	体系的	系统的	có hệ thống
	관리	management	管理	管理	quản lý
	발생하다	occur	発生する	发生	phát sinh
	방재	disaster prevention	防災	防灾	phòng chống thiên tai
10	전통	tradition	伝統	传统	truyền thống
	건축	architecture	建築	建筑	kiến trúc
	수리	repair	修理	修理	sửa chữa
	분야	field	分野	领域	lĩnh vực
	장인	craftsman	職人	工匠	nghệ nhân
	고령화	aging	高齢化	老龄化	sự lão hóa
	기술	technology	技術	技术	kỹ thuật, công nghệ
	젊은이	youth	若者	年轻人	thanh niên, giới trẻ
	꺼리다	avoid	嫌がる	回避	tránh né
	전문	professional	専門	专门	chuyên môn
	계승하다	inherit	継承する	继承	kế thừa
	보상하다	compensate	補償する	补偿	bồi thường
	시스템	system	システム	体系, 制度	hệ thống
	구축하다	build	構築する	建构	xây dựng
11	붉은 간 토기	red-fired pottery	赤色磨研土器	红陶	đồ gốm nung đỏ
	청동기	bronze age	青銅器	青铜器	thời đại đồ đồng
	흙	earth	土	土	đất
	대표적	representative, typical	代表的	代表性的	tiêu biểu
	민무늬 토기	plain pottery	無文土器	无釉陶	đồ gốm không hoa văn
	입히다	coat, dress	塗る	涂上	phủ lên, mặc vào
	수량	quantity	数量	数量	số lượng
	기울이다	tilt	傾ける	倾注	nghiêng

주제 07 역사

	한국어	영어	일본어	중국어	베트남어
11	집터	housestead	住居跡	宅地	nền nhà
	무덤	grave	墓	墓地	lăng mộ
	기둥	pillar	柱	柱子	cột, trụ
	특정하다	specified	特定する	特定的	xác định
	기능	function	機能	功能	chức năng
	상징적	symbolic	象徴的	象征性的	mang tính biểu tượng
12	제물	sacrifice	供え物	祭品	vật tế lễ
	제국	empire	帝国	帝国	đế quốc
	원시	primitive	原始	原始	nguyên thủy
	부족	tribe	部族	部落	bộ tộc
	종교	religion	宗教	宗教	tôn giáo
	의식	ceremony	儀式	仪式	nghi lễ
	일환	part	一環	一环	một phần
	제사	offering	祭祀	祭祀	lễ tế
	신	god	神	神	thần
	바치다	offer	捧げる	供奉，献上	dâng, cúng
	예	example	例	例子	ví dụ
	중앙아메리카	Central America	中央アメリカ	中美洲	Trung Mỹ
	태양	sun	太陽	太阳	mặt trời
	사라지다	disappear	消える	消失	biến mất
	심장	heart	心臓	心脏	tim
	잔인하다	cruel, atrocious	残酷だ	残忍	tàn nhẫn, độc ác
	지배자	ruler	支配者	支配者	nhà cầm quyền
	권력	power	権力	权利	quyền lực
	유지하다	maintain	維持する	维持	duy trì
	연구	research	研究	研究	nghiên cứu
	어쩌면	perhaps	もしかすると	也许，可能	có lẽ

memo

 주제 08　환경

26 일차　　월　　일

POINT 환경 주제에서는 기후변화, 이상기온, 친환경, 쓰레기, 일회용품 사용 등 현대 사회에서 중요하게 다루어지는 환경 이슈를 포괄하여 출제되는데, 환경 문제의 실태를 알리는 글이나 이를 해결할 수 있는 방안과 관련된 글이 제시된다.

 다음을 읽고 내용이 같은 것을 고르십시오.

1.　　　　　　　　　　　　　　　　　　　　　　　　　　　　　　　　 초

　유기농 농업에서 가축 분뇨를 퇴비로 만드는 방법은 발효 과정을 통해 이루어진다. 가축 분뇨에 왕겨, 톱밥, 볏짚 등 다양한 유기물을 섞고, 미생물을 첨가하여 발효를 촉진시킨다. 이 퇴비 더미를 주기적으로 뒤집어 공기가 잘 통하게 하면서 2~3개월에서 6개월간 발효시킨다. 발효가 완성된 퇴비는 토양 건강을 개선하고 화학 비료 없이 작물이 잘 자랄 수 있도록 돕는다.

① 화학 비료는 토양의 건강을 개선한다.
② 완성된 퇴비는 6개월간 사용할 수 있다.
③ 가축 분뇨에 미생물을 넣으면 발효가 빨라진다.
④ 발효 과정이 없어도 가축분뇨로 퇴비를 만들 수 있다.

2.　　　　　　　　　　　　　　　　　　　　　　　　　　　　　　　　 초

　요즘 환경 보호의 중요성이 커지면서 업사이클 제품에 대한 관심도 증가하고 있다. 업사이클 제품은 버려진 쓰레기에 디자인과 가치를 더해 새로운 제품으로 만든 것을 말한다. 예를 들면 버려진 타이어로 만든 가방은 튼튼하고 방수 기능이 뛰어나 실용적이며 수작업으로 제작해서 제품마다 디자인이 달라 독특한 느낌을 준다. 또한 버려진 타이어를 재활용하여 만들기 때문에 환경 오염을 줄이는 데 도움이 된다.

① 업사이클은 쓰레기를 다시 사용하는 것이다.
② 수작업으로 제작된 재활용품은 가격이 비싸다.
③ 업사이클 제품은 모두 같은 디자인으로 제작된다.
④ 버려진 타이어로 만든 가방은 환경 보호에 기여한다.

3.  _____ 초

지구 온난화의 영향으로 노무라입깃해파리의 개체 수가 증가했다. 이 해파리는 최대 길이가 2m에 이르고 강한 독성을 지니고 있다. 이 해파리가 그물에 걸리면 그물이 찢어지거나 어업에 피해를 주고, 쏘이면 부종, 발열, 마비, 호흡 곤란, 쇼크 등을 일으킨다. 그러나 연구에 따르면 노무라입깃해파리의 독이 자가면혁질환을 개선하는 성분을 포함하고 있어 의학적으로 활용될 가능성이 있다고 한다.

① 노무라입깃해파리는 최대 3m까지 자란다.
② 노무라입깃해파리의 개체수는 지구온난화와 무관하다.
③ 노무라입깃해파리의 쏘이면 사람에게 치명적인 영향을 준다.
④ 노무라입깃해파리의 독은 심혈관 질환 치료에 활용될 수 있다.

4.  _____ 초

해양 쓰레기는 해양 생물들에게 심각한 위협이 되고 있다. 이를 해결하기 위해 한국의 한 기업이 해양 쓰레기를 수거하는 무인 청소 로봇을 개발하였다. 이 로봇은 원격 조종과 자율 이동이 가능해 사람이 접근하기 어려운 바다 깊은 곳이나 오염이 심한 곳에서도 효과적으로 쓰레기를 치울 수 있다. 그래서 이 청소 로봇은 섬 지역과 절벽, 동굴 같은 해양쓰레기 사각지대에 활용될 예정이다.

① 해양쓰레기 사각지대는 사람이 관리하며 청소하고 있다.
② 청소 로봇은 사람이 청소하기 어려운 곳도 청소할 수 있다.
③ 청소 로봇은 사람이 직접 조종해야 쓰레기를 수거할 수 있다.
④ 해양쓰레기 사각지대는 쓰레기가 거의 없어 청소할 필요가 없다.

---

1. 유기농 퇴비 제조법

해설 가축 분뇨, 왕겨, 톱밥, 볏짚 등 다양한 유기물을 섞고, 미생물을 첨가하여 발효를 촉진시킨다.

어휘 유기농, 퇴비, 제조법, 농업, 가축, 분뇨, 발효, 과정, 왕겨, 톱밥, 볏짚, 유기물, 미생물, 첨가, 촉진시키다, 더미, 주기적, 뒤집다, 통하다, 완성되다, 화학, 비료, 작물

2. 업사이클 제품

해설 버려진 타이어로 만든 가방은 환경 보호에 도움이 된다.

어휘 업사이클, 제품, 가치, 더하다, 보호, 중요성, 커지다, 관심, 증가하다, 방수, 기능, 뛰어나다, 실용적, 수작업, 제작하다, 독특하다, 또한, 타이어, 재활용하다, 오염

3. 노무라입깃해파리

해설 노무라입깃해파리 쏘이면 부종, 발열, 마비, 호흡 곤란, 쇼크 등을 일으킨다.

어휘 노무라입깃해파리, 지구 온난화, 영향, 개체, 최대, 이르다, 독성, 그물, 찢어지다, 어업, 피해, 쏘이다, 부종, 발열, 마비, 호흡, 곤란, 쇼크, 일으키다, 연구, 자가면역질환, 개선하다, 성분, 포함하다, 의학적, 활용되다, 가능성

4. 해양 쓰레기 청소 로봇

해설 사람이 접근하기 어려운 바다 깊은 곳이나 오염이 심한 곳에서도 효과적으로 쓰레기를 치울 수 있다.

어휘 해양, 로봇, 생물, 심각하다, 위협, 해결하다, 기업, 수거, 무인, 개발하다, 원격, 조종, 자율 이동, 가능하다, 접근하다, 효과적, 치우다, 절벽, 동굴, 사각지대, 예정

5-8 다음을 읽고 ( )에 들어갈 내용으로 가장 알맞은 것을 고르십시오.

5.

성체가 된 푸른바다거북은 주로 해초와 해조류를 먹는다. 해초는 과도하게 번식하게 되면 산소의 소비가 증가하여 바다 생태계에 부정적인 영향을 미친다. 그런데 푸른바다거북이 해초를 섭취하여 바다의 생태계와 해초 숲을 건강한 상태로 유지하는 데 도움을 준다. 건강한 해초 숲에서는 ( ) 물질이 생성되어 바다에 배출된다. 이렇게 생성된 물질은 해양 병원성 박테리아를 50%나 제거한다고 한다.

① 해로운 생물을 퇴치하는
② 바다거북의 먹이가 되는
③ 자연을 깨끗하게 해주는
④ 해양 생물의 성장을 돕는

6.

최근 환경 보호를 위해 친환경 교통수단을 이용하는 경우가 많아지고 있다. 서울시는 전기 버스 도입을 확대하고 있으며, 다른 지자체에서는 트램 도입 추진을 고려하고 있다. 특히 트램은 지하철에 비해 운영비와 건설비가 적게 들어 매우 경제적이다. 이런 친환경 대중교통 수단의 확대는 ( ) 대기질 개선에 큰 도움이 될 거라고 기대한다.

① 쓰레기가 발생하지 않아
② 매우 경제적이고 빨라서
③ 배기가스를 배출하지 않아
④ 관광객들에게 인기가 많아서

---

5. 푸른바다거북

해설 건강한 해초 숲에서 만들어진 물질은 해양 병원성 박테리아를 50%나 제거한다.

어휘 푸른바다거북, 성체, 해초, 해조류, 과도하다, 번식하다, 산소, 소비, 생태계, 부정적, 미치다, 섭취하다, 상태, 유지하다, 물질, 생성되다, 배출되다, 병원성, 박테리아, 제거하다

6. 친환경 교통수단

해설 친환경 교통수단의 확대가 대기질 개선에 도움이 된다.

어휘 친환경, 교통수단, 경우, 많아지다, 도입하다, 확대하다, 지자체, 트램, 고려하다, 운영비, 건설비, 경제적, 대중교통, 수단, 대기질, 개선, 기대하다

7.  _____초

반달가슴곰은 우리나라 전역에서 볼 수 있는 동물이었다. 그런데 서식지가 파괴되면서 멸종 위기 종으로 지정되었고 2000년대 초반에는 5마리만 남게 되었다. 이에 2004년에 반달가슴곰 증식 및 복원 사업을 추진하여 현재는 최초 목표인 50마리를 초과하게 되었다. 그런데 (　　　　　　) 농작물을 훼손하거나 가축을 공격하는 사고가 발생하고 있다. 따라서 이에 대한 대책을 마련하고 반달가슴곰과 공존할 수 있는 방안을 모색해야 한다.

① 곰의 서식지가 좁아지면서
② 곰의 개체 수가 증가하면서
③ 곰 증식 사업에 문제가 생기면서
④ 곰이 멸종위기종으로 지정되면서

8.  _____초

최근 전 세계적으로 지구 온난화로 인한 이상 기후 현상이 일어나고 있다. 대기 중 탄소 농도가 증가하면 지구 표면에 열이 갇히게 되면서 지구의 온도가 상승한다. 이 현상이 지구 전체에 영향을 미쳐 기후 변화를 일으킨다. 여름에는 폭염 일수가 늘어 산불과 가뭄 피해가 증가하고, 겨울에는 기록적인 한파와 폭설로 인해 인명 피해가 발생하기도 한다. 이에 각국은 기후 변화 대응책을 마련하고 (　　　　　　　　) 다양한 노력을 기울이고 있다.

① 탄소 배출을 줄이기 위한
② 기후 변화를 예측하기 위한
③ 산불과 가뭄 피해를 막기 위한
④ 지구 표면의 열을 발산하기 위한

---

7. 반달가슴곰

해설 현재 반달가슴곰은 최초 목표인 50마리를 초과하게 되었다.

어휘 반달가슴곰, 전역, 서식지, 파괴되다, 멸종, 위기종, 지정되다, 초반, 증식, 복원, 추진하다, 최초, 목표, 초과하다, 농작물, 훼손하다, 공격하다, 발생하다, 대책, 마련하다, 공존하다, 방안, 모색하다

8. 기후 변화와 이상 기후

해설 대기 중 탄소 농도가 증가하면 지구의 온도가 상승해 기후 변화를 일으키기 때문에 줄여야 한다.

어휘 기후, 변화, 현상, 대기, 탄소, 농도, 표면, 갇히다, 폭염, 일수, 산불, 가뭄, 기록적, 한파, 폭설, 인명, 각국, 대응책, 기울이다

9-12 다음 글의 주제로 가장 알맞은 것을 고르십시오.

9.

요즘 일회용 컵 대신 텀블러를 사용하는 사람들이 늘고 있다. 일회용 컵은 한 번 사용하고 버려져 환경에 부담을 주지만 텀블러는 여러 번 사용할 수 있어 쓰레기를 줄이는 데 도움이 된다. 일부 카페에서는 친환경 소비를 유도하기 위해 텀블러를 가져오면 음료 가격을 할인해 주기도 한다. 환경 보호를 위해 더 많은 사람들이 텀블러 사용을 생활화할 필요가 있다.

① 일회용 컵 사용은 환경을 보호하는 데 크게 이바지한다.
② 텀블러 사용을 습관화하여 일회용품 사용을 줄여야 한다.
③ 카페에서 텀블러를 사용하면 무료로 음료를 받을 수 있다.
④ 일회용품 사용을 줄이기 위해 텀블러 사용을 의무화해야 한다.

10.

환경개선부담금 제도는 환경 오염을 발생시킬 수 있는 기업이나 사람에게 환경을 개선하는 데 필요한 비용을 부담하도록 하는 제도이다. 기업은 오염 물질을 배출하는 건물이나 시설을 운영할 때 부담금을 내며, 개인은 경유차를 소유하면 자동차 환경개선부담금을 납부해야한다. 이 제도는 기업과 개인이 스스로 환경 오염을 줄이도록 유도하는 데 중요한 역할을 하고 있다.

① 개인은 차를 소유하면 자동차 환경개선부담금을 내야 한다.
② 환경 오염을 줄이기 위해서는 기업과 개인의 노력이 필요하다.
③ 환경개선부담금 제도는 환경오염을 줄이는 데 중요한 제도이다.
④ 기업은 오염 물질이 발생하지 않도록 건물이나 시설을 운영해야 한다.

---

9. 텀블러 사용

해설 텀블러는 쓰레기를 줄이는 데 도움이 되므로 텀블러 사용을 습관화해야 한다.

어휘 텀블러, 일회용, 대신, 부담, 유도하다, 할인하다, 생활화하다

10. 환경개선부담금 제도

해설 이 제도는 기업과 개인이 스스로 환경 오염을 줄이도록 유도하는 데 중요한 역할을 하고 있다.

어휘 환경개선부담금, 제도, 발생시키다, 비용, 시설, 운영, 부담금, 경유차, 소유하다, 납부하다, 개인, 역할

11.  _____초

　　제주도는 '2025년도 일회용품 사용 줄이기 실천 계획'을 수립해 배달 음식 주문 시 다회용기를 이용하는 시범 사업을 추진한다. 소비자가 음식점에서 다회용기로 음식을 받고 식사를 한 후 앱으로 반납 신청을 하면 회수하는 업체가 방문해서 용기를 수거한다. 제주도는 이 사업을 위해 참여 음식점을 모집하고, 5000건의 배달 용기와 회수 비용을 지원할 예정이다.

① 제주도는 소비자에게 배달 비용을 지원하는 사업을 한다.
② 제주도는 다회용기 사용을 권장하기 위해 사업을 시작한다.
③ 제주도는 배달앱 사용의 활성화를 위해 배달 용기를 지원한다.
④ 제주도는 환경 보호를 위해 배달 용기를 회수하는 앱을 개발했다.

12.  _____초

　　국립공원공단은 가을철 탐방객 증가로 인한 환경 훼손을 최소화하고 생태계를 보존하기 위해 집중 단속을 실시한다. 주요 단속 대상에는 샛길 출입, 지정되지 않은 장소에서의 야영 및 취사, 흡연 등이 포함된다. 이를 위반 할 경우 흡연은 최대 200만 원, 무단 야영은 최대 50만 원의 과태료가 부과된다. 국립공원공단은 공원 자원 보호와 올바른 탐방 문화 조성을 위해 탐방객들의 적극적인 관심과 참여가 필수적이라고 밝히며 시민들의 협조를 강조했다.

① 국립공원 내에서 금지 행위를 할 경우 처벌을 받는다.
② 가을철 국립공원을 탐방할 때는 준수해야 할 규칙이 많다.
③ 자연 보호를 위해 국립공원공단이 엄격하게 단속을 해야한다.
④ 국립공원공단은 환경 보호를 위해 가을철 특별 단속을 실시한다.

---

11. 일회용품 사용 줄이기

해설 제주도는 일회용품 사용을 줄이기 위해 다회용기를 이용하는 시범 사업을 추진한다.

어휘 일회용품, 실천, 수립하다, 다회용기, 시범, 소비자, 앱, 반납, 회수하다, 업체, 용기, 참여, 모집하다, 건, 지원하다

12. 환경 보호

해설 국립공원공단은 환경 훼손을 최소화하고 생태계를 보존하기 위해 가을철 집중 단속을 실시한다.

어휘 국립공원공단, 가을철, 탐방객, 증가, 훼손, 최소화하다, 보존하다, 집중, 단속, 실시하다, 주요, 대상, 샛길, 야영, 취사, 흡연, 포함되다, 위반, 무단, 과태료, 부과되다, 자원, 올바르다, 탐방, 조성, 적극적, 필수적, 밝히다, 협조, 강조하다

주제 08 환경

	한국어	영어	일본어	중국어	베트남어
1	유기농	organic farming, organic (chemical-free)	有機農	有机	nông nghiệp hữu cơ
	퇴비	compost	たい肥	堆肥	phân chuồng
	제조법	manufacturing method, recipe	製造法	制造方法	phương pháp chế tạo
	농업	agriculture, farming	農業	农业	nông nghiệp
	가축	livestock	家畜	牲畜	gia súc
	분뇨	nightsoil, manure	ふん尿、肥料	肥料	phân và nước tiểu
	발효	fermentation	発酵	发酵	sự lên men, ủ men
	과정	process	過程	过程	quá trình
	왕겨	rice husk	もみ殻	米糠	vỏ trấu
	톱밥	sawdust	おがくず	木屑	mùn cưa
	볏짚	rice straw	わら	稻草	rơm rạ
	유기물	organic matter	有機物	有机物	chất hữu cơ
	미생물	microorganisms	微生物	微生物	vi sinh vật
	첨가	addition	添加	添加	thêm vào
	촉진시키다	accelerate, promote	促進させる	促进	thúc đẩy, đẩy nhanh
	더미	pile, bale	堆積	堆，垛	đống, chồng
	주기적	periodic, cyclic	周期的	定期	định kỳ
	뒤집다	turnover, flip	ひっくり返す	翻	lật, đảo
	통하다	gothrough, ventilate	通じる	通	thông qua
	완성되다	becompleted, befinished	完成する	完成	hoàn thành
	화학	chemistry	化学	化学	hóa học
	비료	fertilizer, manure	肥料	肥料	phân bón
	작물	crops	作物	作物	cây trồng, hoa màu
2	업사이클	upcycle	アップサイクル	升级改造	tái chế nâng cao
	제품	product	製品	产品	sản phẩm
	가치	value, worth	価値	价值	giá trị
	더하다	add	加える	增添	thêm vào
	보호	protect	保護	保护	sự bảo hộ, bảo vệ
	중요성	importance	重要性	重要性	tầm quan trọng
	커지다	grow, get bigger	大きくなる	变大	lớn lên, tăng lên

환경 주제 08

	한국어	영어	일본어	중국어	베트남어
2	관심	interest, attention	関心	关心	sự quan tâm
	증가하다	increase	増加する	增加	tăng lên
	방수	waterproof	防水	防水	chống thấm nước
	기능	function, feature	機能	功能	chức năng
	뛰어나다	be excellent, outstanding	優れている	出众	xuất sắc, vượt trội
	실용적	practical	実用的	实用的	thiết thực
	수작업	handmade, manual work	手作業	手工	thủ công
	제작하다	produce, make	製作する	制作	chế tạo
	독특하다	unique, distinctive	独特だ	独特	độc đáo
	또한	also, in addition	また	而且	hơn nữa, ngoài ra
	타이어	tire	タイヤ	轮胎	lốp xe
	재활용하다	recycle, reuse	再利用する	回收再利用	tái chế, tái sử dụng
	오염	pollution	汚染	污染	ô nhiễm
3	노무라입깃해파리	Nomura's jellyfish	エチゼンクラゲ	越前水母	sứa Nomura
	지구 온난화	global warming	地球温暖化	全球变暖	sự nóng lên toàn cầu
	영향	impact, influence	影響	影响	sự ảnh hưởng
	개체	individual	個体	个体	cá thể
	최대	maximum, the biggest	最大	最大	tối đa
	이르다	reach, arrive at	達する	达到	đạt đến
	독성	toxicity	毒性	毒性	độc tính
	그물	net	網	网	lưới
	찢어지다	be torn, be ripped	破れる	撕破	bị rách
	어업	fishing industry	漁業	渔业	ngư nghiệp
	피해	damage	被害	危害	thiệt hại
	쏘이다	be stung	刺される	被蛰	bị chích, bị đốt
	부종	edema, swelling	腫れ、むくみ	浮肿	phù nề, sưng tấy
	발열	fever, pyrexia	発熱	发热	phát sốt, sốt
	마비	paralysis	麻痺	麻痹	tê liệt, liệt
	호흡	breathing	呼吸	呼吸	hô hấp
	곤란	difficulty	困難	困难	khó khăn
	쇼크	shock	ショック	休克	sốc
	일으키다	cause	引き起こす	引起	gây ra

주제 08 환경

	한국어	영어	일본어	중국어	베트남어
3	연구	research	研究	研究	nghiên cứu
	자가면역질환	autoimmune disease	自己免疫疾患	自身免疫性疾病	bệnh tự miễn
	개선하다	improve	改善する	改善	cải thiện
	성분	ingredient, component	成分	成分	thành phần
	포함하다	include, contain	含む	包含	bao gồm
	의학적	medical	医学的	医学	thuộc về y học
	활용되다	be used, be utilized	活用される	充分利用	được tận dụng
	가능성	possibility, potential	可能性	可能性	tính khả thi
4	해양	ocean, marine	海洋	海洋	đại dương
	로봇	robot	ロボット	机器人	rô bốt
	생물	organism, living creature	生物	生物	sinh vật
	심각하다	be serious, be severe	深刻だ	严重的	nghiêm trọng
	위협	threat	脅威	威胁	mối đe dọa
	해결하다	solve, resolve	解決する	解决	giải quyết
	기업	company, enterprise	企業	企业	doanh nghiệp, công ty
	수거	collection, pickup	回収	回收	thu gom
	무인	unmanned	無人	无人	không người lái
	개발하다	develop	開発する	开发	phát triển
	원격	remote	遠隔	远程	từ xa
	조종	control, operate	操縦	操作	điều khiển
	자율 이동	autonomous movement	自律移動	自主移动	tự di chuyển
	가능하다	be possible	可能だ	可能	có thể
	접근하다	access, approach	接近する	接近	tiếp cận
	효과적	effective	効果的	有效的	có hiệu quả
	치우다	clean up, remove	片付ける	清理	dọn dẹp
	절벽	cliff	崖、絶壁	悬崖	vách đá
	동굴	cave	洞窟	洞穴	hang động
	사각지대	blind spot	死角	盲区，死角	điểm mù
	예정	schedule, be planned	予定	计划	dự kiến

환경 주제 08

	한국어	영어	일본어	중국어	베트남어
5	푸른바다거북	Green sea turtle (Chelonia mydas)	アオウミガメ	绿海龟	rùa biển xanh
	성체	adult (organism)	成体	成年	cá thể trưởng thành
	해초	seagrass	海草	海草	rong biển
	해조류	seaweed	海藻類	海藻类	loài tảo biển
	과도하다	be excessive	過度だ、過剰だ	过度	quá mức
	번식하다	reproduce	繁殖する	繁殖	sinh sản
	산소	oxygen	酸素	氧气	oxy
	소비	consumption	消費	消费	sự tiêu dùng
	생태계	ecosystem	生態系	生态系统	hệ sinh thái
	부정적	negative	否定的	消极的	tiêu cực
	미치다	affect	（影響を）及ぼす	影响	ảnh hưởng, tác động
	섭취하다	intake	摂取する	摄取	hấp thụ
	상태	condition, state	状態	状态	tình trạng, trạng thái
	유지하다	maintain	維持する	维持	duy trì
	물질	substance, material	物質	物质	vật chất
	생성되다	be produced, be generated	生成される	生成	được tạo ra
	배출되다	be emitted, be discharged	排出される	排出	được thải ra
	병원성	pathogenic	病原性	致病性的	có tính gây bệnh
	박테리아	bacteria	バクテリア	细菌	vi khuẩn
	제거하다	remove, get rid of	除去する	除去	loại bỏ
6	친환경	eco-friendly	環境に優しい	环保的	thân thiện với môi trường
	교통수단	means of transportation, transport method	交通手段	交通工具	phương tiện giao thông
	경우	case, situation	場合	情况	trường hợp, tình huống
	많아지다	increase, become more	多くなる、増える	增多	trở nên nhiều hơn
	도입하다	introduce, adopt	導入する	引入	đưa vào
	확대하다	expand, enlarge	拡大する	扩大	mở rộng
	지자체	localgovernment	自治体	地方政府	chính quyền địa phương
	트램	tram	路面電車	有轨电车	xe điện bánh sắt
	고려하다	consider	考慮する	考虑	xem xét, cân nhắc

주제 08 환경

	한국어	영어	일본어	중국어	베트남어
6	운영비	operating cost	運営費	运营成本	chi phí vận hành
	건설비	construction cost	建設費	建筑成本	chi phí xây dựng
	경제적	economical, cost-effective	経済的	经济合算	tính kinh tế
	대중교통	public transportation	公共交通	公共交通	giao thông công cộng
	수단	means, method	手段	工具	phương tiện, cách thức
	대기질	air quality	大気質	空气质量	chất lượng không khí
	개선	improvement	改善	改善	sự cải thiện
	기대하다	expect, anticipate	期待する	期待	kỳ vọng
7	반달가슴곰	Asiatic black bear	ツキノワグマ	亚洲黑熊	gấu đen Châu Á
	전역	entire area, nationwide	全域	全国范围	toàn bộ khu vực
	서식지	habitat	生息地	栖息地	nơi cư trú
	파괴되다	be destroyed	破壊される	破坏	bị phá hủy
	멸종	extinction	絶滅	灭绝	tuyệt chủng
	위기종	endangered species	絶滅危惧種	濒危物种	loài nguy cấp
	지정되다	be designated	指定される	指定	được chỉ định
	초반	early stage, beginning	初期	初期	giai đoạn đầu
	증식	breeding, propagation	増殖	增殖	sinh sôi
	복원	restoration	復元	恢复，复原	phục hồi
	추진하다	promote, push forward	推進する	推进	thúc đẩy
	최초	the first, initial	最初	最初	đầu tiên
	목표	goal, objective	目標	目标	mục tiêu
	초과하다	exceed	超える	超过	vượt quá
	농작물	crops	農作物	农作物	nông sản
	훼손하다	damage, harm	毀損する、損傷する	破坏	gây thiệt hại
	공격하다	attack	攻撃する	攻击	công kích
	발생하다	occur, happen	発生する	发生	phát sinh
	대책	countermeasure, measure	対策	对策	đối sách
	마련하다	prepare, establish	講じる	准备	chuẩn bị, thu xếp
	공존하다	coexist	共存する	共存	cùng tồn tại

주제 08 환경

	한국어	영어	일본어	중국어	베트남어
7	방안	plan, solution	方策	方案	phương án
	모색하다	seek to, look for	模索する	寻找，摸索	tìm kiếm, thăm dò
8	기후	climate	気候	气候	khí hậu
	변화	change	変化	变化	sự thay đổi, biến đổi
	현상	phenomenon	現象	现象	hiện tượng
	대기	atmosphere	大気	大气	khí quyển
	탄소	carbon	炭素	二氧化碳	cacbon
	농도	concentration	濃度	浓度	nồng độ
	표면	surface	表面	表面	bề mặt
	갇히다	be trapped	閉じ込められる	被困	bị mắc kẹt
	폭염	heat wave	猛暑	酷暑	nắng nóng gay gắt
	일수	number of days	日数	天数	số ngày
	산불	wildfire, forest fire	山火事	山火	cháy rừng
	가뭄	drought	干ばつ	干旱	hạn hán
	기록적	record-breaking	記録的	破纪录的	mang tính kỷ lục
	한파	cold wave	寒波	寒流	đợt rét đậm
	폭설	heavy snowfall	大雪	暴雪	tuyết rơi dày
	인명	human lives	人命	人命	tính mạng con người
	각국	each country, various countries	各国	各国	các nước
	대응책	countermeasure, response measure	対応策	对策	biện pháp ứng phó
	다양하다	be diverse, various	多様だ	各种	đa dạng
	기울이다	pay attention to, focus on	傾ける	倾注	dồn, tập trung
9	텀블러	tumbler, reusable cup	タンブラー	保温杯	bình giữ nhiệt
	일회용	disposable	使い捨て	一次性	dùng một lần
	대신	instead (of)	代わり（に）	代替	thay vì
	부담하다	take on	負担する	负担	đảm trách, chịu trách nhiệm
	유도하다	encourage, induce	誘導する	鼓励	dẫn dắt, điều khiển
	할인하다	offer a discount, discount	割引する	打折	giảm giá, chiết khấu
	생활화하다	make part of daily life, turn into a habit	習慣化する	成为习惯	biến thành thói quen hàng ngày

주제 08 환경

	한국어	영어	일본어	중국어	베트남어
10	환경개선부담금	environmental improvement charge	環境改善負担金	环境改善费	phí cải thiện môi trường
	제도	system, policy	制度	制度	chế độ
	발생시키다	generate, cause	発生させる	产生	gây ra
	비용	cost, expense	費用	费用	chi phí
	시설	facility, facilities	施設	设施	cơ sở, thiết bị
	운영	operation	運営	运营	sự vận hành, điều hành
	부담금	liability amount	負担金	负担金额	khoản phí, tiền phải nộp
	경유차	diesel vehicle	ディーゼル車	柴油车	xe chạy dầu diesel
	소유하다	own, possess	所有する	拥有	sở hữu, có
	납부하다	pay (a fee, tax)	納付する	缴纳，支付	nộp (phí, thuế)
	개인	individual, personal	個人	个人	cá nhân
	역할	role	役割	作用	vai trò
11	일회용품	disposable item, single-use product	使い捨て用品	一次性用品	đồ dùng một lần
	실천	practice, action	実践	实践	thực hành
	수립하다	make a plan, establish a plan	樹立する	树立，制定	lập kế hoạch
	다회용기	reusable container	再利用容器	可重复使用的容器	hộp đựng tái sử dụng
	시범	trial, demonstration	試験的	示范	thử nghiệm
	소비자	consumer	消費者	消费者	người tiêu dùng
	앱	app (application)	アプリ	应用程序	ứng dụng (điện thoại)
	반납	return	返却	返还	hoàn trả
	회수하다	collect, retrieve	回収する	回收	thu hồi
	업체	company, business	業者	企业，公司	công ty, doanh nghiệp
	용기	container	容器	容器	đồ đựng, vật chứa
	참여	participation	参加	参与	sự tham gia, tham dự
	모집하다	recruit, gather	募集する	招募	tuyển mộ, tập hợp
	건	case, item	件	件	vụ, trường hợp
	지원하다	apply, support	支援する	支援	đăng ký, hỗ trợ

주제 08 환경

	한국어	영어	일본어	중국어	베트남어
12	국립공원공단	Korea National Park Service	国立公園公団	国立公园公团	Cơ quan Quản lý công viên quốc gia Hàn Quốc
	가을철	autumn season	秋	秋季	mùa thu
	탐방객	visitor, tourist	観光客	访客	du khách
	증가	increase	増加	增加	sự tăng lên
	훼손	damage	毀損、損傷	损坏	sự gây thiệt hại
	최소화하다	minimize	最小化する	最小化	tối thiểu hóa
	보존하다	preserve	保存する	保存	bảo tồn
	집중	focus	集中	集中	tập trung
	단속	crackdown, enforcement	取り締まり	取缔	kiểm soát, truy quét
	실시하다	implement, conduct	実施する	实施	tiến hành
	주요	main, major	主要な	主要	chính, chủ yếu
	대상	target, subject	対象	对象	đối tượng
	샛길	shortcut, unofficial trail	抜け道	支路，岔路	đường tắt
	야영	camping	野営	露营	cắm trại
	취사	cooking	炊事	做饭	nấu ăn
	흡연	smoking	喫煙	吸烟	hút thuốc
	포함되다	be included	含まれる	包含	được bao gồm
	위반	violation	違反	违反	vi phạm
	무단	unauthorized	無断	擅自	tự ý
	과태료	fine, penalty	過料、罰金	罚款	tiền phạt
	부과되다	be imposed	科される	征收	bị đóng phí
	자원	resources	資源	资源	tài nguyên, nguồn lực
	올바르다	proper, correct	正しい	合理，正确	đúng đắn, chính xác
	탐방	visit, exploration	探訪	探访	tham quan, khám phá
	조성	creation, development	造成	营造	xây dựng, tạo dựng
	적극적	active, proactive	積極的	积极的	tích cực, chủ động
	필수적	essential	必須の	必要的	một cách thiết yếu
	밝히다	announce	明らかにする	宣布，表明	làm rõ, làm sáng tỏ
	협조	cooperation	協力	合作	hợp tác
	강조하다	emphasize	強調する	强调	nhấn mạnh

주제 09 기업·경제

27일차 월 일

POINT 기업·경제 주제에서는 국내외 경제 상황, 기업과 정부의 역할, 경기 상황에 따른 제도 변화에 대한 지문이 출제될 수 있다. 국내외 경제 이슈와 관련된 글을 읽으며 관련된 어휘를 익히는 것이 필요하다.

1-4 다음을 읽고 내용이 같은 것을 고르십시오.

1. 초

구독 경제는 일정 금액을 내고 정해진 기간에 물건이나 서비스를 받는 것이다. 요즘 물가가 많이 오르면서 구독 서비스의 형태가 변화되고 있다. 예전에는 동영상 음원 콘텐츠를 이용했다면 최근에는 신선식품이나 피자 같은 먹거리 서비스를 이용한다. 소비자는 식비에 들어가는 비용을 예상할 수 있고, 정해진 가격에 먹거리를 구매할 수 있어 물가가 오르더라도 경제적 부담이 덜 된다. 이런 이유로 먹거리 구독에 대한 관심은 더 커질 전망이다.

① 구독 서비스를 통해 물가를 예측할 수 있다.
② 고물가 시대에 먹거리 구독 서비스는 필요하다.
③ 소비자는 먹거리 구독을 통해 식비를 절약할 수 있다.
④ 구독 서비스는 비용을 내고 콘텐츠를 이용하는 것이다.

2. 초

관세란 외국에서 국내로 들어오는 물건에 대해 정부가 부과하는 세금이다. 관세를 부과하는 목적은 국내에서 생산되는 제품이 외국에서 들어오는 값싼 제품 때문에 피해를 보지 않게 함과 동시에 국내 기업의 경쟁력을 유지하기 위함이다. 또한 국가가 수입품에 대해 세금을 받음으로써 재정을 확보하고, 국가 간 경쟁이 심할 때 무역 관세를 부과해서 상대 국가의 정치나 경제적인 문제를 협상하는 수단으로도 활용된다.

① 관세는 수출품에 대해 부과하는 세금이다.
② 관세는 자국 기업을 보호하기 위해 부과한다.
③ 국가 간 경쟁이 필요할 때 무역 관세를 부과한다.
④ 국가 간 발생한 문제는 관세 부과를 통해 해결한다.

3.    초

> '비건 라이프 스타일'은 동물성 제품 대신에 식물성 제품을 선택하며 동물 권리를 고려하는 삶의 방식이다. 비건 라이프 스타일을 추구하는 소비 형태로 변화되면서 기업의 경영 방식도 변화하고 있다. 화장품 회사들은 동물 실험을 하지 않고 동물성 원료를 사용하지 않은 비건 화장품을 만들고 있다. 자동차 회사들도 가죽 대신 식물성 원료로 만든 좌석을 사용하는 비건 자동차를 출시하고 있다.

① 비건 제품은 식품에 한정적으로 만들어지고 있다.
② 비건 라이프 스타일은 식물성 식품을 먹지 않는 것이다.
③ 비건 자동차는 기존 가죽 대신 비닐로 만든 좌석을 사용한다.
④ 비건 라이프 스타일은 소비 형태와 회사의 경영 방식을 바꾼다.

4.    초

> 청년들이 중소기업에 취업하지 않으려는 현상이 심각한 수준에 이르렀다. 중소기업 기피 현상의 원인은 낮은 연봉, 열악한 근로 문화, 고용 불안정으로 나타났다. 이 문제를 해결하기 위해 정부는 다양한 대책을 마련하고 있다. 정부는 중소기업의 세금을 깎아 주어 직원들 월급을 올릴 수 있게 돕고 중소기업에 취직한 청년들에게 직접 돈을 더 지원해 준다. 또한 중소기업 근로 환경 개선을 위한 시설 현대화 자금을 지원해 준다.

① 청년들은 다양한 원인으로 중소기업을 기피한다.
② 정부는 청소년들에게 취업 준비를 위한 돈을 준다.
③ 중소기업 근로자들은 업무에 대한 만족도는 높지 않다.
④ 청년들이 중소기업에 취직하려는 의지가 높아지고 있다.

---

1. 구독 경제

해설) 소비자는 정해진 가격에 먹거리를 구매할 수 있어 물가가 오르더라도 경제적 부담이 덜 된다.

어휘) 구독 경제, 일정, 금액, 정해지다, 물가, 형태, 변화되다, 예전, 동영상, 음원, 콘텐츠, 신선식품, 먹거리, 소비자, 식비, 비용, 예상하다, 구매하다, 경제적, 부담, 덜, 전망

2. 관세

해설) 관세를 부과하는 목적은 국내 기업의 경쟁력을 유지하기 위함이다

어휘) 관세, 정부, 부과하다, 세금, 생산되다, 값싸다, 제품, 피해, 기업, 경쟁력, 유지하다, 위하다, 국가, 수입품, 재정, 확보하다, 경쟁, 무역, 상대, 정치, 협상하다, 수단, 활용되다

3. 비건 라이프 스타일

해설) 비건 라이프 스타일을 추구하는 소비 형태로 변화되면서 기업의 경영 방식도 변화하고 있다.

어휘) 비건 라이프 스타일, 동물성, 대신, 식물성, 권리, 고려하다, 삶, 방식, 추구하다, 소비, 경영, 실험, 원료, 가죽, 좌석, 출시하다

4. 청년 중소기업 기피 현상

해설) 중소기업 기피 현상의 원인은 낮은 연봉, 열악한 근로 문화, 고용 불안정으로 나타났다.

어휘) 중소기업, 기피, 현상, 취업하다, 심각하다, 수준, 이르다, 원인, 연봉, 열악하다, 근로, 고용, 불안정, 해결하다, 대책, 마련하다, 깎아 주다, 지원하다, 개선, 시설, 현대화, 자금

5-8 다음을 읽고 ( )에 들어갈 내용으로 가장 알맞은 것을 고르십시오.

5.

취직하지 못하거나 부수입이 필요한 사람들이 플랫폼을 활용하는 일을 하는 경우가 늘고 있다. 플랫폼 노동은 앱이나 SNS 같은 온라인 매개체를 통해 일하는 것을 말하는데 승하차 서비스, 대리운전, 배달 서비스 등이 대표적인 예이다. ( ) 자유롭다는 장점이 있는 반면에 회사에 직접 고용돼서 일하는 것이 아니기 때문에 기본적인 노동자 권리나 보험 혜택을 받지 못한다는 문제가 있다.

① 노동자가 아니어서
② 온라인으로 일을 해서
③ 시간의 제약이 없어서
④ 부수입을 벌 수 있어서

6.

박리다매는 이익을 적게 보고 많이 파는 것으로 기업의 비즈니스 전략 중 하나다. 서울의 한 국밥집은 만 원짜리 국밥을 5,000원에 팔았다. 이 식당은 메뉴를 단일화하여 식재료 낭비를 최소화하고 반찬과 물은 손님이 직접 가져다 먹게 했다. 그 결과 비용이 절감되어 음식값을 싸게 유지할 수 있었다. 이 국밥집은 ( ) 서민들이 싸고 간단하게 한 끼를 해결할 수 있어 큰 인기를 끌었다.

① 빠른 식사를 원하는
② 건강한 음식을 찾는
③ 다양한 메뉴를 선호하는
④ 주머니 사정이 좋지 않은

---

5. 플랫폼 노동

해설 회사에 고용돼서 일하는 것이 아니기 때문에 시간의 제약이 없어서 자유롭다는 장점이 있다.

어휘 플랫폼 노동, 부수입, 활용하다, 경우, 앱, SNS, 온라인, 매개체, 승하차 서비스, 대리운전, 대표적, 예, 자유롭다, 장점, 반면, 고용되다, 기본적, 노동자, 보험, 혜택

6. 박리다매 경영 전략

해설 국밥이 싸기 때문에 주머니 사정이 좋지 않은 서민들이 싸고 간단하게 한 끼를 해결할 수 있다.

어휘 박리다매, 전략, 이익, 비즈니스, 국밥집, 단일화, 식재료, 낭비, 최소화하다, 절감되다, 서민, 한 끼, 인기를 끌다

7.  _____초

서울풍물시장은 서울 청계천 일대의 벼룩시장이었다. 청계천 복원 공사로 인해 일자리를 잃게 된 상인들의 생계를 보장하기 위해 지금의 신설동으로 이전하여 개장하게 되었다. 서울풍물시장은 상인들의 경제적 자립을 위해 '주말상인장터'를 운영한다. 그리고 '청춘일번가'와 같은 공간을 조성하여 MZ세대와 관광객들의 방문을 유도함으로써 (   ) 기여하고 있다. 또한 고객들이 더 쉽게 시장을 방문할 수 있도록 대중교통의 접근성을 개선하여 시장 활성화에 도움을 주었다.

① 지역 문화유산 보존에
② 상인들의 매출 증대에
③ 도시 재생 사업 확대에
④ 대중교통 이용 활성화에

8.  _____초

고령 인구의 증가와 청년층 감소로 인해 노동력 부족 문제가 심화되고 있는 지금 기업들은 퇴직자를 재고용하고 있다. 오랜 경험과 전문성을 갖추고 있는 퇴직자를 재고용하면 정규직보다 임금이 낮아 (   ) 때문이다. 신입 사원 채용으로 인한 교육 비용을 절감할 수도 있고 인력 교체로 인한 혼란도 줄일 수 있다. 또한 고령화 시대에 고령 근로자를 적극적으로 활용하는 것은 기업이 사회적으로 책임지는 모습으로 비쳐 기업 이미지에 긍정적인 영향을 준다.

① 인건비 부담이 적기
② 업무 효율성이 향상되기
③ 세대 간 소통이 잘 되기
④ 교육비를 절감할 수 있기

---

7. 시장 활성화 방안

해설 MZ세대와 관광객들의 방문을 유도하는 것은 시장 상인들의 매출 증대를 위함이다.

어휘 활성화, 방안, 서울풍물시장, 청계천, 일대, 벼룩시장, 복원, 공사, 일자리, 상인, 생계, 보장하다, 이전하다, 개장하다, 자립, 운영하다, 공간, 조성하다, MZ세대, 유도하다, 기영하다, 대중교통, 접근성, 개선하다

8. 퇴직자 재고용

해설 기업이 퇴직자를 재고용하면 정규직보다 임금이 낮다.

어휘 퇴직자, 재고용, 고령, 인구, 증가, 감소, 노동력, 심화되다, 재고용하다, 오랜, 전문성, 갖추다, 정규직, 임금, 신입, 사원, 채용, 절감하다, 인력, 교체, 혼란, 고령화, 시대, 근로자, 적극적, 활용하다, 사회적, 책임지다, 비치다, 이미지, 긍정적, 영향

9-12 다음 글의 주제로 가장 알맞은 것을 고르십시오.

9.  _____초

> 현대 기업 환경에서는 지속적인 변화와 불확실성에 대응하기 위해 세대 간 협업이 중요해지고 있다. 세대 간 협업에서 젊은 직원은 새롭고 기발한 아이디어로 문제를 제기하는 역할을 하고, 나이가 든 직원은 풍부한 경험을 바탕으로 기업의 문제를 해결할 수 있다. 각 세대의 특성을 존중하는 기업 문화를 형성하는 것은 기업의 경쟁력을 강화하고 지속 가능한 성장을 이루는 요소가 될 수 있다.

① 지속 가능한 기업 성장을 위해 직원이 변해야 한다.
② 기업은 세대 간에 협력하는 문화를 만드는 것이 중요하다.
③ 기업 경쟁력을 강화하려면 혁신적인 아이디어가 필요하다.
④ 회사에서 젊은 직원과 나이 든 직원은 각각 다른 역할을 한다.

10.  _____초

> 오랜 역사를 가진 기업이 성공하려면 기업의 전통을 지키면서 시대의 흐름에 맞게 혁신할 필요가 있다. 유럽의 한 명품 회사는 원래 말안장이나 채찍 등 마차 용품을 제작하는 회사였다. 이 회사는 자동차의 등장으로 마차가 사라지자 가죽 제품 생산으로 전환하고, 친환경 가죽 소재를 도입해 제품을 제작했다. 그 결과 이 회사는 기업의 가치를 꾸준히 인정받아 명품 브랜드로서 성공적으로 자리매김할 수 있었다.

① 친환경 소재 도입은 성공의 필수 조건이다.
② 소비자의 신뢰가 기업의 매출에 영향을 준다.
③ 오랜 전통과 역사를 기업 마케팅에 활용해야 한다.
④ 시대의 변화에 적응하며 혁신을 추구해야 성공한다.

---

9. 기업 문화

해설 기업은 세대 간 협업을 통해 기업의 문제를 해결할 수 있다.

어휘 환경, 지속적, 변화, 불확실성, 대응하다, 세대, 협업, 기발하다, 아이디어, 제기하다, 역할, 풍부하다, 바탕, 특성, 존중하다, 형성하다, 강화하다, 지속, 가능하다, 성장, 이루다, 요소

10. 기업의 성공 전략

해설 시대의 흐름에 맞게 혁신한 회사가 성공적으로 자리매김할 수 있다.

어휘 전통, 시대 흐름, 혁신하다, 유럽, 명품, 원래, 말안장, 채찍, 마차, 용품, 제작하다, 등장, 사라지다, 생산, 전환하다, 친환경, 소재, 도입하다, 가치, 꾸준히, 인정받다, 브랜드, 성공적, 자리매김하다

11.  _____ 초

소상공인은 직장인처럼 퇴직금이 없어 폐업하거나 예상치 못한 상황이 발생했을 때 생계를 보장받기 힘들다. 이를 위해 중소기업중앙회는 소상공인의 안정적인 노후 생활과 폐업 시 생계유지를 지원하기 위해 '노란우산공제' 제도를 마련했다. 이 제도는 매월 일정 금액을 적립하는 형태로 자신만의 퇴직금을 마련할 수 있으며, 납부한 금액에 대한 소득공제와 복리이자 적용으로 경제적인 혜택을 받을 수 있다.

① 소상공인들은 경제적 위기에 취약하다.
② 소상공인은 노후를 위한 준비를 해야 한다.
③ 정부는 소상공인을 위한 다양한 지원을 한다.
④ 노란우산공제는 소상공인의 재정적 안전망이다.

12.  _____ 초

M&A는 기업 인수 합병을 의미한다. 즉 한 기업이 다른 기업을 인수하거나 두 기업이 하나로 합쳐지는 것이다. 인수 합병은 기업들이 빠르게 기업의 규모를 키우고 성장하기 위해서 한다. 경기가 어려운 상황에서는 부실기업을 정리하거나 경쟁사를 제거하기 위해 한다. 인수 합병은 장기적으로 기업의 시장 점유율을 높여 더 강한 경쟁력을 갖추게 하여 기업이 성장하는 데 도움을 준다.

① M&A는 기업의 성장과 경쟁력 강화를 위해 한다.
② M&A는 기업의 빠른 성장을 저해하는 요소로 작용한다.
③ 인수 합병은 경쟁사의 시장 점유율을 확대하는 전략이다.
④ 인수 합병은 불경기에 많이 이루어지며 기업 성장을 돕는다.

---

11. 노란우산공제

해설 이 제도는 소상공인의 안정적인 노후 생활과 폐업 시 생계유지를 지원하기 위해 마련했다.

어휘 노란우산공제, 소상공인, 직장인, 퇴직금, 폐업하다, 예상, 상황, 발생하다, 보장받다, 안정적, 노후, 생계유지, 제도, 적립하다, 납부하다, 소득공제, 복리이자, 적용

12. 인수 합병

해설 인수 합병은 기업이 경쟁력을 갖고 성장할 수 있게 한다.

어휘 인수, 합병, M&A, 즉, 인수하다, 합쳐지다, 규모, 성장하다, 경기, 부실기업, 경쟁사, 제거하다, 장기적, 점유율, 높이다

# 기업 · 경제

	한국어	영어	일본어	중국어	베트남어
1	구독 경제	subscription economy	サブスクリプション経済	订阅经济	nền kinh tế đăng ký sử dụng dịch vụ
	일정	fixed	一定	一定的	nhất định, cố định
	금액	amount	金額	金额	số tiền
	정해지다	be get decided, be fixed	定められる	固定的	được quyết định, được ấn định
	물가	prices	物価	物价	giá cả
	형태	form, shape	形態	形态	hình dạng, hình thái
	변화되다	change, be transformed	変化する	变化	bị thay đổi, biến đổi
	예전	in the past	以前	以前	ngày xưa, trước đây
	동영상	video	動画	视频	video
	음원	audio source, music	音源	音源	âm bản
	콘텐츠	content	コンテンツ	内容	nội dung
	신선식품	fresh food	新鮮食品	新鲜食品	thực phẩm tươi
	먹거리	food, edibles	食べ物	吃的	thức ăn, đồ ăn
	소비자	consumer	消費者	消费者	người tiêu dùng
	식비	food expenses, cost of food	食費	饮食开销	chi phí ăn uống
	비용	cost, expense	費用	费用	chi phí
	예상하다	expect, anticipate	予想する	预计，预想	dự đoán, ước tính
	구매하다	purchase, buy	購入する	购买	mua sắm
	경제적	economic	経済的	经济的	tính kinh tế
	부담	burden	負担	负担	gánh nặng
	덜	less	より少ない	不那么	ít hơn
	전망	outlook, forecast	見通し	前景	triển vọng, dự báo
2	관세	customs duties, tariffs	関税	关税	thuế quan
	정부	government	政府	政府	chính phủ
	부과하다	impose	課す	征收	áp đặt, đánh (thuế)
	세금	tax	税金	税	thuế
	생산되다	produced, manufactured	生産される	生产	được sản xuất
	값싸다	cheap, affordable	安い	便宜	rẻ, giá rẻ
	제품	product, goods	製品	产品	sản phẩm
	피해	damage, harm	被害	损害	thiệt hại

기업 · 경제 주제 09

	한국어	영어	일본어	중국어	베트남어
2	기업	company, enterprise	企業	企业	doanh nghiệp, công ty
	경쟁력	competitiveness, competitive strength	競争力	竞争率	năng lực cạnh tranh
	유지하다	maintain, sustain	維持する	维持	duy trì
	위하다	for	～のために	为了	vì, cho
	국가	country, nation	国家	国家	quốc gia
	수입품	imported goods, foreign products	輸入品	进口商品	hàng nhập khẩu
	재정	finance, financial affairs	財政	财政	tài chính
	확보하다	secure	確保する	确保	đảm bảo
	경쟁	competition	競争	竞争	cạnh tranh
	무역	trade, commerce	貿易	贸易	thương mại, mậu dịch
	상대	counterpart, opposite side	相手	对方	đối tác, đối phương
	정치	politics, political affairs	政治	政治	chính trị
	협상하다	negotiate	交渉する	协商	đàm phán
	수단	means, method	手段	手段，方法	phương tiện, cách thức
	활용되다	be used, utilized	活用される	被用来	được tận dụng
3	비건	vegan, plant-based	ヴィーガン	素食	thuần chay
	라이프 스타일	lifestyle, way of life	ライフスタイル	生活方式	phong cách sống
	동물성	animal-based, animal-derived	動物性	动物性	tính động vật, có nguồn gốc từ động vật
	대신	instead	代わり（に）	代替	thay vì
	식물성	plant-based, plant-derived	植物性	植物性	tính thực vật, có nguồn gốc từ thực vật
	권리	rights	権利	权利	quyền lợi
	고려하다	consider	考慮する	考虑	xem xét, cân nhắc
	삶	life	暮らし、人生	生活	cuộc sống
	방식	style	方法	方式	phương thức
	추구하다	pursue	追求する	追求	theo đuổi
	소비	consumption	消費	消费	sự tiêu dùng

주제 09 기업·경제

	한국어	영어	일본어	중국어	베트남어
3	경영	management	経営	经营	quản lý, điều hành
	실험	experiment	実験	实验	thí nghiệm
	원료	raw materials	原料	原料	nguyên liệu thô
	가죽	leather	革	皮革	da
	좌석	seats	座席	座位	chỗ ngồi
	출시하다	launch	発売する、リリースする	上市	ra mắt, phát hành
4	중소기업	small and medium enterprises	中小企業	中小企业	doanh nghiệp vừa và nhỏ
	기피	aversion, avoid	忌避	回避	sự né tránh
	현상	phenomenon	現象	现象	hiện tượng
	취업하다	be employed, get a job	就職する	就业	tìm được việc làm, được tuyển dụng
	심각하다	severe	深刻だ	严重	nghiêm trọng
	수준	level	水準	程度	mức độ
	이르다	reach	至る	达到	đạt đến
	원인	cause	原因	原因	nguyên nhân
	연봉	salary	年俸	年薪	lương năm
	열악하다	poor	劣悪だ	恶劣	thiếu thốn, nghèo nàn
	근로	labor	勤労	劳动	lao động
	고용	employment	雇用	雇佣	việc làm, tuyển dụng
	불안정	instability	不安定	不稳定	sự không ổn định
	해결하다	solve	解決する	解决	giải quyết
	대책	countermeasures	対策	对策	đối sách
	마련하다	prepare	準備する	准备	chuẩn bị, thu xếp
	깎아 주다	discount	値引きする	减少	giảm giá
	지원하다	support	支援する	支援	hỗ trợ
	개선	improvement	改善	改善	sự cải thiện
	시설	facilities	施設	设施	cơ sở, thiết bị
	현대화	modernization	現代化	现代化	hiện đại hóa
	자금	funds	資金	资金	vốn, tiền vốn
5	플랫폼 노동	platform labor	プラットフォーム労働	网络平台就业	lao động nền tảng
	부수입	side income	副収入	额外收入	thu nhập phụ
	활용하다	utilize	活用する	好好利用	tận dụng

기업 · 경제 주제 09

한국어	영어	일본어	중국어	베트남어
경우	case	場合	情况	trường hợp, tình huống
앱	app	アプリ	应用程序	ứng dụng (điện thoại)
SNS	SNS(social networking service)	SNS	社交网络平台	mạng xã hội (SNS)
온라인	online	オンライン	网上	trực tuyến
매개체	medium	媒介	媒介	phương tiện
승하차 서비스	ride-hailing service	乗り降りサービス	网约车服务	dịch vụ gọi xe
대리운전	designated driver	代行運転	代驾	dịch vụ lái xe hộ
대표적	representative, typical	代表的	代表性	tiêu biểu
예	example	例	例子	ví dụ
자유롭다	free	自由だ	自由	tự do
장점	advantage	長所	优点	ưu điểm
반면	on the other hand	反面	反面	mặt khác
고용되다	employed, being employed	雇われる	聘用	được thuê, được tuyển dụng
기본적	basic, essential	基本的	基本的	tính cơ bản
노동자	worker, laborer	労働者	劳动者	người lao động
보험	insurance, coverage	保険	保险	bảo hiểm
혜택	benefits	恩恵	优惠，福利	lợi ích, ưu đãi
박리다매	high-volume low-margin	薄利多売	薄利多销	lãi ít bán nhiều
전략	strategy	戦略	战略	chiến lược
이익	profit, gain	利益	利益	lợi nhuận
비즈니스	business	ビジネス	商业	kinh doanh
국밥집	Gukbap (Korean ricesoupdish) restaurant	クッパ屋、クッパ専門店	汤饭店	quán súp cơm Hàn Quốc
단일화	unification	単一化	统一	đơn giản hóa
식재료	ingredients	食材	食材	nguyên liệu thực phẩm
낭비	waste	無駄	浪费	lãng phí
최소화하다	minimize	最小化する	最小化	tối thiểu hóa
절감되다	be reduced	節減される	节省	được tiết kiệm
서민	common people, citizens	庶民	普通人	dân thường

주제 09 기업·경제

	한국어	영어	일본어	중국어	베트남어
6	한끼	one meal	一食	一餐	một bữa ăn
	인기를 끌다	attract attention	人気を集める	有人气	thu hút sự chú ý
	활성화	revitalize	活性化	促进，激活	kích hoạt
	방안	measures	方法	方案	phương án
	서울풍물시장	Seoul folk flea market	ソウル風物市場	首尔风物市场	chợ đồ cũ Seoul
	청계천	Cheonggyecheon stream	清渓川	清溪川	suối Cheonggyecheon
	일대	area, zone	一帯	一带	khu vực, vùng
	벼룩시장	flea market	フリーマーケット	跳蚤市场	chợ trời, chợ đồ cũ
	복원	restoration	復元	复原	phục hồi
	공사	construction	工事	施工	công trình
7	일자리	jobs, employment	仕事、就職先	工作岗位	công việc, việc làm
	상인	merchant, trader	商人	商人	thương nhân
	생계	livelihood	生計	生计	sinh kế
	보장하다	guarantee, ensure	保障する	保障	đảm bảo
	이전하다	relocate, move	移転する	迁移	di dời, chuyển đi
	개장하다	open, unveil	開場する	开业	khai trương
	자립	self-reliance	自立	自力更生	tự lập, tự chủ
	운영하다	operate, manage	運営する	运营	vận hành, điều hành
	공간	space	空間	空间	không gian
	조성하다	create, develop	造成する	营造	tạo ra
	MZ세대	MZ generation	MZ世代	MZ世代（新时代人群）	thế hệ MZ
	유도하다	guide, lead	誘導する	引导	dẫn dắt, điều khiển
	대중교통	public transportation	公共交通	公共交通	giao thông công cộng
	접근성	accessibility	アクセス	可达性，便利性	khả năng tiếp cận
	개선하다	improve	改善する	改善	cải thiện
8	퇴직자	retiree	退職者	退休人员	người về hưu
	재고용	rehire	再雇用	返聘，再雇佣	việc thuê lại
	고령	aging	高齢	高龄	tuổi cao
	인구	population	人口	人口	dân số
	증가	increase	増加	增加	sự tăng lên
	감소	decrease	減少	减少	giảm, suy giảm
	노동력	labor force	労働力	劳动力	lực lượng lao động

주제 09 기업 · 경제

	한국어	영어	일본어	중국어	베트남어
8	심화되다	intensify	深刻化する	加剧	trở nên trầm trọng
	재고용하다	rehire	再雇用する	返聘，再雇佣	thuê lại
	오랜	long	長年の	长期，长年	lâu dài
	전문성	expertise, professionalism	専門性	专业水平	tính chuyên môn
	갖추다	acquire	備える	具备	trang bị, có
	정규직	permanent position, full-time	正社員	正式员工	nhân viên chính thức
	임금	wages, salary	賃金	工资	tiền công, lương
	신입	new recruit	新入	新进	nhân viên mới
	사원	employee	社員	职员	nhân viên
	채용	recruit, hire	採用	雇佣	tuyển dụng
	절감하다	reduce, cut	節減する	节省	tiết kiệm, cắt giảm
	인력	personnel, staff	人材	人力	nhân sự, nhân viên
	교체	replacement, substitution	交替、交換	替换	thay thế
	혼란	confusion, chaos	混乱	混乱	hỗn loạn
	고령화	aging	高齢化	老龄化	sự lão hóa
	시대	era, age	時代	时代	thời đại, kỷ nguyên
	근로자	worker, laborer	労働者	劳动者，打工人	người lao động, công nhân
	적극적	active, proactive	積極的	积极的	tích cực, chủ động
	활용하다	utilize, make use of	活用する	好好利用	tận dụng
	사회적	social	社会的	社会的	thuộc về xã hội
	책임지다	take responsibility	責任を負う	承担责任	chịu trách nhiệm
	비치다	appear, show	映る	显现	xuất hiện, hiển thị
	이미지	image	イメージ	形象	hình ảnh
	긍정적	positive	肯定的	正面的	tích cực
	영향	influence, effect	影響	影响	sự ảnh hưởng
9	환경	environment	環境	环境	môi trường
	지속적	continuous	持続的	持续	tính liên tục
	변화	change	変化	变化	sự thay đổi, biến đổi
	불확실성	uncertainty	不確実性	不确定性	tính không chắc chắn
	대응하다	respond to, deal with	対応する	应对	đối phó, ứng phó
	세대	generation	世代	世代	thế hệ

 기업 · 경제

	한국어	영어	일본어	중국어	베트남어
9	협업	collaboration	協業	合作	sự hợp tác
	기발하다	creative	ユニークだ	新颖	sáng tạo
	아이디어	idea	アイデア	想法	ý tưởng
	제기하다	raise, bring up	提起する	提出	đề xuất, nêu ra
	역할	role	役割	作用	vai trò
	풍부하다	abundant, plentiful	豊かだ	丰富	phong phú
	바탕	foundation, basis	基盤	基础	nền tảng, cơ sở
	특성	characteristic, trait	特性	特征	đặc tính, đặc điểm
	존중하다	respect	尊重する	尊重	tôn trọng
	형성하다	form, create	形成する	形成	hình thành, tạo thành
	강화하다	strengthen	強化する	强化	tăng cường, củng cố
	지속	sustain	持続	持续	liên tục
	가능하다	possible	可能だ	可能	có thể
	성장	growth	成長	成长	sự tăng trưởng
	이루다	achieve, accomplish	達成する	达成	đạt được
	요소	element, factor	要素	要素	yếu tố
10	전통	tradition	伝統	传统	truyền thống
	시대	era	時代	时代	thời đại, kỷ nguyên
	흐름	trend	流れ	潮流	xu hướng, dòng chảy
	혁신하다	innovate	革新する	改革	đổi mới, cách tân
	유럽	Europe	ヨーロッパ	欧洲	Châu Âu
	명품	luxury goods	高級ブランド	名牌	hàng hiệu
	원래	originally, by nature	元々	原来	vốn dĩ
	말안장	saddle	鞍	马鞍	yên ngựa
	채찍	whip	鞭	鞭子	cái roi
	마차	carriage	馬車	马车	xe ngựa
	용품	accessories	用品	用品	đồ dùng, vật phẩm
	제작하다	make, create	製作する	制作	chế tạo
	등장	appear, emerge	登場	问世	xuất hiện
	사라지다	disappear	消える	消失	biến mất
	생산	production	生産	生产	sự sản xuất
	전환하다	switch, transition	転換する	转变	chuyển đổi

기업 · 경제 주제 09

	한국어	영어	일본어	중국어	베트남어
10	친환경	eco-friendly	エコ	环保的	thân thiện với môi trường
	소재	material	素材	材料	vật liệu
	도입하다	introduce, adopt	導入する	引入	đưa vào
	가치	value	価値	价值	giá trị
	꾸준히	steadily, consistently	絶えず	持续地	đều đặn
	인정받다	acknowledged, recognized	認められる	被认可	được công nhận
	브랜드	brand	ブランド	品牌	thương hiệu
	성공적	successful	成功（裏）	成功的	thành công
	자리매김하다	establish a position, secure a place	定着する	占据一席之地	thiết lập vị trí
11	노란우산공제	yellow umbrella mutual aid (A government-protected program for small business owners in Republic of Korea)	ノランウサン共済	黄伞互助	Quỹ hỗ trợ dù vàng (một chương trình được chính phủ bảo vệ dành cho các chủ doanh nghiệp nhỏ ở Hàn Quốc)
	소상공인	small business owner	小商工人	小企业主	chủ doanh nghiệp nhỏ
	직장인	office worker	会社員	上班族	nhân viên văn phòng, người đi làm
	퇴직금	severance pay, retirement pay	退職金	退职金	tiền trợ cấp thôi việc, tiền hưu trí
	폐업하다	close down, cease operations	廃業する	倒闭	đóng cửa, ngừng hoạt động
	예상	forecast, expect	予想	预料	dự đoán
	상황	situation	状況	情况	hoàn cảnh, tình hình
	발생하다	occur, happen	発生する	发生	phát sinh
	보장받다	be guaranteed	保障される	得到保障	được đảm bảo
	안정적	stable	安定的	稳定的	ổn định
	노후	life after retirement, later years, old age	老後	晚年	cuộc sống sau khi nghỉ hưu
	생계유지	livelihood	生計維持	维持生计	duy trì kế sinh nhai
	제도	system	制度	制度	chế độ
	적립하다	accumulate	積み立てる	积累	tích lũy
	납부하다	pay	納付する	缴纳	nộp
	소득공제	tax deduction	所得控除	税收减免	khấu trừ thu nhập

 주제 09 기업 · 경제

	한국어	영어	일본어	중국어	베트남어
11	복리이자	compound interest	複利利子	复利	lãi kép
	적용	apply	適用	适用	áp dụng
12	인수	acquisition	買収	收购	việc mua lại
	합병	merger	合併	合并	việc sáp nhập
	M&A	M&A (Mergers and Acquisitions)	M&A	企业并购	mua bán và sáp nhập
	즉	that is	すなわち	就是	tức là, có nghĩa là
	인수하다	acquire	買収する	收购	mua lại, thâu tóm
	합쳐지다	be combined, merged	合併される	合并	được kết hợp
	규모	scale, size	規模	规模	quy mô
	성장하다	grow, develop	成長する	成长	tăng trưởng, phát triển
	경기	economy	景気	景气	tình hình kinh tế
	부실기업	failing business	不良企業	经营不善的企业	doanh nghiệp yếu kém
	경쟁사	competitor	競合他社	竞争对手	đối thủ cạnh tranh
	제거하다	eliminate, remove	排除する、除去する	排除	loại bỏ
	장기적	long-term	長期的	长期的	tính dài hạn, lâu dài
	점유율	market share	シェア	市场占有率	thị phần
	높이다	increase	高める	增加	nâng cao, nâng lên

memo

주제 10 문학

 28일차 월 일

POINT 문학 주제에서는 근·현대 문학(소설, 수필 등) 중 일부분이 출제되는데 지문으로 제시된 부분을 충분히 파악하여 문제를 풀 수 있어야 한다. 그리고 작품의 배경과 상황을 통해 작품에 등장하는 인물의 심정이나 태도 또한 유추해 낼 수 있어야 한다.

1-2 다음을 읽고 물음에 답하십시오.

마우스 하나만으로 상상 이상의 것을 만들어 내다니! 아버지가 자랑스러웠다.(중략)
아버지 몰래 시디를 가져다 아이들에게 보여주면 아이들은 나를 부러움 가득한 눈으로 바라보았다. (중략)
"대박! 야, 이거 다 네 거야?"
(중략) 모든 게 내 계획대로 흘러가고 있었다. 한 녀석만 없었더라면 말이다.
"어? 이거 가짜 아니야? 정품 마크가 없는데?"
아까부터 유심히 시디를 살펴보던 녀석이었다. 녀석의 외침에 나를 둘러싼 아이들이 제 각자 소리를 내며 들썩이기 시작했다. 뭐? 가짜라고? 아휴 난 또 진짜인가 했네. 아이들의 부러움 가득 찬 시선이 하나, 둘 거둬지고 있었다. 나는 확 열이 올라오는 것을 느끼고 냅다 소리 질렀다.
"<u>그게 무슨 소리야? 이거 다 우리 아버지가 만든 거라고! 가짜라니!</u>"
"우리 아빠께서 말씀해 주셨어. 마크가 없으면 가짜라고. 요새 불법 시디 유통이 심각……."

1. 밑줄 친 부분에 나타난 '나'의 심정으로 가장 알맞은 것을 고르십시오.

① 질투하다   ② 뿌듯하다   ③ 불안하다   ④ 불쾌하다

2. 이 글의 내용과 같은 것을 고르십시오.

① 나는 친구들에게 아버지가 만든 시디를 팔았다.
② 나는 아버지가 만든 시디가 진품이라고 믿었다.
③ 아버지는 친구들에게 시디를 보여주는 것을 허락했다.
④ 아이들은 처음부터 주인공의 시디가 가짜라고 의심했다.

박다정, 「아버지의 직업」

어휘 마우스, 상상, 이상, 자랑스럽다, 몰래, 가득하다, 대박, 흘러가다, 녀석, 가짜, 정품, 마크, 유심히, 살펴보다, 외침, 둘러싸다, 들썩이다, 시선, 거둬지다, 냅다, 요새, 불법, 유통, 심각하다

1. **해설** 확 열이 올라오는 것을 느끼고 냅다 소리 질렀다고 했으므로 '분노하다'가 적합하다.

2. **해설** '이거 다 우리 아버지가 만든 거라고! 가짜라니!'에서 진품이라고 믿고 있다는 것을 알 수 있다.

3-4 다음을 읽고 물음에 답하십시오.

> "사실 난 카레이서야."
>
> 그는 그제야 자신의 직업을 밝혔다. 오오. 카레이서! 나는 탄성을 질렀다. 나는 그가 돌고래처럼 생긴 스포츠카를 날렵한 솜씨로 모는 광경을 상상했다. (중략)
>
> 그는 급훈에 이어 1학년부터 6학년까지의 담임선생님의 이름을 열거하며 또 나를 혼내려고 했는데, 그때부터 느낌이 이상해지기 시작했다. 내가 아무리 고향을 떠난 지 오래되었고 배은망덕한 인간이라 해도 담임선생님 이름쯤은 외우고 있었던 것이다.
>
> "아냐, 그 이름이 아닌데. 아니라구."
>
> "이 자식 좀 보게. 그럼 네가 성말구가 아냐?"
>
> "내 이름은 맞지만 오학년 때 선생님은 남산 밑에 사셨는데 내가 도시락을......."
>
> "남산은 읍에 있는 거 아냐, 우리 미리면에는 동산이......."
>
> "미리면? 그럼? 거기 우리 종가 있는 곳?"
>
> 그제서야 모든 것이 명확해졌다. 그는 읍에서 삼십 리쯤 떨어진 면에 있는 우리 집안의 집성촌 가까운 동네에 살았던 것이다. 거기에는 같은 항렬을 쓰는 아이들이 많았으므로 이름과 고향만으로는 혼동할 수도 있었다.
>
> "이거 미안해서......."
>
> <u>하긴 내 팔자에 무슨 카레이서 친구가 있단 말인가.</u>

3. 밑줄 친 부분에 나타난 '나'의 심정으로 가장 알맞은 것을 고르십시오.

① 실망스럽다 ② 원망스럽다 ③ 짜증스럽다 ④ 혐오스럽다

4. 윗글의 내용으로 알 수 있는 것을 고르십시오.

① 그는 1학년부터 6학년까지 나와 같은 반이었다.
② 나는 고향을 떠난 후 오랫동안 고향에 가지 않았다.
③ 내가 5학년 때 우리 선생님이 나에게 도시락을 주셨다.
④ 우리 집안 사람들이 많이 사는 집성촌은 남산 밑에 있다.

성석제,「속도광」

어휘 카레이서, 그제야, 밝히다, 탄성을 지르다, 돌고래, 스포츠카, 날렵하다, 솜씨, 몰다, 광경, 상상하다, 급훈, 잇다, 담임, 열거하다, 혼내다, 배은망덕하다, 도시락, 읍, 동산, 종가, 명확해지다, 리, 집안, 집성촌, 항렬, 혼동하다, 팔자

3. 해설 나는 친구가 카레이서라는 말을 듣고 탄성을 질렀다. 그런데 그는 내 친구가 아니었다. 그래서 실망스럽다.

4. 해설 나는 고향을 떠난 지 오래되었다.

5-6 다음을 읽고 물음에 답하십시오.

> 우리들 중 하나가 오토바이를 타고 가는 청년을 불렀다. 청년은 가까운 주유소에 근무해서 서로 낯이 익은 사이였다.
> "그런데 왜 그렇게 모여 계세요?"
> 청년 눈에도 평소에 치열한 경쟁 관계에 있는 정비업소 사장들이 참새처럼 나란히 앉아 있는 게 이상해 보였던 모양이다. 내가 말했다.
> "내 차가 고장이 났는데 아무도 못 고친답니다. 정비라면 다 날고 긴다는 분들인데."
> "무슨 찬데요?"
> "이 차. 링컨롤스익스플로러벤츠엑셀마하바라타살바타 89년식."
> 청년은 차를 들여다보더니 고개를 끄덕끄덕했다.
> "아저씨, 가짜 휘발유를 썼네."
> 그 말을 들은 정비업소 사장들은 약속이나 한 듯 엉덩이를 털고 일어나서 각자의 가게로 들어가 버렸다. 모두 한마디 말도 없이. <u>나는 주유소 쪽을 향해 주먹을 부르르 떨었다.</u>
> "우리 집은 아녜요. 요번에 왕창 잡혀갔어요."
> 청년이 나를 위로해 주었다.

5. 밑줄 친 부분에 나타난 '나'의 심정으로 가장 알맞은 것을 고르십시오.

   ① 두렵다　　　② 괴롭다　　　③ 분하다　　　④ 귀찮다

6. 윗글의 내용으로 알 수 있는 것을 고르십시오.

   ① 내 차는 가짜 휘발유 때문에 고장이 났다.
   ② 청년과 정비소 사장들은 처음 보는 사이다.
   ③ 정비소 사장들이 함께 내 차를 고쳐주었다.
   ④ 오토바이를 탄 청년은 정비업소에서 일한다.

성석제, 「가짜」

어휘 오토바이, 주유소, 근무하다, 낯이 익다, 치열하다, 경쟁 관계, 정비업소, 참새, 나란히, 정비, 날고 기다, 들여다보다, 끄덕끄덕하다, 휘발유, 엉덩이, 털다, 한마디, 향하다, 주먹, 떨다, 요번, 왕창, 잡혀가다, 위로하다

5. 해설 내 차는 가짜 휘발유 때문에 고장이 났다. 그래서 '나'의 심정은 '분노하다'가 적합하다.

6. 해설 주유소에서 일하는 청년은 내 차가 가짜 휘발유 때문에 고장이 났다고 알려주었다.

7-8 다음을 읽고 물음에 답하십시오.

> 동네로 돌아오는 길에는 50미터쯤 되는 오르막이 있었다. 오르막에 올라가서 숨을 고르다가 문득 내리막을 달려 내려가면 자전거를 쉽게 탈 수 있지 않을까 하는 생각이 들었다. 내리막 아래쪽은 길이 휘어 있었고 정면에는 내가 어릴 적 물장구를 치고 놀던 도랑이 기다리고 있었다. 그리고 그 옆에는 다음 해 봄에 거름으로 쓸 분뇨를 모아 두는 '똥통'이 있었다. 내가 자전거를 통제하지 못하게 된다면 결말은 단순했다. 운 좋으면 도랑, 나쁘면 똥통.
>
> 그럼에도 불구하고 나는 돌을 딛고 자전거에 올라섰다. 어차피 가지 않으면 안 될 길. 나는 몸을 앞뒤로 흔들어 자전거를 출발시켰다. 자전거는 앞으로 나아가기 시작했다. 페달을 밟지 않고도 가속이 붙었다. <u>나는 난생처음 봄을 맞는 장끼처럼 나도 모를 이상한 소리를 내지르며 자전거와 한 몸이 되어 달려 내려갔다.</u>

7. 밑줄 친 부분에 나타난 나의 심정으로 알맞은 것을 고르십시오.

① 짜증나다　　② 흥분되다　　③ 불만스럽다　　④ 혼란스럽다

8. 이 글의 내용과 같은 것을 고르십시오.

① 나는 자전거 타는 것이 취미이다.
② 나는 도랑을 따라 자전거를 타고 달렸다.
③ 나는 용기를 내어 내리막길에서 자전거를 타 보았다.
④ 나는 자전거를 타다가 넘어져 자전거와 함께 뒹굴었다.

성석제, 「어느 날 자전거가 내 삶 속으로 들어왔다」

어휘 오르막, 숨을 고르다, 문득, 내리막, 휘다, 정면, 물장구, 도랑, 거름, 분뇨, 똥통, 통제하다, 결말, 운, 그럼에도 불구하고, 딛다, 올라서다, 어차피, 나아가다, 페달, 밟다, 가속이 붙다, 난생처음, 장끼, 소리를 내지르다

7. 해설 내리막길에서 자전거를 통제하지 못하면 똥통에 빠질 수도 있다. 그런데 가속까지 붙었다. 따라서 흥분되고 긴장되다가 적합하다.

8. 해설 나는 내리막에서 자전거를 타면 쉽게 탈 수 있을 거라고 생각한다.

9-10 다음을 읽고 물음에 답하십시오.

> 지리산에 처음 간 것은 1984년, 군대에 다녀와 가을학기 복학을 앞둔 여름이었다. (중략)
>
> 돈도 없거니와 그때까지 민족의 영산이라는 지리산에 가보지 않았다는 게 창피하게 느껴져서 친구들에게 함께 가자고 하지도 못했다. 그래서 나 혼자 모든 장비를 다 장만해야 했고 다 짊어지고 가야 했다.
>
> 사박 오일의 지리산 종주에 소요될 쌀은 쌀독에서 넉넉하게 퍼냈다. 나머지 것들도 눈에 띄는 대로 집어넣었다. (중략)
>
> 그렇다. 사람이 밥만 먹고 사는가. 잠도 자야 한다. 우산처럼 펴면 한 번에 펴지는 신형 텐트가 삼촌 방 다락에 왜 있었는지 잘 모르겠지만 있길래 끌어내렸다. 삼촌이 군대에서 가지고 나온 군용 모포를 넣고 삼촌 방에 걸려 있던 빨간색 수건을 목에 걸고 <u>삼촌 눈에 띌까 싶어 버스 정류장을 향해 전속력으로 뛰었다.</u> 도마가 반찬통과 부딪쳐 덜그럭덜그럭 소리를 냈는데 그 소리는 꼭 "당신 한 살림 꾸려서 어디로 이민 가슈?" 하고 묻는 것처럼 들렸다.

9. 밑줄 친 부분에 나타난 '나'의 심정으로 가장 알맞은 것을 고르십시오.

① 뿌듯하다 ② 서먹하다 ③ 지루하다 ④ 불안하다

10. 윗글의 내용으로 알 수 있는 것을 고르십시오.

① 나는 군대에 있을 때 처음으로 지리산에 갔었다.
② 나는 삼촌이 빌려준 물건을 가지고 지리산에 갔다.
③ 삼촌은 군대에서 가지고 나온 물건을 다락에 두었다.
④ 삼촌은 군대에서 나온 후 한 살림 꾸려서 이민을 갔다.

성석제, 「우리 집 도마는 어디로 갔나」

어휘 지리산, 군대, 복학, 앞두다, 민족의 영산, 창피하다, 장비, 장만하다, 짊어지다, 종주, 소요되다, 쌀독, 넉넉하다, 퍼내다, 눈에 띄다, 집어넣다, 신형, 텐트, 다락, 끌어내리다, 군용 모포, 전속력, 도마, 부딪치다, 살림을 꾸리다, 이민

9. 해설 나는 삼촌 방 다락에 있는 물건을 삼촌에게 말하지 않고 가지고 나왔다. 그래서 삼촌 눈에 띌까 봐 불안하다.

10. 해설 삼촌 방 다락에는 신형 텐트와 군대에서 가지고 나온 군용 모포가 있었다.

11-12 다음을 읽고 물음에 답하십시오.

> "가자! 가자!"
> 미치면 목소리마저 변하는 모양이었다. 그것은 이미 그의 어머니의 조용하고 부드럽던 그 목소리가 아니고, 쨍쨍하고 간사한 게 어떤 딴사람의 목소리였다.
> (중략)
> 중학교 시절에 미라를 본 일이 있었다. 그건 꼭 솜 누더기에 싸 놓은 미라였다. 흰 머리카락 한 오리(실, 나무, 대 따위의 가늘고 긴 조각)도 제대로 놓인 것이 없었다. 그대로 수세미였다. 그 어머니는 벽을 향해 돌아누워서 마치 딸꾹질처럼 어떤 일정한 사이를 두고 '가자, 가자'하는 외마디 소리를 지르고 있었다. 그 해골 같은 몸에서 어떻게 그런 쨍쨍한 소리가 나오는지 이상하였다.
> 철호는 윗방으로 올라가 털썩 벽에 기대어 앉아 버렸다. <u>가슴에 커다란 납덩어리를 올려놓은 것 같았다.</u> 정말 엉엉 소리를 내어 울고 싶었다. 눈을 꼭 지리 감으며 애써 침을 삼켰다.
> 두 달 전까지만 해도 철호는 저녁때 일터에서 돌아오면 어머니야 알아듣건 말건 그래도 '어머니 지금 돌아왔습니다'하고 인사를 하곤 하였다.

11. 밑줄 친 부분에 나타난 '철호'의 심정으로 가장 알맞은 것을 고르십시오.

① 절망스럽다 ② 자랑스럽다 ③ 불안스럽다 ④ 후회스럽다

12. 이 글의 내용과 같은 것을 고르십시오.

① 철호는 오늘 어머니에게 집에 왔다고 인사를 했다.
② 철호는 어머니의 흰 머리카락이 수세미처럼 보였다.
③ 철호가 집으로 들어가자 어머니가 반갑게 맞아 주었다.
④ 철호의 어머니는 벽을 향해 돌아누워서 딸꾹질을 했다.

이범선, 「오발탄」

어휘 미치다, 쨍쨍하다, 간사하다, 딴사람, 시절, 미라, 솜, 누더기, 한 올, 실, 가늘다, 조각, 제대로, 수세미, 향하다, 돌아눕다, 마치, 딸꾹질, 일정하다, 외마디, 해골, 털썩, 기대다, 납덩어리, 애쓰다, 침, 삼키다, 일터, 알아듣다

11. 해설 '미치면 목소리마저 변하는 모양이었다'에서 철호의 어머니가 미쳤다는 것을 알 수 있다. 따라서 철호의 심정은 '절망스럽다'가 적합하다.

12. 해설 철호는 '어머니의 흰 머리카락 한 오리도 제대로 놓인 것이 없었다. 그대로 수세미였다.'라고 생각했다.

주제 10 문학

	한국어	영어	일본어	중국어	베트남어
1-2	마우스	mouse	マウス	鼠标	chuột
	상상	imagination	想像	想象力	sự tưởng tượng
	이상	beyond	以上	以上	vượt quá, trên, hơn
	자랑스럽다	proud	誇らしい	骄傲，自豪	tự hào
	몰래	secretly	内緒で、こっそり	偷偷地	lén lút
	가득하다	full	満ちている、いっぱいだ	填满	đầy
	대박	huge success, great hit	すごい	给力，棒	thành công lớn
	흘러가다	flow	流れる	发展，转变	trôi đi
	녀석	guy	あいつ	小子，家伙	thằng nhóc, gã
	가짜	fake	偽物	假冒的	giả, nhái
	정품	genuine	正規品	真品	hàng thật, chính hãng
	마크	mark	マーク	商标	dấu, nhãn hiệu
	유심히	carefully, attentively	注意深く	留意	tỉ mỉ
	살펴보다	look at	調べる	查看	xem xét
	외침	shout	叫び	呼喊	tiếng hét
	둘러싸다	surround	囲む	包围	bao quanh
	들썩이다	stir	騒ぐ	沸腾	rung chuyển
	시선	gaze	視線	视线	ánh mắt
	거둬지다	be withdrawn	収まる	撤回	rút lại
	냅다	immediately	急に激しく	立即	ngay lập tức
	요새	these days	最近	最近	dạo này
	불법	illegal	違法	非法	bất hợp pháp
	유통	distribution	流通	流通	lưu thông
	심각하다	serious	深刻だ	严重	nghiêm trọng
3-4	카레이서	race car driver	カーレーサー	赛车手	vận động viên đua xe
	그제야	only then	そのときになって	这时才	chỉ đến lúc đó
	밝히다	reveal	明らかにする	表明	làm rõ, làm sáng tỏ
	탄성을 지르다	exclaim	感嘆する	发出感叹	thốt lên
	돌고래	dolphin	イルカ	海豚	cá heo
	스포츠카	sports car	スポーツカー	跑车	xe thể thao
	날렵하다	nimble, deft	軽快だ	敏捷	nhanh nhẹn, thoăn thoắt

문학 주제 10

	한국어	영어	일본어	중국어	베트남어
3-4	솜씨	skill	腕前	技术	kỹ năng, tài nghệ
	몰다	drive	運転する	驾驶	lái
	광경	sight	光景	情景	quang cảnh
	상상하다	imagine	想像する	想象	tưởng tượng
	급훈	class motto	学級スローガン	班训	khẩu hiệu lớp
	잇다	connect	つなぐ、つづける	连接	kết nối
	담임	homeroom teacher	担任	班主任	giáo viên chủ nhiệm
	열거하다	enumerate	列挙する	列举	liệt kê
	혼내다	scold	叱る	责骂	la mắng
	배은망덕하다	ingratitude, thanklessness	恩知らずだ	忘恩负义	vô ơn bạc nghĩa
	도시락	lunchbox	弁当	便当	hộp cơm
	읍	Eup(town)	邑（村）	邑（乡镇）	ấp
	동산	hill	丘	小山	ngọn đồi
	종가	the head family	宗家	宗家	dòng họ chính
	명확해지다	become clear	明確になる	变得清楚	trở nên rõ ràng
	리	li(small town)	里	里	lý
	집안	household	家系	家庭	gia đình
	집성촌	clan village(A village where people with the same family name live together)	同族村	宗族村	làng cùng họ
	항렬	generation of a clan	行列（ハンリョル）	辈分，排行	thứ bậc trong dòng họ
	혼동하다	confuse	混同する	混淆	nhầm lẫn
	팔자	destiny, fate	運命	八字，命运	số phận
5-6	오토바이	motorcycle	オートバイ	摩托车	xe máy
	주유소	gas station	ガソリンスタンド	加油站	trạm xăng, cây xăng
	근무하다	work	勤務する	工作	làm việc
	낯이 익다	familiar	見覚えがある	熟悉的	quen mặt
	치열하다	intense	熾烈だ	激烈	khốc liệt
	경쟁 관계	competitive relationship	競争関係	竞争关系	quan hệ cạnh tranh
	정비업소	repair shop	整備業者	修理厂	xưởng sửa chữa
	참새	sparrow	スズメ	麻雀	chim sẻ
	나란히	side by side	並んで	并排	song song

주제 10 문학

	한국어	영어	일본어	중국어	베트남어
5-6	정비	repair	整備	修理	sửa chữa
	날고 기다	figurative: exceptionally talented	有名だ、優れている	有天赋	xuất chúng, giỏi giang
	들여다보다	look into	覗く	仔细看	nhìn vào
	끄덕끄덕하다	nod	うなずく	点头	gật gù
	휘발유	gasoline	ガソリン	汽油	xăng dầu
	엉덩이	buttocks, bottom	お尻	屁股	mông
	털다	dust	払う	掸，抖	phủi bụi
	한마디	one word	一言	一句话	một lời
	향하다	head toward	向かう	向着	hướng về
	주먹	fist	拳	拳头	nắm đấm
	떨다	tremble	震える	颤抖	run rẩy
	요번	this time	今回	这次	lần này
	왕창	a lot	たくさん	很多	rất nhiều
	잡혀가다	get caught	捕まる	被抓走	bị bắt, bị tóm
	위로하다	comfort	慰める	安慰	an ủi, động viên
7-8	오르막	uphill	上り坂	上坡	dốc lên
	숨을 고르다	catch one's breath	呼吸を整える	屏住呼吸	thở đều, lấy lại hơi
	문득	suddenly	ふと	突然	bỗng nhiên
	내리막	downhill	下り坂	下坡	dốc xuống
	휘다	bend	曲がる	弯曲	cong, uốn cong
	정면	front	正面	正面	chính diện
	물장구	splash in the water	水遊び	水鼓	vầy nước, nghịch nước
	도랑	ditch	水路	水沟	rãnh nước, mương
	거름	manure	肥料	肥料	phân bón
	분뇨	humanwaste	糞尿	粪便	phân và nước tiểu
	똥통	bucket for feces and urine	肥桶	粪桶	thùng đựng phân và nước tiểu
	통제하다	control	統制する	控制	khống chế
	결말	conclusion	結末	结局	kết cục
	운	luck	運	运气	vận may
	그럼에도 불구하고	nevertheless	それでもなお	尽管如此	mặc dù vậy
	딛다	step	踏む	踏	bước

문학 주제 10

	한국어	영어	일본어	중국어	베트남어
7-8	올라서다	climb	登る	爬上	leo lên
	어차피	anyway	どうせ	反正	dù sao thì
	나아가다	go forward	進む	前进	tiến lên
	페달	pedal	ペダル	踏板	bàn đạp
	밟다	step on	踏む	踩	đạp, dẫm
	가속이 붙다	accelerate	加速がつく	加速	tăng tốc
	난생처음	for the first time, for the very first time	生まれて初めて	平生第一次	lần đầu tiên trong đời
	장끼	cockpheasant	ヤマドリ	雄雉	trĩ đực
	소리를 내지르다	scream	叫ぶ	喊出声	hét lên
9-10	지리산	Jirisan mountain, Mt. Jirisan	智異山	智异山	núi Jirisan
	군대	military	軍隊	军队	quân đội
	복학	return to school	復学	复学	trở lại trường học
	앞두다	be about to, be on the verge of	控える	即将	sắp
	민족의 영산	the sacred mountain of the nation	民族の霊山	国家的圣山	ngọn núi thiêng của dân tộc
	창피하다	embarrassed	恥ずかしい	丢脸	xấu hổ, mắc cỡ
	장비	equipment	装備	装备	trang bị, thiết bị
	장만하다	purchase, prepare	準備する	置办	chuẩn bị, sắm sửa
	짊어지다	bear, carry	背負う	背	vác, gánh
	종주	walk along the (mountain) ridges	縦走	纵贯	đi dọc theo (sườn núi)
	소요되다	take time	所要する、かかる	需要	mất (thời gian)
	쌀독	rice jar	米びつ	米缸	chum đựng gạo, thùng gạo
	넉넉하다	abundant	十分だ	足够	đầy đủ, dư dả
	퍼내다	scoop	汲み出す	舀出	múc ra, xúc ra
	눈에 띄다	noticeable	目立つ	看见的	nổi bật, dễ thấy
	집어넣다	put in	入れる	放入	cho vào, bỏ vào
	신형	new model	新型	新型	mẫu mới, kiểu mới
	텐트	tent	テント	帐篷	lều
	다락	attic	屋根裏部屋	阁楼	gác xép
	끌어내리다	pull down	引きずり下ろす	拉下来	kéo xuống
	군용	military use	軍用	军用	quân dụng

주제 10 문학

	한국어	영어	일본어	중국어	베트남어
9-10	모포	blanket	毛布	毯子	chăn, mền
	전속력	at full speed	全速力	全速	tốc độ tối đa, hết tốc lực
	도마	chopping board	まな板	砧板	cái thớt
	부딪치다	bump into	ぶつかる	碰撞	va vào
	살림을 꾸리다	manage household	家事を切り盛りする	管理家庭	thu vén gia đình
	이민	immigration	移民	移民	di dân
11-12	미치다	go crazy	狂う	疯	phát điên, nổi điên
	쨍쨍하다	(sound)piercing, sharp	カンカンとした	响亮	chói tai
	간사하다	be sly, treacherous	ずる賢い	诡诈	gian xảo
	딴사람	someone else	他人	别人	người khác
	시절	days	時代	时节	thời kỳ
	미라	mummy	ミイラ	木乃伊	xác ướp
	솜	cotton	綿	棉	bông gòn
	누더기	ragged	ボロ服	破衣服	rách nát
	한 올	one thread	一本	一针一线	một sợi
	실	thread	糸	线	sợi chỉ
	가늘다	thin, fine	細い	细	mỏng
	조각	piece	かけら	块	mảnh, miếng
	제대로	properly	ちゃんと	恰当地	đúng cách, chỉnh tề
	수세미	sponge, scrubbing brush	たわし	洗碗布	miếng rửa bát
	향하다	head toward	向かう	向着	hướng về
	돌아눕다	turn over	仰向けになる	翻转	quay người lại
	마치	like	まるで	好像	giống như
	딸꾹질	hiccup	しゃっくり	打嗝	nấc cục
	일정하다	consistent	一定だ	固定的	ổn định, đều đặn
	외마디	exclamation	短い一言	短句	một lời thốt
	해골	skull	骸骨	骷髅	đầu lâu
	털썩	thud	どさっと	噗通	bịch, phịch
	기대다	lean	寄りかかる	倚靠	dựa vào
	납덩어리	lump of lead	鉛の塊	铅块	thỏi chì
	애쓰다	try	努力する、苦労する	努力	cố gắng
	침	saliva	唾	唾液	nước bọt

문학 주제 10

	한국어	영어	일본어	중국어	베트남어
11-12	삼키다	swallow	飲み込む	吞咽	nuốt
	일터	workplace	職場、仕事場	工作单位	nơi làm việc
	알아듣다	understand	聞き取る	听懂	nghe hiểu

Part

모의고사

Day 29	모의고사 1회
Day 30	모의고사 2회
Day 31	96회 기출문제

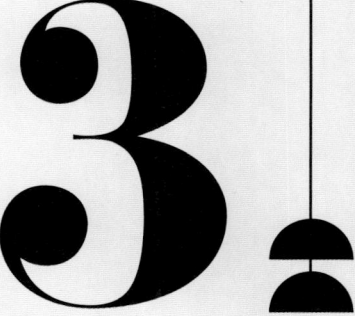

제1회
실전 모의고사

한국어능력시험 II
(중고급)

읽기
(Reading)

수험번호(Registration No.)	
이름 (Name)	한국어(Korean)
	영 어(English)

유 의 사 항
Information

1. 시험 시작 지시가 있을 때까지 문제를 풀지 마십시오.
   Do not open the booklet until you are allowed to start.

2. 수험번호와 이름을 정확하게 적어 주십시오.
   Write your name and registration number on the answer sheet.

3. 답안지를 구기거나 훼손하지 마십시오.
   Do not fold the answer sheet; keep it clean.

4. 답안지의 이름 및 수험번호 및 정답의 기입은 배부된 펜을 사용하여 주십시오.
   Use the given pen only.

5. 정답은 답안지에 정확하게 표시하여 주십시오.
   Mark your answer accurately and clearly on the answer sheet.

   marking example ① ● ③ ④

6. 문제를 읽을 때에는 소리가 나지 않도록 하십시오.
   Keep quiet while answering the questions.

7. 질문이 있을 때에는 손을 들고 감독관이 올 때까지 기다려 주십시오.
   When you have any questions, please raise your hand.

TOPIK II 읽기(1번~50번)

29일차 월   일

※ [1~2] (   )에 들어갈 말로 가장 알맞은 것을 고르십시오. (각 2점)

1. 선생님이 교실에 (   ) 교실이 조용해졌다.

   ① 오자마자   ② 오더라도
   ③ 온 데다가   ④ 오느라고

2. 꾸준히 운동하면 건강이 (   ).

   ① 좋아진 셈이다   ② 좋아지기로 했다
   ③ 좋아진 적이 있다   ④ 좋아지기 마련이다

※ [3~4] 밑줄 친 부분과 의미가 가장 비슷한 것을 고르십시오. (각 2점)

3. 이 감독의 영화는 <u>보나 마나</u> 무조건 재미있다.

   ① 볼 때마다   ② 보지 않아도
   ③ 봐 가지고   ④ 봐서 그런지

4. 집이 너무 더러워서 청소를 <u>해야만 했다.</u>

   ① 하는 모양이다   ② 하기 나름이다
   ③ 할 수밖에 없었다   ④ 한 거나 다름없다

※ [5~8] 다음은 무엇에 대한 글인지 고르십시오. (각 2점)

5.

거꾸로 가는 피부 시간!
당신의 피부에 좋은 것을 먹이세요.

① 소화제　　② 화장품　　③ 감기약　　④ 가습기

6.

내 집 같은 편안한 방.
엄마 손맛 3끼 식사
대학생 환영

① 식당　　② 호텔　　③ 하숙집　　④ 가습기

7.

가스를 잠갔나요? 플러그는 뽑았나요?
설마 하는 마음이 큰불을 만듭니다.

① 봉사 활동　　② 공공 예절　　③ 자연 보호　　④ 화재 예방

8.

- 하루 3번 식후 30분에 물과 함께 드세요.
- 졸릴 수 있으니까 운전하지 마세요.

① 복용 안내　　② 안전 규칙　　③ 이용 방법　　④ 제품 소개

※ [9~12] 다음 글 또는 그래프의 내용과 같은 것을 고르십시오. (각 2점)

9.

① 예매는 전화나 홈페이지를 통해 할 수 있다.
② 65세 이상 노인은 무료로 공연을 볼 수 있다.
③ 이 공연은 전 연령의 사람이 모두 볼 수 있다.
④ 자녀가 2명 이상이면 더 싸게 공연을 볼 수 있다.

10.

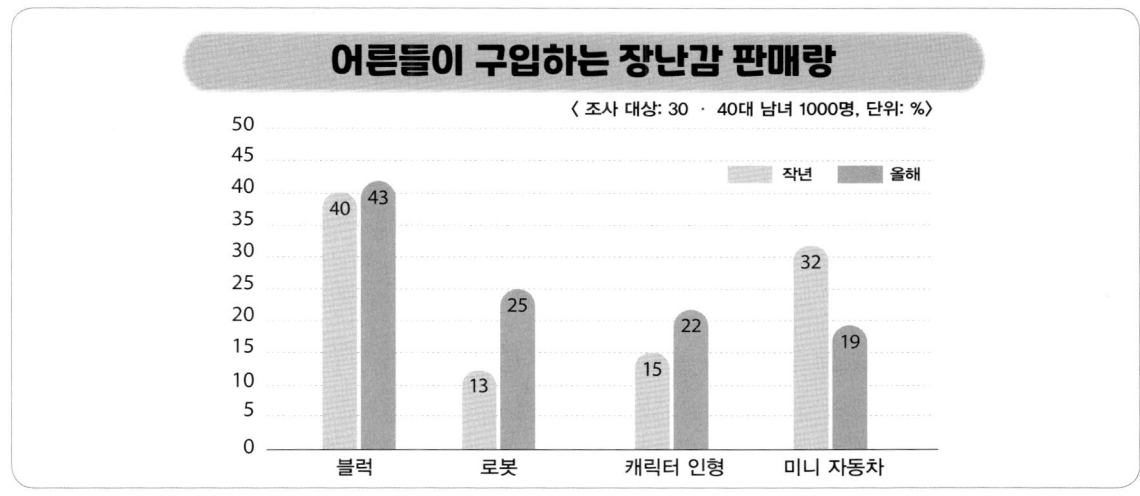

① 로봇 판매량은 작년보다 올해 감소했다.
② 미니 자동차의 판매량은 작년에 비해 늘었다.
③ 블록은 작년과 올해 가장 많이 판매한 장난감이다.
④ 어른들은 올해보다 작년에 캐릭터 인형을 많이 샀다.

※ [9~12] 다음 글 또는 그래프의 내용과 같은 것을 고르십시오. (각 2점)

11.

> 최근 한류 인기가 높아지면서 국내 편의점이 해외로 사업을 확장하고 있다. 특히 동남아시아를 중심으로 한국 편의점에 대한 관심이 높아지면서 한국 편의점 수가 폭발적으로 늘고 있다. 이 편의점들은 상품 진열, 제품 관리, 인테리어를 한국 편의점과 똑같이 하고 있어서 한국 문화를 알리는 장소가 되고 있다. 또한 외국인의 입맛에 맞는 상품을 개발해 외국인들에게 인기를 끌고 있다.

① 해외에 있는 한국인들이 한국 편의점을 많이 이용한다.
② 해외에 있는 한국 편의점은 한국과 다르게 운영하고 있다.
③ 한국 사람에게 맞는 음식이 해외에서도 많은 관심을 받는다.
④ 한국의 인기가 높아지면서 해외에서 한국 편의점이 증가했다.

12.

> 한국의 소시지라고 불리는 순대는 떡볶이 튀김과 더불어 가장 흔히 먹는 길거리 음식이다. 조선 시대에는 잔치나 제사 등 특별한 날에 먹는 귀한 음식이었다고 한다. 당시에 순대는 돼지 창자에 피, 당면, 다양한 채소를 넣어 만들었는데 이것이 오늘날 즐겨 먹는 '피순대'이다. 한국 전쟁 이후 경제가 회복되면서 시장과 장터에서 즐겨 먹는 한국의 대표적인 길거리 간식이 되었다.

① 순대는 한국을 대표하는 길거리 음식이다.
② 순대는 한국 전쟁 이후 만들어진 음식이다.
③ 순대는 돼지 창자에 고기와 쌀을 넣어 만든다.
④ 조선 시대에 순대는 일상적으로 먹는 음식이었다.

※ [13~15] 다음을 순서에 맞게 배열한 것을 고르십시오. (각 2점)

13.
> (가) 커피는 몸과 마음에 긍정적인 영향을 미치는 음료다.
> (나) 커피에는 피로를 줄이고 정신을 맑게 해주는 성분이 있기 때문이다.
> (다) 그리고 학생들은 졸음을 막기 위해서도 커피를 마신다.
> (라) 그래서 사람들은 커피를 마시면 스트레스가 풀린다고 생각한다.

① (가) - (나) - (라) - (다)
② (나) - (가) - (다) - (라)
③ (가) - (다) - (라) - (나)
④ (나) - (라) - (다) - (가)

14.
> (가) 알고 보니 지갑을 주운 사람이 경찰서에 내 지갑을 맡긴 것이었다.
> (나) 지갑에는 돈이 있어서 당연히 누군가가 가져갔을 거라고 생각했다.
> (다) 어제 퇴근하고 집에 오다가 버스에 지갑을 두고 내렸다.
> (라) 그런데 지갑을 찾으러 경찰서에 오라는 전화가 왔다.

① (나) - (다) - (라) - (가)
② (나) - (라) - (가) - (다)
③ (다) - (나) - (가) - (라)
④ (다) - (나) - (라) - (가)

15.
> (가) 일본에 있는 '주문을 틀리는 식당'이 사람들의 주목을 받고 있다.
> (나) 이 식당은 평범해 보이지만 직원들이 모두 치매를 앓고 있다.
> (다) 하지만 손님들은 공존을 중요하게 생각하기 때문에 불만을 갖지 않는다.
> (라) 그래서 종종 주문한 것과 전혀 다른 음식이 나온다.

① (가) - (나) - (라) - (다)
② (나) - (가) - (다) - (라)
③ (가) - (다) - (라) - (나)
④ (나) - (라) - (다) - (가)

※ [16~18] (   )에 들어갈 말로 가장 알맞은 것을 고르십시오. (각 2점)

16.

> 한국 사람들은 전통적으로 (   ) 난방을 했다. 이것을 온돌이라고 한다. 현대에는 전통 방식의 온돌 대신에 물을 끓이는 방식의 보일러를 사용하지만 방바닥을 따뜻하게 하여 난방을 하는 것은 예전과 마찬가지이다. 그래서 한국 사람들은 예나 지금이나 신발을 벗고 집에 들어가고 방바닥의 청결에 신경을 쓴다.

① 벽난로에서 불을 피우는   ② 방바닥을 따뜻하게 데우는
③ 집에서 뜨거운 물을 끓이는   ④ 집안에 난로를 놓고 생활하는

17.

> 작은 원인이 (   ) 가져올 때 '나비 효과'라고 말한다. 예를 들어 한 지역에 전쟁이 일어나게 되면 그 지역에서 생산되는 곡물 수출이 제한된다. 그러면 전 세계적으로 곡물 가격이 상승하게 되고 다른 지역에서는 식량부족으로 이어질 수 있다. 이처럼 한 지역의 작은 변화도 전 세계적으로 큰 영향을 줄 수도 있다.

① 부정적인 효과를   ② 아주 좋은 기회를
③ 뜻밖의 큰 결과를   ④ 알 수 없는 변화를

18.

> 동지는 일 년 중 낮이 가장 짧고 밤이 가장 긴 날이다. 한국 사람들은 이날이 되면 붉은 팥으로 팥죽을 만들어 먹었다. 왜냐하면 악귀들이 팥죽의 붉은색을 무서워한다고 믿었기 때문이다. 그래서 동지가 되면 악귀들이 (   ) 하기 위해 팥죽을 집 마당 곳곳에 뿌리기도 하고 대문 앞에 놓아두기도 했다.

① 팥죽을 맛있게 먹게   ② 언제든지 쉴 수 있게
③ 집안에 들어오지 못하게   ④ 팥죽을 가지고 갈 수 있게

※ [19~20] 다음을 읽고 물음에 답하십시오. (각 2점)

아이가 학습을 꾸준히 잘 하기 위해서는 좋은 학습 태도를 가져야 한다. 좋은 학습 태도란 아이 스스로 학습 계획을 세우고 공부하는 것이다. 아이의 좋은 학습 태도를 기르기 위해서는 학부모와 선생님이 함께 노력해야 한다. 학부모는 공부에 집중할 수 있는 학습 환경을 만들고 선생님은 아이가 꾸준히 학습할 수 있도록 적절한 동기를 부여해야 한다. (   ) 긍정적인 학습 분위기에서 아이는 스스로 학습할 수 있는 태도를 갖게 된다.

19. (   )에 들어갈 말로 가장 알맞은 것을 고르십시오.

① 마침내   ② 이처럼   ③ 오히려   ④ 게다가

20. 윗글의 주제로 가장 알맞은 것을 고르십시오.

① 아이는 스스로 긍정적인 분위기를 만들어야 한다.
② 학습 동기가 없으면 공부를 꾸준히 할 수 없게 된다.
③ 좋은 학습 태도를 기르려면 부모와 선생님의 도움이 필요하다.
④ 선생님은 아이에게 공부해야 하는 이유를 설명해 주어야 한다.

※ [21~22] 다음을 읽고 물음에 답하십시오. (각 2점)

> 농어촌 마을에 빈집들이 해마다 늘어나고 있다. 이러한 빈집들은 대부분 너무 오래 비워둔 탓에 겉모습이 보기에 안 좋을 뿐만 아니라 야생 동물들의 차지가 되기도 한다. 가장 큰 문제는 빈집은 넘쳐나는데, 막상 필요한 사람이 빈집을 구하려고 하면 집 구하기가 (   )라는 것이다. 부동산이나 부동산 관련 플랫폼에도 빈집 정보가 제대로 없어서 지역 주민의 도움이 없이는 방을 구할 수가 없기 때문이다.

21. (   )에 들어갈 말로 가장 알맞은 것을 고르십시오.

   ① 한눈을 팔기
   ② 발목을 잡기
   ③ 누워서 떡 먹기
   ④ 하늘의 별 따기

22. 윗글의 내용과 같은 것을 고르십시오.

   ① 농어촌 빈집의 겉모습은 보기가 좋다.
   ② 농어촌에서 빈집을 구하는 사람들이 늘고 있다.
   ③ 부동산에 빈집 정보가 없어서 빈집을 구하기가 힘들다.
   ④ 부동산 시장에 빈집이 많이 나와 사회적 문제가 되고 있다.

※ [23~24] 다음을 읽고 물음에 답하십시오. (각 2점)

> 외벽공사에는 인부들이 몇 명 동원됐다. 간단한 조립식 건물이지만 명색이 건축주라고 새참이며 담배, 막걸리를 간간이 내고 벽이 제대로 올라가는지 볼 겸해서 공사장에 나간 지 사흘째. 해가 기울고 하루 일이 끝났는가 싶었는데 한 인부가 씩씩거리면서 다가왔다.
> "아, 참 나 더러워서. 이놈의 동네에서는 씻지도 못하겠네."
> "왜 그러는데?"
> "아, 등목을 하는데 뒷집 담 너머에서 웬 할아버지가 넘겨다보고 있지 뭐요."
> "할아버지는 남자 아냐? 다 같은 사내끼리 뭐가 부끄럽다고 그래."
> (중략)
> "왜 훌떡 벗고 등목을 하느냐는 거야. 아이 씨 그럼 등목하면서 옷 입고 하냐 그랬지. 그랬더니 평소에도 웃통을 벗고 일을 하지 않냐 이거야. 그럼 이렇게 날이 환장하게 더운데 정장 차려입고 일해야 해요, 그랬더니 우리 동네는 원래 양반 동네라, 그것도 보통 양반이 아니고 왕족이 사는 동네니까 그러면 안 된다. 부녀자들도 있는데 창피하지도 않냐. 애들 배울까 겁난다, 이거야. 이런 제기 (중략)"
>
> 성석제, 번쩍하는 황홀한 순간 「어제의 용사들」 191쪽

23. 밑줄 친 부분에 나타난 '인부'의 심정으로 가장 알맞은 것을 고르십시오.

① 불쾌하다

② 불안하다

③ 실망하다

④ 질투하다

24. 윗글의 내용과 같은 것을 고르십시오.

① 한 인부는 부끄러움이 많아서 등목을 못했다.

② 이 동네는 양반 동네라 왕과 왕족이 살고 있다.

③ 등목을 하던 인부가 동네 할아버지와 다투었다.

④ 나는 할아버지에게 새참, 담배, 막걸리를 사 주었다.

※ [25~27] 다음 신문 기사의 제목을 가장 잘 설명한 것을 고르십시오. (각 2점)

25.

'한강 작가 노벨문학상 효과', 온라인 서점 매출 급증

① 한강 작가의 책은 노벨문학상을 수상한 이후에 가격이 인상되었다.
② 한강 작가의 책은 노벨문학상을 받기 전부터 온라인에서 많이 팔렸다.
③ 한강 작가가 노벨문학상을 수상했기 때문에 온라인에서 구매가 가능하다.
④ 한강 작가가 노벨문학상을 수상한 덕분에 온라인에서 책 판매율이 늘었다.

26.

동계스포츠의 꽃, 눈 위의 종목 인기 주춤

① 동계스포츠의 경기 중에 눈꽃이 피면서 인기도 동시에 내려갔다.
② 동계스포츠의 경기 중에 눈에서 하는 경기가 인기를 얻기 시작했다.
③ 동계스포츠의 꽃이라 불리는 눈 위에서 하는 경기의 인기가 감소했다.
④ 동계스포츠 경기장에 눈꽃이 피면서 눈 위의 종목이 인기를 끌고 있다.

27.

'돈다발 출산정책', 현실은 일자리·주거·양육 모두 첩첩산중

① 정부의 돈다발 출산정책으로 일자리·주거·육아 환경이 좋아졌다.
② 출산율을 늘리기 위해 일자리와 주택은 물론 돈까지 지원해 준다.
③ 아이를 키우기 위해서는 일자리·주거뿐만 아니라 재정도 필요하다.
④ 저출산을 해결하기 위해 돈을 지원하고 있지만 해결할 문제가 많다.

※ [28~31] (   )에 들어갈 말로 가장 알맞은 것을 고르십시오. (각 2점)

28.
> 성탄절 전후가 되면 주민센터에 (   ) 나타난다. 이들은 동전이 가득 들어있는 저금통이나 많은 지폐를 편지와 함께 상자에 넣어 주민센터에 놓고 간다. 편지에는 소년 소녀 가장과 독거노인을 위해 사용하거나 불우한 이웃을 위해 써달라는 메시지가 남겨있다. 이들은 이와 같은 방법으로 자신을 드러내지 않고 주민센터에 기부하는 것이다.

① 얼굴 없는 천사가
② 돈이 많은 부자가
③ 마음이 예쁜 노인이
④ 봉사 활동을 하는 학생이

29.
> 벌처럼 꽃의 꿀을 먹는 벌새는 작은 크기로도 유명하지만 독특한 비행 능력으로도 유명하다. 벌새는 공중에 정지해 있을 수 있고 앞뒤로 날 수도 있으며 거꾸로 날 수도 있다. 이것은 벌새가 초당 50회에서 80회에 달하는 날갯짓을 할 수 있기 때문에 가능한 것이다. 벌새는 이처럼 빠른 날갯짓을 하면서 (   ) 때문에 얕은 수면을 하는 보통 새들과 달리 깊은 잠을 잔다.

① 빨리 나는 연습을 하기
② 꽃의 꿀을 먹을 수 있기
③ 많은 에너지를 소모하기
④ 공중에서 날면서 잠을 자기

※ [28~31] (   )에 들어갈 말로 가장 알맞은 것을 고르십시오. (각 2점)

30.
   탈리아 한 연구팀은 건강한 산모 75%의 모유에서 미세 플라스틱을 발견했다. 또한 국내의 연구진은 체내에 들어온 플라스틱이 모유를 통해 다음 세대로 옮겨질 수 있으며 유아 비만의 원인이 될 수 있다고 밝혔다. 플라스틱은 환경 문제를 일으킬 뿐만 아니라 인간에게 흡수돼 각종 건강 문제를 일으키고 있다. 이제는 인간의 (   ) 플라스틱을 대체하는 소재를 찾아야 할 것이다.

① 건강을 위해서라도
② 비만을 예방하려면
③ 생명을 유지하려면
④ 모유를 생각해서라도

31.
   '대변' 혹은 '인분'이라고 불리는 똥은 인류학자와 고고학자에겐 보물이다. 대변 화석을 통해 과거의 식생활과 질병을 재구성할 수 있다. 한 예로 17세기 후반 덴마크 어느 한 주교의 집에서 발견된 그것들은 주교가 인도에서 직수입한 후추를 즐기는 (   ) 것을 보여 준다. 중세 유럽에서 후추는 왕족이나 귀족 등 부유층이 즐겨 먹던 향신료로 당시 생활 모습을 그대로 보여 주고 있다.

① 힘든 생활을 했다는
② 호화 생활을 했다는
③ 지루한 생활을 했다는
④ 평범한 생활을 했다는

※ [32~34] 다음을 읽고 글의 내용과 같은 것을 고르십시오. (각 2점)

32.

> 야생의 바나나에는 크고 단단한 씨가 과육 안에 가득 박혀 있어서 먹기 불편하다. 그래서 바나나에 있는 씨를 없애는 방향으로 바나나를 개량했다. 개량된 바나나는 씨가 없기 때문에 씨를 심는 방법으로 바나나를 재배하지 않고 바나나 나무의 뿌리에서 새로운 싹이 자라게 하거나 바나나 나무의 줄기에서 뿌리가 나오게 한다. 이렇게 번식한 바나나는 모두 한 나무에서 갈라져 나온 동일한 품종이기 때문에 품질이 일정하게 된다.

① 야생의 바나나는 모두 동일한 품종이었다.
② 야생의 바나나는 맛이 없어서 품종을 개량했다.
③ 바나나 나무의 줄기나 뿌리로 바나나를 재배한다.
④ 바나나를 심으면 바나나 과육에서 뿌리가 나온다.

33.

> 정부는 사회적 약자를 보호하기 위해 최저가격제와 최고가격제를 시행하고 있다. 최저가격제는 공급자가 사회적 약자일 때 이들을 보호하기 위해 최저가격을 정해 놓고 그 가격 이하로 가격을 내릴 수 없게 하는 제도이다. 예를 들면 최저임금제와 쌀 수매제도가 있다. 최고가격제는 수요자가 사회적 약자일 때 이들을 보호하기 위해 최고가격을 정해 놓고 그 가격 이상으로 가격을 올릴 수 없게 하는 제도이다. 예를 들면 돈을 빌려주고 돌려받을 때 이자를 너무 많이 받지 못하게 하는 이자제한법이 있다.

① 최고가격제의 최고가격은 수요자가 결정할 수 있다.
② 최저가격제는 사회적 약자를 보호하기 위한 제도이다.
③ 최저임금제와 쌀 수매제도는 수요자를 위한 제도이다.
④ 돈을 빌려준 사람은 최고가격의 이자를 받을 수 있다.

※ [32~34] 다음을 읽고 글의 내용과 같은 것을 고르십시오. (각 2점)

34.
> 건강한 개의 코가 젖어 있는 데에는 여러 가지 이유가 있다. 먼저, 코가 촉촉하게 젖어 있으면 공기 중에 떠다니는 냄새 입자를 콧속에 잘 붙잡아 둘 수 있어서 냄새를 잘 맡을 수 있다. 그리고 젖은 코는 체온 조절에 도움을 준다. 개는 몸에 땀샘이 거의 없는데 코가 젖어 있으면 더운 여름이나 운동 후 열을 발산하는 데 도움을 줄 수 있기 때문이다. 마지막으로 개는 코가 건조해지는 것을 막고 청결을 위해 코를 자주 핥는 행동을 하기 때문에 코가 항상 젖어 있다.

① 개의 코는 더운 여름이나 운동 후에 더 촉촉하게 된다.
② 개는 코가 촉촉하게 젖어 있으면 냄새를 잘 맡을 수 있다.
③ 개는 코에 있는 땀샘에서 땀을 배출하여 체온을 조절한다.
④ 개의 코를 청결하게 유지하기 위해 코를 잘 닦아 줘야 한다.

※ [35~38] 다음을 읽고 글의 주제로 가장 알맞은 것을 고르십시오. (각 2점)

35.
> 미래 식량 자원의 부족을 해결할 방법으로 곤충이 주목받고 있다. 곤충은 단백질뿐만 아니라 다양한 영양소가 풍부하여 고기를 대체할 수 있고, 번식률이 높아 가축 사육에 비해 물과 사료가 적게 들어 경제적이다. 하지만 곤충을 식량화하려면 여러 가지 해결할 문제가 있다. 곤충을 먹는다는 불쾌감을 극복할 수 있도록 하는 교육이 필요하고, 곤충을 기르는 방법과 가공 기술 발전을 위해 꾸준히 노력해야 한다.

① 식량 자원 부족 문제의 해결 방법을 찾을 필요가 있다.
② 곤충을 먹는 것에 대한 불쾌감은 극복하기 어려울 것이다.
③ 곤충은 단백질이 많아서 고기를 대체할 음식이 될 수 있다.
④ 곤충의 식량화를 위한 교육과 다양한 기술 개발이 필요하다.

36.

> 인정받고 싶은 욕구 안에는 많은 사람에게 사랑받고 싶다는 마음이 포함된다. 이 안에는 나를 사랑하는 사람도 있고 나를 미워하거나 무관심한 사람도 있기 마련이다. 그래서 모든 사람에게 인정받고 싶어 하는 사람은 나를 사랑하지 않는 사람에게 인정받으려고 노력하느라 마음고생하게 된다. 만약 남에게 인정받고 싶다면 많은 사람에게 신경 쓰기보다는 지금 나를 사랑하며 인정해 주는 사람에게 집중하는 편이 낫다.

① 나를 미워하거나 무관심한 사람을 위해 노력해야 한다.
② 타인에게 의존하는 것은 삶에 부정적인 영향을 미친다.
③ 남에게 인정받기 위해 모든 사람을 신경 쓸 필요는 없다.
④ 사랑받기 위해 남의 시선을 신경 쓰는 것은 좋은 방법이다.

37.

> 이영춘 박사는 한국 최초로 학교 급식을 도입하고 기생충을 박멸한 의사로 유명하다. 그는 농촌 지역의 가난한 농민을 무료로 진료해 주었고 농장에서 나온 쌀 부스러기로 주먹밥을 만들어 가난한 아이들에게 나누어 주었다. 또한 영양이 부족한 환자에게는 자신이 먹을 음식도 나누어 주었다. 그는 손해와 이익에 따라 환자를 치료하는 것이 아니라 오로지 사랑으로 치료했다. 그는 사람들의 건강을 위해 공중보건과 예방의학에 열정을 바쳤다.

① 이영춘 박사는 가난한 농민을 위해 학교 급식을 시작했다.
② 이영춘 박사는 환자를 사랑으로 대하며 질병 예방에 힘썼다.
③ 이영춘 박사는 가난한 농민의 삶을 개선하기 위해 노력했다.
④ 이영춘 박사는 건강한 농촌을 만들기 위해 무료 진료를 했다.

※ [35~38] 다음을 읽고 글의 주제로 가장 알맞은 것을 고르십시오. (각 2점)

38.

비단벌레는 울창한 삼림지대에 서식하는데 날개의 빛이 곱고 아름다워서 예로부터 공예 장식품의 소재로 많이 쓰였다. 비단벌레의 초록빛 날개로 장식한 유물은 신라시대 고분인 황남대총에서 출토되기도 하였다. 현재는 전라남도 일대에서만 발견될 정도로 개체 수가 줄어서 2008년에 천연기념물로 지정되었으며 2018년부터는 멸종 위기 야생 생물 1급으로 지정되었다. 그래서 비단벌레는 문화적·역사적으로 가치 있는 곤충으로 여겨진다.

① 비단벌레는 보존 가치가 있는 귀중한 곤충이다.
② 비단벌레가 서식할 수 있는 환경이 사라지고 있다.
③ 비단벌레는 다양한 공예 장식품의 소재로 사용된다.
④ 비단벌레와 같은 멸종 위기 생물을 보호할 필요가 있다.

※ [39~41] 주어진 문장이 들어갈 곳으로 가장 알맞은 곳을 고르십시오. (각 2점)

39.

물론 여러 측면에서 유사하기 때문에 어쩌면 이런 비교는 당연한 것인지도 모른다.

미국 한 역사학 교수가 『독재의 탄생:로마 공화정의 몰락』을 펴냈다. (㉠) 이 책은 로마 공화정의 시작부터 종말까지 약 300년의 로마 정치사를 다루고 있다. (㉡) 흥미로운 점은 로마의 정치체제와 우리 시대의 정치체제를 자기도 모르게 비교하게 만든다는 것이다. (㉢) 이 책은 우리가 어느 정치적 진영을 선택하든 우리의 고집으로 민주주의를 파괴하고 있는 것은 아닌지 엄중한 경고를 남긴다. (㉣)

① ㉠　　　　　　② ㉡　　　　　　③ ㉢　　　　　　④ ㉣

40.

이때 녹은 고래의 뼈는 물속에서 자라는 식물의 비료 역할도 한다.

대왕고래는 자신의 죽음을 일찍 깨닫는다고 한다. 그래서 죽을 때가 되면 모든 힘을 다해 마지막 잠수를 하는데 이것을 '고래 낙하'라고 한다. (㉠) 깊은 바닷속으로 가라앉는 고래 사체는 몇 년에 걸쳐 다양한 바다 생물들의 먹이가 된다. (㉡) 그리고 마지막으로 남은 고래의 뼈는 좀비 벌레가 뼈를 녹여서 먹는다. (㉢) 이렇게 자란 식물은 다시 물고기의 먹이가 된다. 이처럼 고래의 사체는 생태계 형성에 도움이 된다. (㉣)

① ㉠ ② ㉡ ③ ㉢ ④ ㉣

41.

이러한 공포증을 가지고 있는 사람들은 대체로 공포증을 치료하려는 노력을 별로 하지 않는다.

특정 대상에 대해 공포증을 가지고 있는 사람들이 있다. (㉠) 예를 들면 높은 곳을 무서워하는 고소공포증, 개를 무서워하는 개 공포증, 닫혀 있는 공간에 있는 것을 두려워하는 폐소공포증 등이다. (㉡) 그 대상을 피하면 된다고 생각하기 때문이다. (㉢) 하지만 두려운 상황을 계속 피하면 공포심이 굳어질 수 있다. (㉣) 공포증은 노출을 통해 치료 효과를 볼 수 있으니 그 대상을 직면하여 이겨보려는 노력이 중요하다.

① ㉠ ② ㉡ ③ ㉢ ④ ㉣

※ [42~43] 다음을 읽고 물음에 답하십시오. (각 2점)

고정리 출신인 사람이 서울에서 살다가 죽었는데 그 아들 되는 이가 아버지의 장사를 지내러 고정리에 왔다 그만 와우산에 반해버린 것이었다. 와우산이 잘생겼거나 천하명산의 지세를 가지고 있어서, 또는 무슨 엄청난 전설과 명소를 가지고 있어서 반한 건 아니다. (중략) 고정리 출신의 아버지의 장례를 치른 이는 산에 반한 게 아니라 산이 가지고 있는 사업성에 반했다.

그는 곧 회사 직원들을 내려보내 와우산 주변의 지세와 형편을 알아보게 했고 마침내 와우산 아래 엉성한 수풀을 밀어내고 납골당을 짓기로 결정했다. 허가를 얻기 위해 시청을 방문했을 때 <u>시장이 버선발로 뛰어나와 그를 맞아들였다</u>는 소문이 있다. 남강면은 울서시 전체에서 가장 낙후된 면이었고 남강면이 낙후하게 된 가장 큰 원인은 바로 와우산 때문이라고 시장은 믿고 있었다. 와우산은 누운 암소의 엉덩짝처럼 푸짐하기는 했지만 그저 면적만 많이 차지했을 뿐 뭐 하나 도움이 되지 않았다. 그런 산에 투자를 하겠다는 사람이 나섰으니 시장이 초등학교 동창인 남강면장과 함께 만세 삼창이라도 부를 자세를 취하는 게 당연했다.

성석제, 번쩍하는 황홀한 순간 「소신을 지키다」 204쪽

42. 밑줄 친 부분에 나타난 '시장'의 심정으로 가장 알맞은 것을 고르십시오.

① 반갑고 기쁘다　　　　　　　② 슬프고 우울하다

③ 미안하고 죄송하다　　　　　④ 편하고 만족스럽다

43. 윗글의 내용으로 알 수 있는 것을 고르십시오.

① 와우산에 살던 사람이 서울에서 살다가 죽었다.

② 와우산은 천하의 명산이고 유명한 전설이 있다.

③ 서울에서 온 사람은 아버지를 와우산에 묻었다.

④ 서울에서 온 사람은 와우산에 투자하려고 한다.

※ [44~45] 다음을 읽고 물음에 답하십시오. (각 2점)

> 정부가 작년부터 시행한 소비기한 표시제는 식품 판매 허용 기한인 유통기한 대신 보관 방법 준수 시 안전하게 섭취 가능한 소비기한을 의무적으로 표시하도록 한 제도이다. 이를 통해 유통기한이 임박한 식품들의 수명이 늘어나게 되면서 식품 폐기물 처리 비용 절감 효과를 기대할 수 있다. 정부는 제도의 안정화를 위해 계도기간을 부여하고, 그 기간 동안 유통기한이 표시된 기존 포장지 사용을 허용했다. 다만 소비기한은 개인의 보관법에 따라 (   ) 때문에 소비기한 내 제품 변질 발생 문제의 원인을 밝히기 어렵다. 따라서 이 제도는 단순히 계도기간을 통해 대응하는 시간을 연장하는 차원이 아니라 기업이 소비기한을 정하는 기준, 소비기한 내 식품이 상하거나 변질되는 가능성을 줄이는 방법도 고민해야 한다.

44. (   )에 들어갈 말로 가장 알맞은 것을 고르십시오.

① 유통 기한이 제한적이기
② 섭취 가능 기한이 길지 않기
③ 유통 기한을 준수할 수 없기
④ 섭취 가능 기한이 유동적이기

45. 윗글의 주제로 가장 알맞은 것을 고르십시오.

① 소비기한 표시제는 여러 가지 단점이 있다.
② 유통기한 대신 소비기한을 표시할 필요가 있다.
③ 소비기한 내 변질 발생 문제는 기업이 해결해야 한다.
④ 소비기한 표시제 정착을 위해 기업의 노력이 필요하다.

※ [46~47] 다음을 읽고 물음에 답하십시오. (각 2점)

동남아시아의 한 식품 업체가 라면을 출시하면서 이름을 '한국 라면'이라고 짓고 한국의 걸 그룹을 광고 모델로 기용했다. 이는 마치 한국 기업에서 이 라면을 생산한 것 같은 오해를 불러 일으켜 논란이 되고 있다. 온·오프라인을 막론하고 한국 기업 제품을 도용하거나 모방한 상품은 쉽게 찾아볼 수 있다. 해외에서 K-브랜드를 제대로 보호하려면 온라인 플랫폼에서 위조 상품을 모니터링하고 발견 즉시 차단하는 조치가 이뤄져야 한다. 또한 수출 기업의 지식재산권 보호와 관련한 사항을 지원하는 제도 또한 강화되어야 한다. 그리고 무엇보다 우리부터 지식재산권에 대한 올바른 인식을 가지고 다른 나라의 상표, 특허, 디자인 등을 모방하지 말고 잘 지켜야 할 것이다.

46. 윗글에 나타난 필자의 태도로 가장 알맞은 것을 고르십시오.

① 지식재산권이 산업에 미칠 영향에 대해 기대하고 있다.
② 지식재산권을 지키는 방법과 태도에 대해 강조하고 있다.
③ 지식재산권과 관련된 시스템의 문제점에 대해 지적하고 있다.
④ 지식재산권을 침해당한 실제 사례를 정밀하게 분석하고 있다.

47. 윗글의 내용과 같은 것을 고르십시오.

① K-브랜드는 온·오프라인에서 세계인들에게 외면받고 있다.
② 한국 수출 기업에서 다른 나라 상표를 도용하는 일이 일어났다.
③ 한국의 걸 그룹이 동남아시아에서 라면 광고 모델로 발탁되었다.
④ 동남아시아 기업에서는 지식재산권에 대한 인식 교육을 하고 있다.

※ [48~50] 다음을 읽고 물음에 답하십시오. (각 2점)

> 한국의 홈쇼핑 쇼호스트들은 영어와 한국어를 자주 혼용하여 사용한다. 이때 영어 단어에 한국어 조사나 어미를 주로 결합한다. 예를 들어 젊어 보인다고 말할 때 영어 'young'에 한국어 '하다'를 결합하여 '영해 보인다'라고 하고, 바지 통이 좁아 몸에 딱 맞을 때 영어 'slim'과 'fit'을 결합하여 '바지가 슬림핏이다'라고 말한다. 이 외에도 '러블리하다', '댄디하다' 등등 무수히 많은 단어를 영어와 결합하여 사용한다. 홈쇼핑에서 영어와 한국어를 혼용하는 이유는 '코드 스위칭 효과'와 관계가 있다. 코드 스위칭은 두 개 이상의 언어를 혼합하는 것으로 주로 광고나 상품 설명에서 많이 사용된다. 코드 스위칭을 하면 소비자에게 현대적이고 세련된 상품이라는 느낌을 주게 되어 (　　　　　　　　) 것이다. 하지만 영어에 익숙하지 않은 소비자에게 무분별한 영어 사용은 의미 전달에 혼란을 줄 수 있고 상품에 대한 불명확한 정보 제공은 구매 포기로 연결될 수도 있으며 소비자의 불쾌감을 유발할 수도 있다.

48. 윗글을 쓴 목적으로 가장 알맞은 것을 고르십시오.

① 홈쇼핑에서 탄생하고 있는 신조어를 소개하려고
② 홈쇼핑에서의 무분별한 영어 혼용을 비판하려고
③ 코드 스위칭이 매출에 미치는 영향을 분석하려고
④ 코드 스위칭을 적절히 활용한 사례를 제시하려고

49. (　　)에 들어갈 말로 가장 알맞은 것을 고르십시오.

① 상품의 정보가 잘 전달된다는　　② 상품에 대한 이해가 증가한다는
③ 소비자의 기분을 좋게 한다는　　④ 소비자의 구매 심리가 자극된다는

50. 윗글의 내용과 같은 것을 고르십시오.

① 잘못된 코드 스위칭은 상품에 대한 이미지를 훼손시킨다.
② 상품의 긍정적 이미지 창출을 위해 코드 스위칭을 사용한다.
③ 영어에 익숙한 소비자가 홈쇼핑에서 더 많은 매출을 일으킨다.
④ 홈쇼핑에서 만들어 낸 어휘가 언어 파괴 현상을 일으키고 있다.

제2회
실전 모의고사

한국어능력시험 II
(중고급)

읽기
(Reading)

수험번호(Registration No.)		
이름 (Name)	한국어(Korean)	
	영 어(English)	

유 의 사 항
Information

1. 시험 시작 지시가 있을 때까지 문제를 풀지 마십시오.
   Do not open the booklet until you are allowed to start.

2. 수험번호와 이름을 정확하게 적어 주십시오.
   Write your name and registration number on the answer sheet.

3. 답안지를 구기거나 훼손하지 마십시오.
   Do not fold the answer sheet; keep it clean.

4. 답안지의 이름 및 수험번호 및 정답의 기입은 배부된 펜을 사용하여 주십시오.
   Use the given pen only.

5. 정답은 답안지에 정확하게 표시하여 주십시오.
   Mark your answer accurately and clearly on the answer sheet.

   marking example　① ● ③ ④

6. 문제를 읽을 때에는 소리가 나지 않도록 하십시오.
   Keep quiet while answering the questions.

7. 질문이 있을 때에는 손을 들고 감독관이 올 때까지 기다려 주십시오.
   When you have any questions, please raise your hand.

TOPIK II 읽기(1번~50번)

※ [1~2] (   )에 들어갈 말로 가장 알맞은 것을 고르십시오. (각 2점)

1. 나는 항상 (   ) 커피를 마신다.

    ① 출근하면서 ② 출근하던데
    ③ 출근하든지 ④ 출근하고도

2. 휴대폰을 보고 길을 걷다가 (   ).

    ① 넘어진 셈이다 ② 넘어질 만했다
    ③ 넘어질 뿐이다 ④ 넘어질 뻔했다

※ [3~4] 밑줄 친 부분과 의미가 가장 비슷한 것을 고르십시오. (각 2점)

3. 전화를 <u>받기가 무섭게</u> 밖으로 뛰어나갔다.

    ① 받더라도 ② 받는 대신에
    ③ 받자마자 ④ 받는 바람에

4. 누구나 잘하는 것이 <u>있기 마련이다</u>.

    ① 있는 법이다 ② 있는 탓이다
    ③ 있는 척했다 ④ 있는 편이다

※ [5~8] 다음은 무엇에 대한 글인지 고르십시오. (각 2점)

5.

**과식하셨나요? 속이 불편하신가요?
한 알이면 편안해집니다.**

① 영양제　　② 소화제　　③ 진통제　　④ 수면제

6.

**도내 최저가 숲세권!
도심 속 나만의 정원에서 편안하게 살아볼까?**

① 공원　　② 꽃집　　③ 아파트　　④ 편의점

7.

인터넷에서 쓴 당신의 글
누군가에게 희망도 되고 상처도 됩니다

① 전기 절약　　② 자연 보호　　③ 언어 예절　　④ 건강 관리

8.

⚠ **에스컬레이터는 뛰는 곳이 아닙니다.**
⚠ **이동할 때는 손잡이를 잡으세요!**

① 관람 규칙　　② 안전 규칙　　③ 사용 순서　　④ 수리 방법

※ [9~12] 다음 글 또는 그래프의 내용과 같은 것을 고르십시오. (각 2점)

9.

인주시 공영주차장 이용 안내

★이용 요금

이용 시간	30분 초과마다	1일
주차 요금	1,000원	10,000원

★운영 안내

운영일	평일	주말 및 공휴일
운영 시간	08:00 ~ 20:00	무료

★요금 감면 : 장애인, 친환경 자동차, 경차 50% 할인
★문의 사항 : 인주시청 교통관리과 02-4321-4321

① 경차는 주차 요금을 60% 할인받는다.
② 주말에는 주차 요금을 할인받을 수 있다.
③ 평일에는 주차 요금을 반드시 내야 한다.
④ 하루 종일 주차하면 이용료가 10,000원이다.

10.

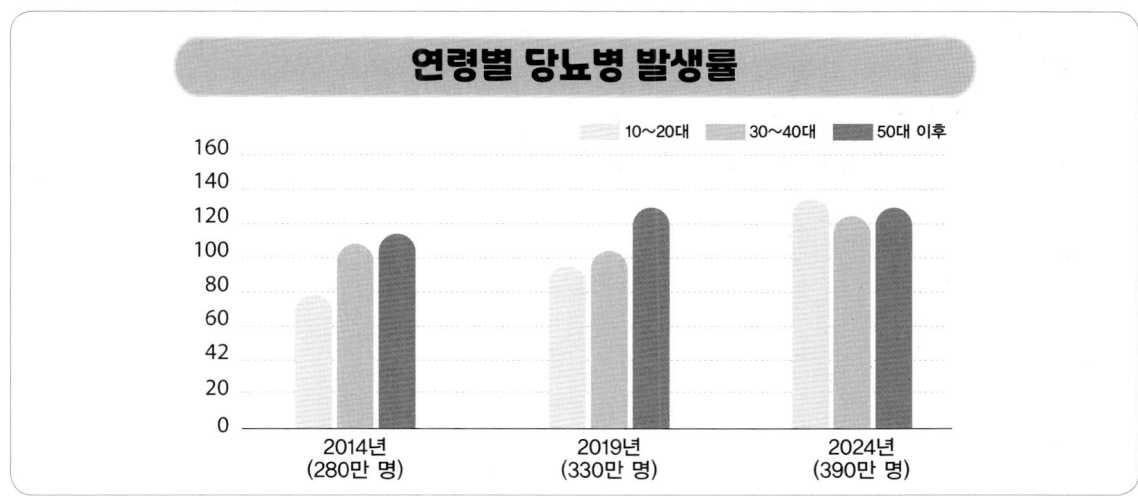

① 10~20대의 당뇨병 발생률이 꾸준히 증가했다.
② 50대 이후의 당뇨병 발생률이 가장 많이 줄었다.
③ 2014년에 30~40대의 당뇨병 발생률이 가장 높다.
④ 10년 동안 30~40대의 당뇨병 발생률이 가장 낮았다.

※ [9~12] 다음 글 또는 그래프의 내용과 같은 것을 고르십시오. (각 2점)

11.

> 인주시는 부모가 없거나 챙겨야 할 가족이 있는 보호 대상 아동들을 대상으로 '자립지원사업'을 시작한다. 이 사업은 보호 대상 아동들에게 환경이 비슷한 선배와 모임을 갖게 하여 성공적으로 독립할 수 있도록 지원하는 사업이다. 보호 대상 아동들은 이 모임을 통해 선배들에게 상담을 받고 경험을 함께 나누면서 심리적으로 큰 도움을 받을 것으로 예상된다.

① 인주시는 보호 대상 아동들에게 상담을 해준다.
② 이 사업은 전국의 보호 대상 아동들을 위한 사업이다.
③ 인주시에서 보호 대상 아동들의 독립을 위해 지원한다.
④ 보호 대상 아동은 이 사업에서 심리 치료를 받을 수 있다.

12.

> 제주도에 살고 있는 연예인 모 씨의 행동이 화제를 모으고 있다. 최근 제주도에는 57cm의 눈이 내렸다. 폭설로 인해 도로가 막히고 주민들이 이동하는 데 큰 불편을 겪고 있었다. 이때 눈을 치울 수 있는 전용차를 갖고 있던 연예인 모 씨는 직접 동네 이곳저곳의 눈을 치우고 다녔다고 한다. 이후에도 그 차를 타고 동네를 돌며 눈을 치우는 모습이 자주 보였다고 한다.

① 연예인 모 씨는 차를 타고 제주도 여행을 했다.
② 연예인 모 씨는 주민들을 위해 직접 눈을 치웠다.
③ 주민들은 폭설이 내렸지만 큰 불편을 겪지는 않았다.
④ 주민들은 연예인 모 씨를 보기 위해 동네를 돌아다녔다.

※ [13~15] 다음을 순서에 맞게 배열한 것을 고르십시오. (각 2점)

13.
> (가) 건강을 위해서 녹차를 마시는 사람들이 많다.
> (나) 그런데 녹차가 건강에 좋다고 너무 많이 마시면 오히려 독이 될 수 있다.
> (다) 녹차는 하루 2~3잔 이내로 마시는 것이 적당하다.
> (라) 녹차에는 혈당과 콜레스테롤 조절에 도움을 주는 성분이 있기 때문이다.

① (가) - (다) - (라) - (나) ② (다) - (가) - (나) - (라)
③ (가) - (라) - (나) - (다) ④ (다) - (라) - (나) - (가)

14.
> (가) 승자가 발표된 후, 선수들은 서로 예의를 갖추며 인사를 나눈다.
> (나) 경기가 끝나면 심판의 점수를 통해 승자가 결정된다.
> (다) 태권도 선수들은 시합 전에 심판의 안내를 받으며 준비 자세를 갖춘다.
> (라) 그리고 시합이 시작되면 선수들은 공격과 방어를 하며 점수를 얻는다.

① (가) - (나) - (다) - (라) ② (가) - (라) - (나) - (다)
③ (다) - (가) - (라) - (나) ④ (다) - (라) - (나) - (가)

15.
> (가) 그래서 계절성 우울증에는 햇빛을 자주 쐬는 것이 좋다.
> (나) 해가 짧아지면서 시도 때도 없이 멍해지는 사람들이 있다.
> (다) 왜냐하면 계절이 바뀌면서 햇빛을 쐬는 양이 줄기 때문이다.
> (라) 멍해지는 증상이 자주 나타난다면 계절성 우울증을 의심해 봐야 한다.

① (나) - (가) - (다) - (라) ② (나) - (라) - (다) - (가)
③ (라) - (가) - (나) - (다) ④ (라) - (다) - (가) - (나)

※ [16~18] ( )에 들어갈 말로 가장 알맞은 것을 고르십시오. (각 2점)

16.

들기름은 음식의 풍미를 더해주고 몸에도 좋기 때문에 한국에서는 국, 구이, 무침 등 다양한 요리에 들기름을 사용한다. 그런데 들기름은 열에 약해서 ( ) 사용하지 않는 것이 좋다. 들기름은 튀김 요리를 할 때 사용하지 말고 구이나 부침을 할 때 연기가 나지 않는 정도에서 요리해야 한다.

① 높은 온도로 요리할 때는
② 오랫동안 끓여야 할 때는
③ 요리 시간이 길어질 때는
④ 다양한 재료를 사용할 때는

17.

한 의류업체가 해안가에 버려진 플라스틱을 재활용하여 새로운 종류의 옷감을 개발했다. 이 옷감은 다른 것보다 부드럽고 튼튼하다는 장점 덕분에 다양한 옷을 만드는 데 사용되고 있다. 이 의류업체의 노력은 앞으로 ( ) 더불어 패션 업계에 환경친화적인 변화의 바람을 일으킬 것으로 보인다.

① 플라스틱 쓰레기 감소와
② 새로운 디자인의 개발과
③ 좋은 제품을 만드는 것과
④ 의류 업계의 이익 증대와

18.

한국의 대중가요는 전 세계적으로 큰 인기를 얻으며 한국 문화를 대표하는 요소로 자리 잡았다. 특히 개성 있는 음악과 뛰어난 퍼포먼스는 음악뿐만 아니라 한국의 패션, 화장품, 라이프스타일 등에도 많은 세계인들이 관심을 갖게 했다. 이로 인해 한국의 대중가요는 이제 ( ) 전 세계적으로 한국 문화를 알리는 중요한 역할을 하고 있다.

① 한국 전통문화를 배워
② 화려한 퍼포먼스를 통해
③ 단순한 음악 장르를 넘어
④ 한국 패션의 이해를 높여

※ [19~20] 다음을 읽고 물음에 답하십시오. (각 2점)

> 달팽이는 몸이 항상 촉촉하게 젖어있다. 몸의 수분 유지가 달팽이의 생존에 매우 중요하기 때문이다. 그래서 기온이 낮아지고 건조한 시기가 되면 기온이 상승하고 습도가 높아질 때까지 땅속이나 돌 사이에서 잠을 잔다. (   ) 기온이 낮고 건조한 시기가 지속된다면 최대 3년까지 잠을 잔다고 한다. 실제로 어느 박물관에서는 오래전에 죽은 달팽이를 전시했다가 깨끗하게 닦으려고 꺼냈더니 잠에서 깨어나 껍데기 밖으로 기어 나왔다고 한다.

19. (   )에 들어갈 말로 가장 알맞은 것을 고르십시오.

① 만약   ② 물론   ③ 과연   ④ 비록

20. 윗글의 주제로 가장 알맞은 것을 고르십시오.

① 달팽이는 기온이 낮고 습도가 높아야 살 수 있다.
② 달팽이는 3년 동안 잠을 자야 움직임이 활발해진다.
③ 달팽이는 몸의 수분을 촉촉하게 유지하는 것이 중요하다.
④ 달팽이는 수분을 유지하기 위해 껍데기 밖으로 기어 나온다.

※ [21~22] 다음을 읽고 물음에 답하십시오. (각 2점)

수업 시간에 학생들에게 교과서 대신 영화를 보여 주면 좋아한다는 말은 옛날 말이다. 만화를 틀어줘도 시간이 길면 대부분 집중을 못 한다. 요즘 학생들은 짧은 영상을 즐기는 '쇼츠 세대'이기 때문이다. 전문가들은 쇼츠 세대가 집중력은 부족해도 한꺼번에 많은 정보를 분석하고 공유하는 능력이 뛰어나다고 한다. 그래서 집중을 못 한다고 탓만 할 게 아니라 장점을 살릴 수 있는 교육 방식을 함께 (   ) 개발해야 한다고 말한다.

21. (   )에 들어갈 말로 가장 알맞은 것을 고르십시오.

   ① 앞뒤를 재고
   ② 머리를 맞대고
   ③ 고개를 흔들고
   ④ 발걸음을 맞추고

22. 윗글의 내용과 같은 것을 고르십시오.

   ① 옛날에 학생들은 주로 짧은 영상을 즐겨 봤다.
   ② 쇼츠 세대는 집중력이 떨어지지만 다른 장점도 있다.
   ③ 요즘 아이들은 수업 시간에 긴 영상을 보여 주면 좋아한다.
   ④ 전문가들은 쇼츠 세대가 집중력을 키워야 한다고 주장한다.

※ [23~24] 다음을 읽고 물음에 답하십시오. (각 2점)

> 들일을 하면서 마신 한두 잔의 막걸리에 발동이 걸려 초저녁부터 술판이 벌어졌다. 그래도 내일을 생각하면 도시에서처럼 열두시, 한시를 넘기기는 힘든 일이어서 열한시가 조금 넘자 자연스럽게 술판이 끝나나 했는데, 느닷없이 밖에서 누군가 창을 두드렸다. 유리 너머 어둠 속에 어릿어릿 보이는 얼굴은 장국영이었다.
> "들어가도 돼유?"
> 우리는 <u>일제히 얼굴을 마주 보았다.</u> 뼛속까지 농부이지만 노는 일에는 누구 못지않게 열심인 이장과 도시에서 살다 온 지 얼마 되지 않아 이장에게서 농사일을 배우는 한씨, 그저 노는 것만 좋아하는 나, 읍내에 도배 가게를 연 기술자 이씨가 우리였다.
> "어쩌지?"
> "어쩌긴, 들어오라구 해야지. 어이. 영화배우. 들어와."
> 이장이 그래도 어른스럽게 대처했다. 우리가 홍콩의 영화배우와 이름이 같은 우리 동네 장국영을 꺼리는 이유는 따로 없다.
>
> 성석제, 번쩍하는 황홀한 순간 「우리 동네 가수」 193-194쪽

23. 밑줄 친 부분에 나타난 '나'의 심정으로 가장 알맞은 것을 고르십시오.

   ① 후회스럽다
   ② 의심스럽다
   ③ 불만스럽다
   ④ 당황스럽다

24. 윗글의 내용과 같은 것을 고르십시오.

   ① 장국영은 홍콩에서 영화배우로 활동한 적이 있다.
   ② 장국영과 우리는 밤에 만나서 술을 마시기로 했다.
   ③ 우리 네 사람은 열한 시가 조금 넘을 때까지 술을 마셨다.
   ④ 우리는 평소에 도시에서처럼 열두 시, 한 시까지 술을 마신다.

※ [25~27] 다음 신문 기사의 제목을 가장 잘 설명한 것을 고르십시오. (각 2점)

25.

계속되는 경기 침체, 기부 온도는 '꽁꽁' 얼어

① 경기 침체가 길어지면서 기부하는 사람이 크게 줄었다.
② 경기 침체가 이어지면서 기부하는 사람들의 손이 얼었다.
③ 경기 침체를 벗어나기 위해 사람들의 기부가 늘어나고 있다.
④ 경기 침체가 계속되고 온도가 낮아서 사람들이 밖으로 나오지 않는다.

26.

승리의 주역 김수미 선수, 올해의 선수 선정

① 김수미 선수가 올해의 선수로 뽑히면서 경기에 승리하였다.
② 김수미 선수가 승리의 주역이 되기 위해 올해 최선을 다했다.
③ 김수미 선수가 팀 승리에 큰 역할을 해서 올해의 선수에 뽑혔다.
④ 김수미 선수가 올해의 운동선수로 뽑힌 후 승리의 주역이 되었다.

27.

'한우데이' 한우 전 품목 반값 할인, 쌈 채소도 1+1 특가 세일

① 한우데이에 고기를 사면 비용을 절반이나 아낄 수 있다.
② 한우데이에 고기와 쌈 채소를 사면 고기와 쌈을 더 준다.
③ 한우데이에는 고기뿐만 아니라 쌈 채소도 50% 할인한다.
④ 한우데이에는 고기와 같이 싸 먹는 채소를 무료로 제공한다.

※ [28~31] (　　　)에 들어갈 말로 가장 알맞은 것을 고르십시오. (각 2점)

28.

> 인도네시아에 사는 말레오는 다른 새들과 다르게 자기가 낳은 알을 품지 않는다. 대신에 화산 지대의 땅을 파고 그 속에 알을 묻는다. 그러면 따뜻한 화산의 지열로 60일에서 80일 후에 알 속에서 새끼 말레오가 부화되어 나온다. 말레오의 새끼는 부화된 후에도 부모의 도움이 없이 살아갈 수 있다. 갓 부화한 새끼라도 (　　　　　　　　　　) 때문이다.

① 새끼들끼리 서로 소통을 잘하기
② 따뜻한 화산 지대에서 살아가기
③ 혼자서 살아갈 수 있을 정도로 크기
④ 자기 짝을 찾아서 알을 낳을 수 있기

29.

> '비올라 다 감바'라는 악기가 있다. '비올라 다 감바'는 이탈리아어로 '다리의 비올라'라는 뜻인데 첼로처럼 (　　　　　　　　) 연주하기 때문이다. 첼로가 풍부한 소리를 가지고 있다면 비올라 다 감바는 소리는 작지만 가늘고 고운 소리를 가지고 있다. 첼로에 비해 소박한 음색을 가진 비올라 다 감바는 18세기 서서히 사라져 갔다가 20세기 들어서 다시 사람들의 눈길을 끌기 시작했다.

① 한쪽 어깨에 기대고
② 한 손에 악기를 들고
③ 두 다리 사이에 끼고
④ 양 무릎 위에 올리고

※ [28~31] (   )에 들어갈 말로 가장 알맞은 것을 고르십시오. (각 2점)

30.
> 색을 구분하는 세포에 문제가 생겨서 색을 구분하지 못하거나 색을 구분하는 기능이 저하되는 것을 색각이상이라고 한다. 보통은 (   ) 경우가 많지만 후천적으로 색각이상이 나타나는 경우도 많다. 후천적 색각이상은 주로 노화나 당뇨와 같은 질병으로 나타난다. 최근에는 특수 안경이나 렌즈가 개발되어 색을 구분하는 데 도움을 받을 수 있다고 한다.

① 사고로 인해 색각이상이 되는
② 질병으로 세포에 문제가 생기는
③ 나이가 들면서 아무것도 보지 못하는
④ 태어날 때부터 색을 구분하지 못하는

31.
> 한국에서는 아기의 첫 번째 생일인 돌잔치 날에 돌잡이라는 특별한 행사를 한다. 돌잡이는 아기의 앞에 다양한 물건을 펼쳐놓고 아기가 잡는 물건으로 (   ) 행사이다. 아기가 실을 잡으면 오래 산다고 하고 돈을 잡으면 부자가 된다고 하며 펜을 잡으면 공부를 잘할 거라고 한다. 요즘은 부모들이 희망하는 직업에 따라 축구공, 마이크, 청진기 등 다양한 물건을 아기 앞에 놓는다고 한다.

① 아기의 관심사를 알아보는
② 아기의 미래를 예측해 보는
③ 아기에게 선물할 물건을 찾는
④ 아기가 좋아하는 물건을 주는

※ [32~34] 다음을 읽고 글의 내용과 같은 것을 고르십시오. (각 2점)

32.

> 원활한 대화를 하기 위해서 가장 중요한 태도는 잘 듣는 것이다. 잘 듣는다는 것은 상대방의 말을 끝까지 들어주며 기다려 주는 것을 의미한다. 이는 상대방이 이야기하는 동안 자신의 대답을 미리 준비하기보다 온전히 그 말을 받아들인다는 것이다. 그러나 현실에서는 상대방의 말이 끝나기가 무섭게 자신의 의견을 내놓는 경우가 많다. 이러한 태도는 대화를 형식적으로 느끼게 하며 상대에게 답답함만 줄 뿐이다.

① 대화가 길어질수록 좋은 대화가 될 수 있다.
② 상대방의 말을 끝까지 듣는 태도가 중요하다.
③ 좋은 대화는 자신의 의견을 빠르게 전달하는 것이다.
④ 상대방이 이야기하는 동안 대답을 미리 준비해야 한다.

33.

> 웨어러블 로봇은 사람이 신체에 부착하거나 입는 형태로 설계된 기기를 말한다. 이 기기는 사용자의 신체 능력을 보조하거나 강화해 줄 수 있어서 근력이 약한 노약자뿐만 아니라 산업 현장에서 무거운 물건을 들어 올리는 작업자를 도와주는 역할을 한다. 또한 재활치료에도 활용된다. 하지만 기기의 가격이 높아 대중이 사용하기에는 부담이 되고 기기의 배터리 용량이 제한되어 자주 충전해야 하는 불편함이 있다.

① 웨어러블 로봇은 주로 가벼운 물건을 드는 데 사용된다.
② 웨어러블 로봇은 노약자나 작업자의 근력에 힘을 더해준다.
③ 웨어러블 로봇은 배터리 문제없이 오랫동안 사용할 수 있다.
④ 웨어러블 로봇은 가격이 저렴하여 대중적인 사용이 가능하다.

※ [32~34] 다음을 읽고 글의 내용과 같은 것을 고르십시오. (각 2점)

34.

> 키덜트(Kidult)란 'Kid(아이)'와 'Adult(어른)'의 합성어로, 어린 시절의 장난감이나 캐릭터 상품을 구매하며 즐거움을 찾는 성인을 의미한다. 최근 중년층 사이에서 키덜트 문화가 확산되며, 어린 시절 갖고 놀았던 장난감을 다시 구입하는 소비 형태가 늘고 있다. 이는 단순한 소비가 아니라 어린 시절의 행복한 기억을 떠올리며 스트레스를 해소하고, 적은 비용으로 확실하게 행복을 느낄 수 있는 소비의 한 방식이다.

① 어릴 적 소비 형태는 중년의 장남감 소비에 영향을 준다.
② 키덜트 문화는 어린이들이 장난감을 모으는 문화를 말한다.
③ 중년층은 많은 비용으로 장난감을 구매하며 행복을 느낀다.
④ 키덜트 문화는 중년층이 과거를 추억하며 즐기는 소비문화다.

※ [35~38] 다음을 읽고 글의 주제로 가장 알맞은 것을 고르십시오. (각 2점)

35.

> '직장 내 괴롭힘 금지법'이 시행된 이후 매년 신고 건수가 늘어나고 있다. 하지만 실제 조사를 거쳐 심판까지 이뤄지는 경우는 전체 신고의 0.59%에 불과하다. 그 이유는 괴롭힘의 판단 기준이 명확하지 않기 때문이다. 선진국의 경우 일회성 말다툼은 괴롭힘으로 인정하지 않으며 괴롭힘의 지속성과 반복성으로 그 여부를 판단하고 있다. 한국도 판단 기준과 신고 기간 등을 명확히 하여 관련 법안을 보완할 필요가 있다.

① 직장 내 괴롭힘을 당한 사람이 쉽게 신고할 수 있도록 해야 한다.
② 직장 내 괴롭힘 금지법의 괴롭힘 판단 기준을 명확하게 해야 한다.
③ 직장 내 괴롭힘의 지속성과 반복성 여부로 괴롭힘을 판단할 수 있다.
④ 직장 내 괴롭힘 금지법은 일회성 말다툼도 괴롭힘으로 인정해야 한다.

36.

유럽의 유명한 축구 선수단이 한국에 와서 한국 기업팀과 경기를 했다. 그 유럽의 팀은 경기에 집중하지 않는 모습을 보여 한국 축구팬들은 크게 실망했다. 이른바 '대강하기' 방식으로 경기를 했기 때문이다. 스포츠 경기에서 상대 팀과 실력 차이가 클 경우 적당한 수준을 맞춰야 할지 아니면 큰 점수 차이로 승리해야 할지 판단이 쉽지 않다. 어려운 문제지만 서로에 대한 존중을 보여 주는 태도를 가져야 스포츠 정신에 부합할 것이다.

① 상대 팀과 실력 차이가 난다 해도 승리를 위해 최선을 다해야 한다.
② 상대 팀의 실력에 맞게 적당히 수준을 맞춰가며 경기하는 것이 좋다.
③ 스포츠인은 스포츠 정신에 맞게 경기의 규칙을 지키는 것이 중요하다.
④ 스포츠 정신에 맞게 상대 팀을 배려하고 존중하는 태도를 가져야 한다.

37.

일반적으로 자연식품에 열을 가하면 영양소가 파괴되는 경우가 많다. 그런데 인삼을 찌거나 끓이면 영양소가 풍부해진다. 그래서 인삼을 찌고 말리기를 반복하여 홍삼으로 만든다. 홍삼에는 피로를 회복시키고 면역력을 향상시키며 노화를 방지해주는 다양한 성분이 인삼보다 더 많이 들어있다. 하지만 아무리 몸에 좋은 약이라도 모든 사람에게 다 좋을 수만은 없으므로 각자의 건강 상태와 필요에 맞게 선택하여 섭취해야 한다.

① 자신의 건강 상태를 고려하여 건강식품을 적절히 선택해야 한다.
② 건강식품을 섭취하면 자신의 건강 상태를 정확히 파악할 수 있다.
③ 여러 번 찌고 말리는 과정을 반복해야 홍삼의 영양소가 증가한다.
④ 피로하고 면역력이 떨어지면 인삼이나 홍삼을 반드시 섭취해야 한다.

※ [35~38] 다음을 읽고 글의 주제로 가장 알맞은 것을 고르십시오. (각 2점)

38.
> 정부는 지난달 '공유재산정책과'를 만들겠다고 발표했다. 공유재산은 모든 자치단체가 소유하는 자산을 말한다. 전국 자치단체가 소유한 공유재산으로는 토지, 건물, 유가증권 등이 있다. '공유재산정책과'를 만드는 목적은 자산의 효율적인 활용을 통해 지방재정을 확보하고 주민 복지를 강화하는 데에 있다. 이를 위해서는 지역 주민들이 공유재산을 활용할 수 있도록 전문적인 시스템을 만들어야 한다. 무엇보다 중요한 것은 국가와 지방단체 간의 협력일 것이다.

① 토지, 건물, 유가증권 같은 공유재산 관리 시스템이 있어야 한다.
② 공유재산을 활용하여 주민 복지를 강화하는 제도를 도입해야 한다.
③ 전국 자치단체가 소유한 공유재산으로 재정 확보하도록 해야 한다.
④ 정부와 지방자치가 공유재산의 효율적인 관리를 위해 협력해야 한다.

※ [39~41] 주어진 문장이 들어갈 곳으로 가장 알맞은 곳을 고르십시오. (각 2점)

39.
> 과학자들은 이에 대해 개미가 '스냅샷 모델'을 갖고 있기 때문이라고 말한다.

> 개미는 아무리 멀리 떠나도 집으로 돌아오는 방법을 직관적으로 알고 있다. (㉠) 그런데 쌀알보다도 작은 뇌를 가진 개미가 집을 잘 찾을 수 있는 이유는 무엇일까? (㉡) 다시 말해 개미가 주변 환경을 사진 찍듯 기억했다가 나중에 길을 찾을 때 활용했다는 것이다. (㉢) 이는 최소한의 메모리와 뇌 용량을 사용하는 놀랍도록 효과적인 길 찾기 방법이라고 한다. (㉣)

① ㉠　　　　② ㉡　　　　③ ㉢　　　　④ ㉣

40.

> 한마디로 젊게 살아야겠다는 생각만으로도 젊어진다는 것이다.

자신이 젊다고 느끼는지, 늙었다고 느끼는지가 실제 노화 속도에 영향을 준다고 한다. (㉠) 일란성 쌍둥이를 대상으로 노화에 대한 생각이 실제 노화로 이르는지에 대한 실험을 진행하였다. (㉡) 그 결과 자신이 늙었다고 생각하는 쌍둥이가 다른 쌍둥이에 비해 일찍 죽었다. (㉢) 그리고 자신이 젊다고 생각하는 쌍둥이는 오래 살았다. (㉣) 이렇게 인식이 바뀌면 건강해지며 유전자마저 바꿔 노화 속도를 늦출 수도 있다.

① ㉠ ② ㉡ ③ ㉢ ④ ㉣

41.

> 또한 이 책에서는 각 시기 '궁중행사도'를 심도 있게 다루며 시대별 차이도 설명한다.

미술사학자 박정혜 씨가 『조선시대 궁중기록화:옛 그림에 담긴 조선 왕실의 특별한 순간들』을 펴냈다. (㉠) 이 책은 조선 왕조의 궁중기록화 하나하나를 깊게 탐구한 책이다. (㉡) 예를 들어 이전에 '궁중행사도'는 주로 잔치를 다루었다면 영조 시기에는 정비 사업처럼 다양한 행사를 그림첩으로 만들었다는 차이점을 설명하고 있다. (㉢) 이는 30여 년간 궁중 회화를 연구한 저자이기에 가능했다. (㉣)

① ㉠ ② ㉡ ③ ㉢ ④ ㉣

※ [42~43] 다음을 읽고 물음에 답하십시오. (각 2점)

> 오늘도 집으로 돌아오는 길에서
> "대문이 닫혔으면 어떻게 하나. (중략)" 하는 걱정과 함께
> "지금 나에게도 무슨 돈이 월급처럼 꼭꼭 나오는 데가 있었으면……." 하는 엉터리 없는 공상을 하기도 하였다. 가라앉지 않는 뒤숭숭한 가슴으로 조심히 대문을 밀었다. 의외로 대문은 소리 없이 열리었다.
> "옳다, 되었다." (중략)
> "어머니가 벌써 주무시는구나……." 하는 반갑고 안심되는 생각에 갑자기 가벼워진 몸으로 가만히 대문을 잠그고 들어서려니까 안방 창문에 거무스름한 어머니 그림자가 마치 지나가는 구름처럼 어른 하더니 재떨이에 담뱃대를 함부로 탁탁 쎄리는 소리와 함께 길게 한숨을 하더니
> "아이구 얘야, 글쎄 지금이 어느 때냐." 하는 어머니의 꾸지람이라기보다는 앓는 소리가 흘러 나왔다.
> '<u>아이구 어머니 아직 안 주무셨구나</u>'는 생각이 번뜩하자 나도 떨리는 한숨이 길게 나왔다. 방문 열고 들어서는 한숨이 아직 이불도 펴지 않고 어머니는 밀창 앞에 쪼그리고 앉아서 지금까지 애꿎은 담배만 피우며 나를 기다리신 모양이다.
> 무겁던 가슴이 뜨끔! 하여졌다.
>
> 백신애, 나의 어머니

42. 밑줄 친 부분에 나타난 '나'의 심정으로 가장 알맞은 것을 고르십시오.

① 안타깝다
② 안심하다
③ 긴장되다
④ 당황하다

43. 윗글의 내용으로 알 수 있는 것을 고르십시오.

① 어머니는 내가 늦게 들어와도 반갑게 맞아주셨다.
② 나는 어머니가 기다리지 않고 주무시는 줄 알았다.
③ 어머니는 내가 집에 들어온 줄 알고 문을 잠가 버렸다.
④ 나는 집에 돌아왔을 때 대문이 잠겨 있어 들어가지 못했다.

※ [44~45] 다음을 읽고 물음에 답하십시오. (각 2점)

'전자 발찌 감독 제도'는 범죄자의 위치를 파악하고 재범을 막기 위해 만든 제도이다. 전자 발찌는 1983년 미국 지방법원의 한 판사가 처음 생각해 냈다. 그는 스파이더맨이 나오는 만화책을 보다가 스파이더맨이 악당의 몸에 뭔가를 붙여 놓고 (   ) 전자 발찌의 아이디어를 얻었다. 초기의 전자발찌는 보호 감찰 대상인 범죄자가 자기 집을 벗어나면 알람이 울리는 기능만 있었다. 추후 GPS가 상용화되면서 위치 추적기능을 추가하여 재범률이 높은 범죄자에게 전자발찌를 채웠다. 왜냐하면 범죄자의 위치를 파악할 수 있기 때문에 범죄율이 낮아질 것이라고 생각했기 때문이다. 하지만 실제로는 범죄율을 낮추는데 한계가 있었다. 따라서 전자 발찌의 한계를 인정하고 재범을 막기 위한 구체적인 방법을 모색할 필요가 있다.

44. (   )에 들어갈 말로 가장 알맞은 것을 고르십시오.

① 위치를 파악하는 것에서

② 범죄를 예방하는 것에서

③ 흔적을 따라가는 것에서

④ 움직임을 지켜보는 것에서

45. 윗글의 주제로 가장 알맞은 것을 고르십시오.

① 전자 발찌는 범죄자들의 범죄를 막을 수 있는 최선의 방법이다.

② 전자 발찌는 위치를 파악할 수는 있지만 재범을 막기가 어렵다.

③ 전자 발찌는 범죄율을 낮추지 못하므로 대체품을 개발해야 한다.

④ 전자 발찌는 미국 판사가 만화를 보고 처음으로 만든 발명품이다.

※ [46~47] 다음을 읽고 물음에 답하십시오. (각 2점)

> 최근 결혼하지 않고 태어난 신생아가 1만 명을 차지하며 역대 최대치를 보였다. 이는 전통적인 가족 개념이 변화하고 있음을 보여 주는 것으로 혼외 출생아는 전체 출생아의 4.7%를 차지하며 지난 3년 동안 꾸준히 증가하는 추세다. 20대 남녀를 대상으로 '결혼하지 않고 아이를 갖는 것'에 대해 조사한 결과 40% 이상이 결혼하지 않고도 아이를 가질 수 있다고 응답하였다. 이는 젊은 층 사이에서 전통적인 가족 형태에서 벗어나 '결혼은 필수가 아니다', '결혼하지 않고도 아이를 낳을 수 있다'라는 다양한 가족 형태를 인정하는 인식이 확대되고 있다는 것이다. 따라서 정부는 다양한 가족 형태의 변화를 받아들이고 혼외 출생 가정을 보호할 수 있는 정책 마련과 가족법 개정을 포함한 제도적 개선을 꾸준히 추진해야 한다.

46. 윗글에 나타난 필자의 태도로 가장 알맞은 것을 고르십시오.

① 혼외 출생률 증가에 따른 사회적 부작용을 우려하고 있다.
② 혼외 출생 가정을 위한 제도적 지원의 필요성을 강조하고 있다.
③ 젊은 층의 결혼 가치관 변화가 바람직하지 않다고 주장하고 있다.
④ 다양한 가족 형태를 받아들이는 것은 일시적인 현상이라고 보고 있다.

47. 윗글의 내용과 같은 것을 고르십시오.

① 정부는 혼외 출생 가정을 보호하는 법률을 제정했다.
② 전통적인 가족 개념이 유지될 것으로 전망하고 있다.
③ 젊은 층에서 가족 형태에 대한 인식이 변화하고 있다.
④ 혼외 출생률은 지난 3년 동안 감소하는 추세를 보였다.

※ [48~50] 다음을 읽고 물음에 답하십시오. (각 2점)

> 중증외상센터는 교통사고나 산업재해 등으로 심각한 부상을 입은 환자를 치료하는 의료 시설이다. 중증외상센터에는 다발성 골절이나 장기 손상 같은 응급 환자가 실려 오기 때문에 환자를 신속히 치료해야 하지만 현실은 그렇지 못하다. 특히 예산과 인력이 부족한 것이 가장 큰 문제이다. 병원은 적자를 감수하면서 센터를 운영해야 하고, 의료진은 높은 업무 강도에도 적절한 보상이 이루어지지 않아 전문의 확보가 어렵기 때문이다. 2017년에 중증외상센터의 한 의사가 열악한 환경에도 불구하고 환자를 살리기 위해 헌신하는 모습은 (   ) 중증외상센터의 필요성과 가치를 사회에 각인시켰다. 이를 계기로 중증외상센터에 대한 대중의 관심은 높아졌으나, 여전히 근본적인 해결책이 부족한 상황이다. 정부는 이러한 상황을 개선하기 위해 운영 예산 증액과 의료진 처우 개선을 포함한 종합적인 지원책을 마련하겠다고 발표했다. 이러한 지원 정책이 실효성 있게 이루어져 의료진들이 환자의 생명을 살리는 데 집중할 수 있는 환경이 조성되어야 할 것이다.

48. 윗글을 쓴 목적으로 가장 알맞은 것을 고르십시오.

① 중증외상센터를 위한 정부의 지원책을 설명하려고
② 중증외상센터 운영의 한계와 어려움을 지적하려고
③ 중증외상센터에서 치료하는 환자의 유형을 소개하려고
④ 중증외상센터의 문제를 알리고 해결의 중요성을 강조하려고

49. (   )에 들어갈 말로 가장 알맞은 것을 고르십시오.

① 많은 사람들에게 감동을 주며   ② 동료 의사들의 격려를 받으며
③ 환자들의 만족도를 향상시키며   ④ 보호자들에게 큰 인상을 남기며

50. 윗글의 내용과 같은 것을 고르십시오.

① 정부는 중증외상센터 지원에 대한 구체적인 계획을 발표했다.
② 중증외상센터는 환자가 적어서 병원 운영에 어려움을 겪고 있다.
③ 중증외상센터는 충분한 예산과 인력을 갖춰서 원활히 운영되고 있다.
④ 한 의사의 노력이 중증외상센터의 중요성을 사회에 알리는 계기가 되었다.

제96회
기출문제

한국어능력시험 II
(중고급)

읽기
(Reading)

수험번호(Registration No.)	
이름 (Name)	한국어(Korean)
	영 어(English)

유 의 사 항
Information

1. 시험 시작 지시가 있을 때까지 문제를 풀지 마십시오.
   Do not open the booklet until you are allowed to start.

2. 수험번호와 이름을 정확하게 적어 주십시오.
   Write your name and registration number on the answer sheet.

3. 답안지를 구기거나 훼손하지 마십시오.
   Do not fold the answer sheet; keep it clean.

4. 답안지의 이름 및 수험번호 및 정답의 기입은 배부된 펜을 사용하여 주십시오.
   Use the given pen only.

5. 정답은 답안지에 정확하게 표시하여 주십시오.
   Mark your answer accurately and clearly on the answer sheet.

   marking example ① ● ③ ④

6. 문제를 읽을 때에는 소리가 나지 않도록 하십시오.
   Keep quiet while answering the questions.

7. 질문이 있을 때에는 손을 들고 감독관이 올 때까지 기다려 주십시오.
   When you have any questions, please raise your hand.

TOPIK II 읽기(1번~50번)

30일차 월 일

※ [1~2] (　　)에 들어갈 말로 가장 알맞은 것을 고르십시오. (각 2점)

1. 감기약을 (　　　　) 열이 내렸다.

   ① 먹느라고　　　　　　　　② 먹더라도
   ③ 먹을 텐데　　　　　　　　④ 먹고 나서

2. 내일 김밥을 만들려고 재료를 미리 (　　　　).

   ① 준비해 놓았다　　　　　　② 준비하곤 했다
   ③ 준비하면 된다　　　　　　④ 준비하는 법이다

※ [3~4] 밑줄 친 부분과 의미가 가장 비슷한 것을 고르십시오. (각 2점)

3. 버스를 잘못 <u>타는 바람에</u> 수업에 늦었다.

   ① 탄 탓에　　　　　　　　　② 타는 김에
   ③ 탄 반면에　　　　　　　　④ 타는 대신에

4. 회의가 길어져서 약속 시간을 <u>미뤄야만 했다</u>.

   ① 미루기만 했다　　　　　　② 미룰 줄 몰랐다
   ③ 미루기가 어려웠다　　　　④ 미룰 수밖에 없었다

※ [5~8] 다음은 무엇에 대한 글인지 고르십시오. (각 2점)

5.

덮자마자 꿈나라로~
아침까지 포근하고 따뜻하게!

① 장갑　　② 이불　　③ 화장품　　④ 손수건

6.

오늘의 추억을 한 장에
아름다운 모습 그대로 남기세요.

① 서점　　② 은행　　③ 빨래방　　④ 사진관

7.

학교 앞 천천히!
아이들이 있는지 한 번 더 살피세요.

① 안전 운전　　② 건강 관리　　③ 전기 절약　　④ 환경 보호

8.

① 식사를 원하는 날짜와 시간, 인원수를 선택하십시오.
② 연락 받을 분의 성함과 연락처를 입력하십시오.

① 예약 방법　　② 일정 문의　　③ 이용 후기　　④ 제품 소개

※ [9~12] 다음 글 또는 그래프의 내용과 같은 것을 고르십시오. (각 2점)

9.

◆ 제3회 인주시 영상 노래 대회 ◆

🎤 제출 방법 : 노래하는 영상과 신청서를 이메일(norae@inju.go.kr)로 전송

※ 신청서는 인주시청 홈페이지 게시판에서 다운로드 가능

🎤 제출 기간 : 2024년 11월 1일(금)~15일(금)

🎤 결과 발표 : 11월 29일(금), 인주시청 홈페이지 게시

① 결과는 이메일로 알려 준다.
② 11월 29일까지 신청서를 내야 한다.
③ 신청서는 홈페이지에서 내려받을 수 있다.
④ 노래하는 영상은 직접 가서 제출해야 한다.

10.

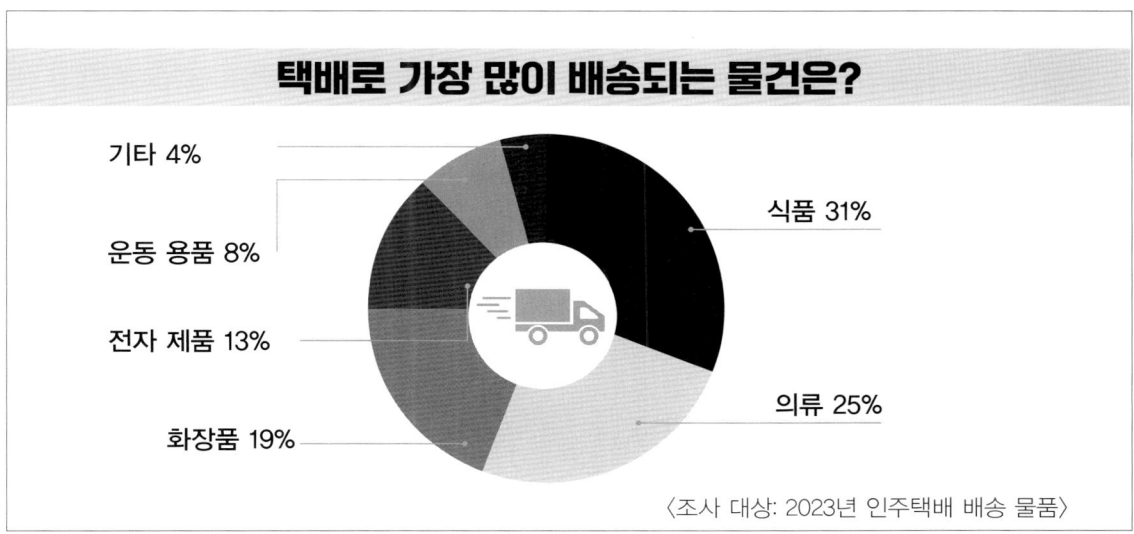

① 택배로 배송되는 물건 중 의류가 가장 많다.
② 택배로 화장품이 배송되는 비율이 식품보다 낮다.
③ 택배로 운동 용품이 배송되는 비율은 10%가 넘는다.
④ 택배로 전자 제품이 배송되는 비율이 두 번째로 높다.

※ [9~12] 다음 글 또는 그래프의 내용과 같은 것을 고르십시오. (각 2점)

11.

> 인주로봇연구소는 작년에 이어 올해에도 겨울 방학을 맞은 인주시 초등학생들을 대상으로 교육 프로그램을 운영한다. 여기에 참여하는 학생들은 연구소에서 직접 로봇을 만들어 보고 조종하는 체험을 할 수 있다. 이 프로그램은 로봇 과학자가 되기를 희망하는 학생들에게 특히 반응이 좋다. 연구소는 내년 겨울 방학에도 이 프로그램을 진행할 예정이다.

① 이 프로그램은 올해 처음 시작됐다.
② 내년에는 이 프로그램이 학기 중에 진행된다.
③ 연구소의 과학자가 학교로 직접 가서 교육을 해 준다.
④ 이 프로그램은 로봇 과학자를 꿈꾸는 학생들에게 인기가 많다.

12.

> 지난 23일, 한 차량이 산길에서 미끄러지는 사고가 발생했다. 이 사고로 차를 운전하던 김 씨가 의식을 잃자 함께 있던 김 씨의 개가 차에서 빠져나와 근처 마을로 달려갔다. 주인 없는 개가 계속 짖는 것을 이상하게 여긴 마을 사람들이 개를 따라가 김 씨를 발견했다. 사람들의 신고로 김 씨는 병원으로 옮겨져 치료 중이다.

① 김 씨는 개를 근처 마을로 보냈다.
② 김 씨는 등산을 하다가 사고를 당했다.
③ 마을 사람들이 키우던 개가 김 씨를 발견했다.
④ 사람들은 개를 따라가 사고가 난 것을 알게 되었다.

※ [13~15] 다음을 순서에 맞게 배열한 것을 고르십시오. (각 2점)

13.

(가) 대학생 때 처음으로 해외여행을 가게 되었다.
(나) 가족들은 그 엽서를 받고 아주 감동적이었다고 했다.
(다) 여행지에서 가족들을 위한 선물을 사고 싶었는데 돈이 별로 없었다.
(라) 고민하다가 그 나라 풍경이 담긴 엽서에 여행 이야기를 담아 보냈다.

① (가) – (나) – (라) – (다)
② (가) – (다) – (라) – (나)
③ (다) – (나) – (가) – (라)
④ (다) – (라) – (나) – (가)

14.

(가) 고리 모양의 반죽은 기름에 골고루 튀겨져 전체가 잘 익었다.
(나) 그런데 동그란 반죽의 가운데 부분이 익지 않는 경우가 많았다.
(다) 도넛은 원래 밀가루를 동그랗게 반죽해 기름에 튀겨서 만들었다.
(라) 어떤 사람이 도넛 반죽의 가운데를 파내 고리 모양으로 만들었다.

① (가) – (다) – (나) – (라)
② (가) – (라) – (다) – (나)
③ (다) – (나) – (라) – (가)
④ (다) – (라) – (가) – (나)

15.

(가) 또한 고양이는 수염으로 기분을 드러내기도 한다.
(나) 고양이는 높고 좁은 담 위에서도 흔들림 없이 걷는다.
(다) 수염으로 바람의 방향을 느끼며 몸의 균형을 잡기 때문이다.
(라) 두려울 때는 수염을 뒤쪽으로 당기고, 편안할 때는 아래로 내린다.

① (나) – (다) – (가) – (라)
② (나) – (라) – (가) – (다)
③ (라) – (가) – (나) – (다)
④ (라) – (나) – (다) – (가)

※ [16~18] (   )에 들어갈 말로 가장 알맞은 것을 고르십시오. (각 2점)

16.

영화 속 장면에서 전화번호가 나오는 경우가 있다. 이때 실제 전화번호를 사용하면 호기심에 전화하는 사람이 생겨서 이 번호를 사용하는 사람은 일상생활이 힘들어질 수 있다. 영화진흥위원회에서는 이와 같은 (   ) 영화에 나와도 상관없는 전화번호를 확보해 두고 이를 영화 제작사에 제공해 주고 있다.

① 피해를 막기 위해 ② 사실을 화면에 담고자
③ 관객 요구를 반영하고자 ④ 제작 방법을 알리기 위해

17.

30년 전 에너지 전문가들은 그로부터 40년 후에는 지구에 사용할 수 있는 석유가 남아있지 않을 거라고 경고했다. 그러나 현재의 전문가들은 앞으로도 50년 이상은 계속해서 석유를 사용할 수 있을 거라고 예측한다. 이렇게 석유의 (   ) 이유는 석유를 찾는 기술이 발전했기 때문이다. 이 기술로 석유가 있는 곳을 더 많이 발견하게 된 것이다.

① 품질이 더 좋아진 ② 가격이 상승하고 있는
③ 사용 가능 기간이 늘어난 ④ 가치가 계속해서 떨어지는

18.

수표교는 홍수 피해에 대비하기 위해 만든 조선시대의 다리이다. 돌로 된 수표교의 기둥에는 일정한 간격마다 표시가 되어 있어서 (   ) 쉽게 알 수 있었다. 수표교를 관리하는 담당자는 비가 오면 강물이 높아지는지를 수시로 확인하고 홍수가 날 것 같으면 사람들에게 알려 대피하도록 했다.

① 강물의 높이 변화를 ② 강물의 속도 차이를
③ 다리 기둥의 간격을 ④ 다리를 만든 재료를

※ [19~20] 다음을 읽고 물음에 답하십시오. (각 2점)

> 좋은 생각을 끌어내려면 질문을 어떻게 할지 잘 고민해야 한다. 어떤 회사에서 신제품을 만들고자 직원에게 질문을 한다고 치자. "어떤 물건이 잘 팔릴까?"라고 막연하게 질문하면 대답이 잘 나오지 않는다. 좋은 질문이 아니기 때문이다. (   ) "지금까지의 제품에서 무엇을 개선할까?"라고 질문하면 도움이 되는 구체적인 답이 나온다.

19. (   )에 들어갈 말로 가장 알맞은 것을 고르십시오.

　① 결코　　　　　② 특히　　　　　③ 비록　　　　　④ 반면

20. 윗글의 주제로 가장 알맞은 것을 고르십시오.

　① 질문을 한 후에 생각할 시간을 줘야 한다.
　② 도움이 되는 답을 얻으려면 질문을 잘해야 한다.
　③ 질문하기 전에 예상되는 답을 미리 생각해야 한다.
　④ 추상적인 질문으로 자유로운 생각을 끌어내야 한다.

※ [21~22] 다음을 읽고 물음에 답하십시오. (각 2점)

> 학생 수 감소로 폐교가 될 뻔한 산골 초등학교가 위기에서 벗어나 화제이다. 이 학교 선생님들은 (　　　　) 학교를 살릴 방법을 고민했다. 그러다 찾은 것이 '음악 특성화 학교'였다 선생님들은 예술대학교에 협조를 요청해 학생들에게 다양한 악기를 가르칠 전문가를 구했다. 또 기업의 기부를 받아 유명 음악가와 함께하는 음악회도 개최했다. 이런 소문을 듣고 음악을 배우러 오는 학생들이 생기면서 이 학교는 폐교 위기에서 벗어났다.

21. (　　)에 들어갈 말로 가장 알맞은 것을 고르십시오.

① 눈을 딱 감고
② 머리를 맞대고
③ 손에 땀을 쥐고
④ 목에 힘을 주고

22. 윗글의 내용과 같은 것을 고르십시오.

① 이 초등학교는 기업에 요청해 악기 전문가를 구했다.
② 이 초등학교는 선생님들의 노력에도 학생 수가 줄었다.
③ 이 초등학교에서 개최한 음악회에 유명 음악가가 참여했다.
④ 이 초등학교 선생님들이 학생들에게 직접 악기를 가르쳤다.

※ [23~24] 다음을 읽고 물음에 답하십시오. (각 2점)

> 퇴직한 아빠는 매일 아침 운전을 해서 나를 직장까지 데려다주셨다. 출근길 대중교통이 불편했기 때문이다. 아빠는 운전하면서 잔소리를 많이 하셨다. "신입 사원은 인사를 잘해야 해 돈 아껴 쓰고……." 출근할 때마다 잔소리를 듣는 것도 싫고 운전도 하고 싶어서 운전면허를 땄다. 나는 면허증을 받자마자 직접 운전해서 출근하기로 했다. 새 차를 샀다가 긁히기라도 할까 봐 당분간 아빠의 차를 빌려 쓰기로 했다. "사방을 잘 살피면서 운전해야 한다." 아빠에게 나도 그 정도는 안다고 큰소리를 치고 출발했다. 그러나 운전하는 내내 다리가 후들후들 떨렸다. 옆자리에 앉아 있을 때와는 달랐다. 운전대를 꼭 붙든 채 앞만 보고 도로를 달렸다. 퇴근하고 집에 무사히 돌아왔을 땐 안도감에 눈물이 날 정도였다. 매일 나를 데려다주신 아빠에게 새삼 감사함을 느꼈다.

23. 밑줄 친 부분에 나타난 '나'의 심정으로 가장 알맞은 것을 고르십시오.

① 기대되다
② 긴장되다
③ 뿌듯하다
④ 창피하다

24. 윗글의 내용과 같은 것을 고르십시오.

① 나는 아빠의 차를 운전해서 회사에 다녀왔다.
② 나는 운전면허를 따기 전에 대중교통으로 출근했다.
③ 나는 운전면허를 따자마자 자동차를 새로 구매했다.
④ 나는 아빠의 조언 덕분에 운전하는 것이 어렵지 않았다.

※ [25~27] 다음 신문 기사의 제목을 가장 잘 설명한 것을 고르십시오. (각 2점)

25.

| 모처럼의 황금연휴, 여행사 예약 문의 '껑충' |

① 연휴가 짧아서 여행 상품을 찾는 예약 문의가 줄어 들었다.
② 값이 비싸더라도 연휴 기간에 여행을 가려는 사람이 많아졌다.
③ 오랜만에 오는 긴 연휴를 맞아 여행사에 예약 상담이 대폭 늘었다.
④ 매년 돌아오는 연휴를 앞두고 여행사마다 적극적인 홍보를 시작했다.

26.

| 김민수 '올해의 선수상' 수상 유력, 야구팬들 기대 고조 |

① 김민수가 상을 받아서 야구팬들이 매우 기뻐하고 있다.
② 김민수가 야구팬들의 큰 기대에도 불구하고 상을 받지 못했다.
③ 김민수가 상을 받을 가능성이 많아 야구팬들의 기대가 높아지고 있다.
④ 김민수가 상을 받는 데 실패했지만 야구팬들에게 많은 응원을 받았다.

27.

| 지지부진한 태풍 피해 복구, 속 터지는 인주 주민들 |

① 태풍 피해가 매년 발생해 인주 주민들이 대책을 요구했다.
② 태풍 피해를 복구하는 일에 인주 주민들의 참여가 저조하다.
③ 태풍 피해를 막기 위한 방안이 인주 주민들에게 호응을 얻고 있다.
④ 태풍 피해 복구가 잘 진행되지 않아 인주 주민들이 답답해하고 있다.

※ [28~31] (　　) 에 들어갈 말로 가장 알맞은 것을 고르십시오. (각 2점)

28.
> 특정 장소를 실시간으로 비추어 주는 인터넷 방송 채널인 '지금 거기'가 최근 인기를 끌고 있다. 이 방송에서는 남산에서 내려다보는 서울 풍경, 창밖으로 보이는 뉴욕 타임스퀘어 거리 등 하나의 장소를 편집 없이 그대로 보여 준다. 화면 앞에 있는 시청자들은 현장감 있는 풍경에 빠져들어 마치 (　　　　　　　　　) 것처럼 느끼게 된다.

① 오래된 영상을 보는
② 전혀 가 본 적이 없는
③ 연예인과 방송에 출연하는
④ 직접 그곳에 가서 바라보는

29.
> '산조'는 한 명의 연주자가 악기 하나를 가지고 다채로운 가락과 장단을 즉흥적으로 표현하는 한국 전통 음악의 한 갈래이다. 산조의 독특한 특성은 연주자가 악보대로 연주하는 것이 아니라 무대마다 다른 독주를 선보인다는 데 있다. 현장 분위기에 맞춰 (　　　　　　　　　) 연주하기 때문에 같은 연주자의 공연을 여러 번 보아도 그때마다 새로운 감동을 받을 수 있다.

① 여러 사람이 동시에
② 다양한 변화를 주면서
③ 새로운 악기를 더하여
④ 악보를 보면서 그대로

※ [28~31] (   )에 들어갈 말로 가장 알맞은 것을 고르십시오. (각 2점)

30.

치킨을 먹을 때 기름이 손에 묻는 게 싫어서 비닐장갑을 사용하는 사람들이 많다. 그런데 비닐장갑을 끼고 치킨을 먹더라도 여전히 기름이 손에 묻는다. 이는 비닐이 기름에 친화적인 폴리에틸렌으로 만들어져 비닐장갑에 기름이 잘 스며들기 때문이다. 게다가 비닐장갑의 두께가 매우 얇아 기름이 (   ) 수 있다.

① 손에 전혀 묻지 않을
② 치킨의 맛을 떨어뜨릴
③ 비닐을 부드럽게 만들
④ 장갑을 더 쉽게 통과할

31.

상품의 종류와 유통 방식이 다양해지면서 물건을 고르는 것도 어려워졌다. 그러다 보니 선택에 들이는 시간을 줄이면서도 실패 없는 구매를 하려는 경향이 생겼다. 그중 하나가 유명인이 추천하는 물건을 고민 없이 따라 사는 것이다. 영향력 있는 인물이 (   ) 짧은 시간 안에 최선의 선택을 할 수 있을 것이라는 믿음이 이러한 소비에 반영된 것이다.

① 직접 물건을 보내 주면
② 높은 가격으로 판매하면
③ 선택한 것을 그대로 따르면
④ 상품을 생산하도록 도와주면

※ [32~34] 다음을 읽고 글의 내용과 같은 것을 고르십시오. (각 2점)

32.
> 한 연구팀이 10년간 기린을 촬영하고 분석했다. 이 연구에서는 암컷 기린이 4~5세가 되면 몸 전체의 길이에서 목이 차지하는 비율이 이전보다 더 커지는 것을 발견했다. 기린이 임신으로 영양이 많이 필요한 나이에 더 높이 있는 나뭇잎까지 먹으려고 하면서 목이 길어지는 것이다. 연구팀은 이를 바탕으로 기린의 목 길이 변화가 먹이를 찾기 위해 노력하는 것과 밀접한 관계가 있다고 주장했다.

① 연구팀은 올해부터 기린을 촬영하기 시작했다.
② 암컷 기린은 4~5세부터 먹이를 먹는 양을 줄인다.
③ 암컷 기린은 임신을 하는 시기에 목이 더 길어진다.
④ 연구팀은 기린의 목 길이가 먹이와 관련이 없다고 보았다.

33.
> 19세기에는 위생에 대한 사람들의 인식이 높지 않았다. 그때 병원의 보건 위생 환경을 개선하는 데 기여한 사람이 바로 간호사였던 나이팅게일이다. 그는 매일 군 병원에서 사망 환자 수와 사망 원인을 기록하여 부상으로 죽는 병사보다 위생 문제로 감염되어 사망하는 병사가 더 많다는 것을 통계로 입증했다. 그리고 이 결과를 도표로 만들어 관계자들을 설득함으로써 의료 환경을 개선해 나갔다.

① 나이팅게일은 통계 자료를 근거로 관계자들을 설득했다.
② 나이팅게일은 부상으로 죽는 병사가 가장 많다는 것을 밝혀냈다.
③ 나이팅게일의 기록에는 병원 내 감염자 수가 포함되어 있지 않았다.
④ 나이팅게일이 일을 시작했을 당시에는 병원의 위생 관리가 철저했다.

※ [32~34] 다음을 읽고 글의 내용과 같은 것을 고르십시오. (각 2점)

34.
> 스케이트의 날은 종목의 특성에 따라 차이가 있다. 쇼트 트랙은 스케이트의 날을 살짝 왼쪽으로 기울여서 고정시킨다. 코너를 도는 선수들이 몸을 왼쪽으로 기울여도 넘어지지 않게 한 것이다. 반면 피겨 스케이트는 날의 앞쪽을 큰 톱니 모양으로 만든다. 그래서 선수들이 공중으로 뛰어오를 때 날의 앞쪽을 사용해 빙판을 찍으면 더 높이 뛸 수 있다.

① 쇼트 트랙은 스케이트의 날이 톱니 모양으로 되어 있다.
② 피겨 선수들은 높이 뛰어오르기 위해 날의 앞부분을 사용한다.
③ 피겨에서는 선수가 넘어지지 않도록 스케이트의 날 앞쪽을 둥글게 했다.
④ 쇼트 트랙에서는 스케이트 날을 똑바로 달아 코너를 잘 돌 수 있게 했다.

※ [35~38] 다음을 읽고 글의 주제로 가장 알맞은 것을 고르십시오. (각 2점)

35.
> 메타세쿼이아는 위로 쭉쭉 뻗은 모양이 아름다워서 가로수로 선호된다. 그런데 메타세쿼이아를 심을 때는 장소에 유의해야 한다. 메타세쿼이아는 생장이 빠른 특성이 있어서 건물이 늘어선 도로에 심어서는 안 된다. 뿌리가 빠르게 자라 주변 건물의 벽을 갈라지게 하기 때문이다. 또 키가 크고 잎이 무성해서 건물의 채광을 가리는 등 피해를 주기도 한다.

① 메타세쿼이아는 생장이 느려 가로수로 적절하지 않다.
② 메타세쿼이아를 도로에 심으면 도시 경관을 개선할 수 있다.
③ 메타세쿼이아는 적합한 장소에 심지 않으면 문제가 될 수 있다.
④ 메타세쿼이아가 자라는 높이는 뿌리 내리는 장소에 따라 달라진다.

36.

미세 먼지 문제를 해결하기 위한 인공 강우 실험이 활발히 이뤄지고 있다. 인공적으로 비를 내리게 해서 대기 중의 미세 먼지 수치를 낮춘다는 계획이다. 그러나 현재의 인공 강우 기술은 구름이 있는 지역에서만 활용할 수 있고 만들 수 있는 비의 양도 많지 않다. 이러한 점에서 인공 강우 기술은 미세 먼지 문제를 해결할 수 있는 근본적인 대책이라고 보기는 어렵다.

① 인공 강우 기술이 상용화되도록 실험을 지속해야 한다.
② 미세 먼지를 줄이기 위해서는 국가 간 협력이 필수적이다.
③ 미세 먼지 문제를 해결하기 위해서는 재정적인 지원이 중요하다.
④ 인공 강우 기술은 미세 먼지를 줄이는 해결책으로는 한계가 있다.

37.

건강세는 설탕이 가공 식품 등 건강에 해로운 식품에 부과하는 세금이다. 건강세를 걷으면 비만, 당뇨와 같은 질병을 유발하는 식품의 가격이 올라 소비가 억제된다. 이는 성인병 환자의 감소로 이어질 수 있다. 또한 걷은 세금으로 국민 건강 증진을 위한 재원을 확보하는 것도 기대할 수 있다. 물론 건강세가 소비자의 부담을 높인다는 비판도 있다. 하지만 건강세로 얻게 될 효과가 분명한 이상, 도입을 긍정적으로 검토해야 할 때다.

① 건강세는 소비자의 부담을 최소화하는 선에서 부과되어야 한다.
② 건강세를 도입하기 전에 국민의 의견을 파악하는 것이 중요하다.
③ 건강세는 국민의 건강 증진에 도움이 되므로 도입할 필요가 있다.
④ 건강세를 부과할 식품을 선정할 때는 명확한 기준이 있어야 한다.

※ [35~38] 다음을 읽고 글의 주제로 가장 알맞은 것을 고르십시오. (각 2점)

38.

국회는 다양한 세대의 국회 의원들로 구성되어야 한다. 특히 청년 세대들은 새로운 기술이나 가치관을 빠르게 받아들여 사회 변화에 부합하는 정책을 제안할 수 있다. 또 취업 등 청년 정책에 적극적으로 목소리를 낼 수 있는 것도 청년 자신이다. 그런데 정치적 기반이 부족한 청년이 선거를 통해 국회에 진출하기란 쉽지 않다. 따라서 청년 국회 의원의 비율을 확보해 주는 등 청년들의 정치 활동을 보장할 필요가 있다.

① 청년들이 국회에 활발하게 진출하도록 해야 한다.
② 청년 세대의 문제에 대해 정치권의 관심이 필요하다.
③ 청년들이 제안하는 정책을 채택하는 비율을 높여야 한다.
④ 청년 정치인은 정치적 기반을 갖추기 위해 노력해야 한다.

※ [39~41] 주어진 문장이 들어갈 곳으로 가장 알맞은 곳을 고르십시오. (각 2점)

39.

섬유질이 마르는 과정에서 자연스레 틀의 자국이 남았는데, 이를 워터 마크라고 불렀다.

고대 이집트에서는 물에 푼 섬유질을 틀에 올려 건조하는 방식으로 종이를 만들었다. (㉠) 이후 제지업자들이 틀에 고유의 문양을 새겨 자신만의 워터 마크를 남기기 시작했다. (㉡) 이것이 이어져 저작권을 표시하거나 위조를 막기 위해 문서나 지폐 등에 워터 마크를 넣게 되었다. (㉢) 지금도 이 워터 마크는 사진이나 영상 등의 저작권을 보호하는 용도로 널리 활용되고 있다. (㉣)

① ㉠   ② ㉡   ③ ㉢   ④ ㉣

40.

> 해양 생물이 서식하던 바닷속 모래 언덕이나 골짜기가 파괴되는 것이다.

> 콘크리트를 만들기 위해서는 모래나 자갈 같은 골재가 필요하다. (㉠) 천연 모래와 자갈이 풍부한 바다에서는 질 좋은 골재를 쉽게 얻을 수 있다. (㉡) 그러다 보니 과다한 골재 채취로 바닷속 지형이 바뀌는 경우가 많다. (㉢) 이에 채취량을 제한하고 해당 구역의 복구를 의무화하는 등 규제를 엄격히 시행하여 해양 생태계를 보호하려는 노력이 이어지고 있다. (㉣)

① ㉠ ② ㉡ ③ ㉢ ④ ㉣

41.

> 상철은 저마다의 사연을 안고 편의점을 찾은 손님들에게 따스한 위로를 건넨다.

> 수많은 독자의 사랑을 받아 온 소설『이상한 편의점』이 해외에서도 호평받고 있다. (㉠) 이 책은 우연한 기회로 한 편의점에서 일하게 된 노숙자 상철과 편의점을 찾은 손님들의 일화를 담고 있다. (㉡) 이 책이 한국을 넘어 해외 독자들의 마음까지 울리는 이유가 바로 이 따뜻함에 있다. (㉢) 지친 삶에 응원이 필요한 모든 이에게 이 책을 권한다. (㉣)

① ㉠ ② ㉡ ③ ㉢ ④ ㉣

※ [42~43] 다음을 읽고 물음에 답하십시오. (각 2점)

저작권 관련 법령에 따라 본 문항의 지문은 공개하지 않습니다.

42. 밑줄 친 부분에 나타난 '재헌'의 심정으로 가장 알맞은 것을 고르십시오.

　① 대견하다　　　　　　　② 허전하다
　③ 못마땅하다　　　　　　④ 감격스럽다

43. 윗글의 내용으로 알 수 있는 것을 고르십시오.

　① 아내는 지금 처제와 함께 있다.
　② 처제는 아내와 성격이 비슷하다.
　③ 아내의 출산 예정 시간이 이미 지났다.
　④ 재헌은 아내가 있는 곳에 막 도착했다.

※ [44~45] 다음을 읽고 물음에 답하십시오. (각 2점)

그라피티는 길거리 여기저기 벽면에 낙서처럼 그리거나 스프레이 페인트를 뿌려서 그리는 그림을 말한다. 지하철, 공공장소의 벽면 등에 주로 그려진 그라피티는 사회 비판적인 메시지를 표현하는 경우가 많았다. 권력에 대한 (　　　　　　　　) 소수와 약자의 목소리를 담은 것이다. 이 때문에 그라피티는 주류 문화에서 벗어나 있는 것으로 여겨졌다. 그러나 오늘날 그라피티는 더 이상 변방의 문화에 머물러 있지 않다. 친숙함을 무기로 일상생활 속에 스며들어 그라피티에 대한 사람들의 인식을 바꾸어 놓았기 때문이다. 이에 사람들은 그간 폄하당해 왔던 그라피티의 예술적 가치에도 주목하기 시작했다. 이제 그라피티는 척박한 도시 환경을 다채롭게 장식하며 삶에 예술적 요소를 더하는 것으로 현대 미술에서 제자리를 확고히 하고 있다.

44. (　　)에 들어갈 말로 가장 알맞은 것을 고르십시오.

① 불신을 없애며
② 저항 정신을 드러내며
③ 태도를 수동적으로 취하며
④ 우호적 반응을 이끌어 내며

45. 윗글의 주제로 가장 알맞은 것을 고르십시오.

① 그라피티는 도시 환경을 훼손하는 문제점을 가지고 있다.
② 그라피티는 길거리 낙서로서의 한계를 뛰어넘지 못하고 있다.
③ 과거의 그라피티는 주류 문화의 중심에서 대중의 사랑을 받았다.
④ 오늘날의 그라피티는 과거와 달리 예술적 가치를 인정받고 있다.

※ [46~47] 다음을 읽고 물음에 답하십시오. (각 2점)

현행 문화재 보호법에서는 역사적, 예술적으로 가치가 높은 음악, 무용, 공예 기능 등을 국가 무형 문화재로 규정하고 있다. 이에 따라 여러 세대에 걸쳐 전승되어 온 무형의 문화유산 중 원형 그대로 계승될 만한 가치가 있는 것을 국가 무형 문화재로 지정한다. 이 무형 문화재는 형체가 없으므로 기능을 보유한 사람을 인간문화재로 지정해 이들을 통해 문화재가 보존되도록 한다. 그런데 이 무형 문화재를 전수받으려는 사람이 줄고 있어 문화재 보존에 비상등이 켜졌다. 오랜 시간 어렵게 기능을 전수받더라도 무조건 인간문화재로 지정되는 것도 아니고 기능을 연마하는 동안에는 국가의 경제적 지원도 없기 때문이다. 전통문화는 그 민족의 자긍심과도 밀접하게 관련되어 있는 것인데 이렇게 가다가는 무형 문화재의 명맥이 끊이는 일이 생길 수 있을 것이다.

46. 윗글에 나타난 필자의 태도로 가장 알맞은 것을 고르십시오.

① 인간문화재가 앞으로 더 많이 배출될 것을 기대하고 있다.
② 국가 무형 문화재의 전수가 단절되어 가는 것을 우려하고 있다.
③ 인간문화재가 되기 위해 노력하는 사람의 자세에 감탄하고 있다.
④ 국가 무형 문화재의 선정 절차를 투명하게 할 것을 요구하고 있다.

47. 윗글의 내용과 같은 것을 고르십시오.

① 국가 무형 문화재에 대한 법적 근거가 존재하지 않는다.
② 국가 무형 문화재는 그 기능을 보유한 인간문화재를 통해 전수된다.
③ 국가 무형 문화재 기능을 전수받는 동안 경제적 지원을 받을 수 있다.
④ 국가 무형 문화재로 인정받으려면 원형을 시대에 맞게 병행해야 한다.

※ [48~50] 다음을 읽고 물음에 답하십시오. (각 2점)

> 도심의 교통 혼잡 문제가 심화되면서 새로운 건축물을 짓는 경우 사전에 교통 영향 평가를 받도록 하고 있다. 해당 건축물이 주변 교통 상황에 미칠 부정적 파급 효과를 예측해 이를 완화할 수 있는 방법을 미리 찾는 것이다. 이 평가 결과를 반영해 건축물과 지하철, 버스 등 대중교통 수단의 연계성을 높여 대중교통 이용을 유도함으로써 (　　　　　　　　) 것이 대표적인 사례이다. 또한 교통 혼잡을 유발하는 시설의 소유자에게 교통 유발 부담금을 부과하는 제도도 시행하고 있다. 그러나 이와 같은 방법만으로는 그 효과가 제한적이라는 평가가 대부분이다. 유입 인구의 증가로 인해 발생하는 교통 정체를 막는 데는 한계가 있다는 것이다. 따라서 보다 전방위적으로 여러 정책을 시행함으로써 도심 교통 문제 해결에 나설 필요가 있다. 문제 해결을 위한 실질적인 노력을 하는 시설의 소유자에게 여러 혜택을 주고 도심의 도로망을 정비하는 등의 여러 방안을 병행한다면 도심의 교통 환경을 점차 개선해 나갈 수 있을 것이다.

48. 윗글을 쓴 목적으로 가장 알맞은 것을 고르십시오.

① 교통 영향 평가의 부정적 효과를 강조하기 위해서
② 교통 유발 부담금 제도를 도입한 취지를 알리기 위해서
③ 교통 문제 해결을 위한 방안의 다각화를 주장하기 위해서
④ 교통 상황을 개선한 경우 받게 되는 혜택을 소개하기 위해서

49. (　　)에 들어갈 말로 가장 알맞은 것을 고르십시오.

① 건축 기간이 연장된　　　　② 교통 정체가 유발된
③ 주차장 규모를 확대한　　　④ 주변 교통량을 감축한

50. 윗글의 내용과 같은 것을 고르십시오.

① 교통 영향 평가는 도심에 건축물을 짓고 난 후에 시행한다.
② 교통 영향 평가는 도심에 유입되는 인구를 늘리기 위해 실시한다.
③ 교통 혼잡 해결을 위해 노력하는 건축물의 소유자는 혜택을 받고 있다.
④ 교통 혼잡을 일으키는 시설의 소유자는 그에 따른 부담금을 내야 한다.

정답

Part 1 유형편

유형 01 연습문제
1. ③ 2. ① 3. ① 4. ② 5. ② 6. ④ 7. ③ 8. ④ 9. ③ 10. ④

유형 02 연습문제
1. ④ 2. ② 3. ② 4. ③ 5. ① 6. ③ 7. ④ 8. ③ 9. ①

유형 03 연습문제
5-1. ③ 5-2. ④ 6-1. ② 6-2. ③ 7-1. ① 7-2. ① 8-1. ④ 8-2. ②

유형 04 연습문제
9-1. ③ 9-2. ③ 10-1. ③ 10-2. ① 11. ④ 12. ②

유형 05 연습문제
13. ③ 14. ② 15. ②

유형 06 연습문제
16. ③ 17. ④ 18. ①

유형 07 연습문제
19. ① 20. ④

유형 08 연습문제
21. ④ 22. ③

유형 09 연습문제
23. ① 24. ①

유형 10 연습문제
25. ② 26. ③ 27. ①

유형 11 연습문제
28. ④ 29. ④ 30. ② 31. ④

유형 12 연습문제
32. ③ 33. ① 34. ③

유형 13 연습문제
35. ④ 36. ④ 37. ② 38. ①

유형 14 연습문제
39. ② 40. ③ 41. ①

유형 15 연습문제
42. ③ 43. ②

유형 16 연습문제
44. ① 45. ③

유형 17 연습문제
46. ① 47. ②

유형 18 연습문제
48. ③ 49. ④ 50. ③

Part 2 주제편

주제 01 의·식·주
1.④ 2.③ 3.② 4.④ 5.① 6.② 7.② 8.④ 9.③ 10.① 11.④ 12.①

주제 02 과학
1.① 2.① 3.② 4.① 5.③ 6.④ 7.② 8.② 9.④ 10.③ 11.④ 12.①

주제 03 문화·예술·스포츠
1.④ 2.③ 3.④ 4.① 5.① 6.① 7.④ 8.④ 9.② 10.② 11.④ 12.③

주제 04 사회
1.④ 2.④ 3.① 4.② 5.③ 6.① 7.④ 8.① 9.④ 10.① 11.③ 12.②

주제 05 교육
1.② 2.④ 3.① 4.④ 5.③ 6.② 7.① 8.① 9.④ 10.③ 11.③ 12.④

주제 06 의학·건강
1.④ 2.④ 3.② 4.③ 5.③ 6.② 7.① 8.② 9.① 10.④ 11.③ 12.④

주제 07 역사
1.④ 2.④ 3.① 4.① 5.① 6.③ 7.② 8.④ 9.③ 10.③ 11.④ 12.④

정답

주제 08 환경

1.③ 2.④ 3.③ 4.② 5.① 6.③ 7.② 8.① 9.② 10.③ 11.② 12.④

주제 09 기업·경제

1.③ 2.② 3.④ 4.① 5.③ 6.④ 7.② 8.① 9.② 10.④ 11.④ 12.①

주제 10 문학

1.④ 2.② 3.① 4.② 5.③ 6.① 7.② 8.③ 9.④ 10.③ 11.① 12.②

Part 3 실전 모의고사

1회 실전 모의고사

1. ① 2. ④ 3. ② 4. ③ 5. ② 6. ③ 7. ④ 8. ① 9. ④ 10. ③
11. ④ 12. ① 13. ① 14. ④ 15. ① 16. ② 17. ③ 18. ③ 19. ③ 20. ③
21. ④ 22. ③ 23. ① 24. ② 25. ④ 26. ③ 27. ④ 28. ① 29. ③ 30. ①
31. ② 32. ③ 33. ② 34. ② 35. ④ 36. ③ 37. ② 38. ① 39. ② 40. ③
41. ② 42. ① 43. ④ 44. ④ 45. ④ 46. ② 47. ③ 48. ② 49. ④ 50. ②

2회 실전 모의고사

1. ① 2. ④ 3. ③ 4. ① 5. ② 6. ③ 7. ③ 8. ② 9. ④ 10. ①
11. ③ 12. ② 13. ④ 14. ④ 15. ② 16. ① 17. ① 18. ③ 19. ① 20. ③
21. ② 22. ② 23. ④ 24. ③ 25. ① 26. ② 27. ① 28. ② 29. ③ 30. ④
31. ② 32. ② 33. ② 34. ② 35. ② 36. ④ 37. ① 38. ④ 39. ② 40. ④
41. ② 42. ④ 43. ② 44. ① 45. ② 46. ② 47. ③ 48. ④ 49. ① 50. ④

96회 기출문제

1. ④ 2. ① 3. ① 4. ④ 5. ② 6. ④ 7. ① 8. ① 9. ③ 10. ②
11. ④ 12. ④ 13. ② 14. ① 15. ① 16. ① 17. ③ 18. ① 19. ④ 20. ②
21. ② 22. ② 23. ④ 24. ① 25. ③ 26. ③ 27. ④ 28. ④ 29. ② 30. ④
31. ③ 32. ② 33. ① 34. ② 35. ② 36. ④ 37. ③ 38. ① 39. ① 40. ②
41. ② 42. ③ 43. ① 44. ② 45. ④ 46. ② 47. ② 48. ③ 49. ④ 50. ④

96회 기출문제 해설

1.

1번 문제의 정답은 ④이다. '-고 나서'는 순서를 나타낸다. '열이 내린 것은 감기약을 먹은 후의 결과이므로 ④가 정답이다.

2.

2번 문제의 정답은 ①이다. '-아/어 놓다'는 미리 준비할 때 사용하는 표현이다. 그래서 ①이 정답이다.

3.

3번 문제의 정답은 ①이다. '-는 바람에'와 '-는 탓에'는 나쁜 결과가 생기게 된 이유를 나타낸다. 그래서 ①이 정답이다.

4.

4번 문제의 정답은 ④이다. '-을 수밖에 없다'는 다른 선택을 할 수 없을 때 사용한다. '-아/어야만 하다'는 꼭 해야 하는 것을 말할 때 사용한다. 그래서 ④가 정답이다.

5.

5번 문제의 정답은 ②이다. '덮다', '꿈나라', '포근하다', '따뜻하다'라는 말에서 **이불**인 것을 알 수 있다.

6.

6번 문제의 정답은 ④이다. '추억', '한 장', '남기다'라는 말에서 **사진관**인 것을 알 수 있다.

7.

7번 문제의 정답은 ①이다. '학교', '천천히', '아이들', '살피다'라는 말에서 **안전 운전**인 것을 알 수 있다.

8.

8번 문제의 정답은 ①이다. '날짜', '시간', '인원수', '연락처'는 **예약**할 때 말해야 하는 내용이다.

9.

9번 문제의 정답은 ③이다. 신청서는 인주시청 홈페이지 게시판에서 다운로드가 가능하다.

10.

10번 문제의 정답은 ②이다. 택배로 배송되는 화장품은 19%이고 식품은 31%이다. 그래서 화장품이 식품보다 낮다.

정답

11.

11번 문제의 정답은 ④이다. 이 프로그램은 로봇 과학자가 되기를 희망하는 학생들에게 특히 반응이 좋다.

12.

12번 문제의 정답은 ④이다. 주인 없는 개가 짖는 것을 이상하게 여긴 마을 사람들이 개를 따라가 김 씨를 발견했다.

13.

13번 문제의 정답은 ②이다. 이 글의 내용은 일상의 이야기이므로 시간의 순서대로 나열하면 된다. (가) 처음으로 해외여행을 갔다. → (다) 선물을 사고 싶었는데 돈이 없었다. → (라) 엽서를 사서 여행 이야기를 담았다. → (나) 가족들이 엽서를 받고 좋아했다. 따라서 ②가 정답이다.

14.

14번 문제의 정답은 ③이다. 이 글은 도넛 모양의 변화에 대해 말하고 있다. (다) 도넛은 원래 동그란 모양이었다. → (나) 동그란 반죽은 가운데 부분이 익지 않았다. → (라) 반죽의 가운데를 파내 고리 모양을 만들었다. → (가) 고리 모양의 반죽은 잘 익었다. 따라서 ③이 정답이다.

15.

15번 문제의 정답은 ①이다. 고양이 수염의 기능에 대해 말하고 있다. (나) 고양이는 흔들림 없이 걷는다. → (다) 수염으로 균형을 잡기 때문이다. → (가) 수염은 기분을 드러내기도 한다. → (라) 두려울 때나 편안할 때 수염을 사용한다. 따라서 ①이 정답이다.

16.

16번 문제의 정답은 ①이다. 실제 전화번호를 사용하면 그 번호를 사용하는 사람이 힘들어질 수 있다. 그 피해를 막기 위해 영화에 나와도 상관없는 전화번호를 제공한다. 그러므로 ①이 정답이다.

17.

17번 문제의 정답은 ③이다. '이렇게'의 앞부분은 전문가들이 예측한 석유 사용기간이 과거보다 늘었다는 내용이다. 그러므로 ③이 정답이다.

18.

18번 문제의 정답은 ①이다. 수표교 관리자는 수표교 기둥의 표시로 강물의 높이 변화를 알 수 있었다. 그러므로 ①이 정답이다.

19-20

19.

19번 문제의 정답은 ④이다. 빈칸의 앞에는 좋은 질문이 아닌 예를 들고, 빈칸의 뒤에는 좋은 질문의 예를 들고 있다. '반면'은 앞뒤 내용이 반대일 때 사용한다.

20.

20번 문제의 정답은 ②이다. 좋은 질문을 해야 도움이 되는 구체적인 답이 나올 수 있다.

21-22

21.

21번 문제의 정답은 ②이다. '머리를 맞대다'는 문제의 해결 방법을 함께 찾을 때 사용하는 관용 표현이다.

22.

22번 문제의 정답은 ③이다. '기업의 기부를 받아 유명 음악가와 함께하는 음악회도 개최했다'라고 했으므로 ③이 정답이다.

23-24

23.

23번 문제의 정답은 ②이다. 면허증을 받자마자 직접 운전을 했고, 운전하는 내내 다리가 후들후들 떨렸다고 했으므로 '긴장되다'가 정답이다.

24.

24번 문제의 정답은 ①이다. '당분간 아빠의 차를 빌려 쓰기로 했다'라고 했으므로 ①이 정답이다.

25.

25번 문제의 정답은 ③이다. 기사 제목 중 '모처럼'은 오랜만이라는 뜻이고, '황금연휴'는 긴 연휴를 의미한다. 그래서 여행사에 예약 문의가 많아졌다.

26.

26번 문제의 정답은 ③이다. 기사 제목 중 '수상 유력'은 상을 받을 가능성이 높다는 뜻이다. 그래서 팬들의 기대가 높아지고 있다.

정답

27.

27번 문제의 정답은 ④이다. 기사 제목 중 '지지부진하다'는 일이 느리고 제대로 진행되지 않는다는 뜻이다. 그래서 주민들이 답답해하고 있다.

28.

28번 문제의 정답은 ④이다. 화면으로 현장감 있는 풍경을 볼 수 있으므로 시청자들은 직접 그곳에 가서 바라보는 것처럼 느끼게 된다. 따라서 ④가 정답이다.

29.

29번 문제의 정답은 ②이다. 산조는 악보대로 연주하는 것이 아니라 즉흥적으로 현장 분위기에 맞춰 변화를 주면서 연주한다.

30.

30번 문제의 정답은 ④이다. 비닐은 기름에 친화적인 폴리에틸렌으로 만들어서 기름이 잘 스며들기 때문에 비닐장갑을 더 쉽게 통과한다.

31.

31번 문제의 정답은 ③이다. 유명인이 추천하는 것을 따라 사는 게 최선의 선택이라고 믿기 때문에 '영향력 있는 인물이 선택한 것을 그대로 따른다'라고 한 ③이 정답이다.

32.

32번 문제의 정답은 ③이다. '임신으로 영양이 많이 필요한 나이에 더 높이 있는 나뭇잎까지 먹으려고 하면서 목이 길어진다'라고 하였으므로 ③이 정답이다.

33.

33번 문제의 정답은 ①이다. 나이팅게일은 사망 환자 수와 사망 원인을 기록하여 통계로 입증하고 그 결과를 도표로 만들어 관계자들을 설득했다.

34.

34번 문제의 정답은 ②이다. 톱니 모양의 피겨 스케이트 앞쪽 날을 사용하면 피겨 선수들이 더 높이 뛰어오를 수 있다.

35.

35번 문제의 정답은 ③이다. 메타세쿼이아는 주변 건물의 벽을 갈라지게 하거나 건물의 채광을 가리는 등 피해를 줄 수 있으므로 적합한 장소에 심어야 한다.

36.

36번 문제의 정답은 ④이다. 인공 강우 기술은 구름이 있는 지역에서만 활용할 수 있고 비의 양도 많지 않아서 미세 먼지 문제를 해결할 수 있는 근본적인 대책이라고 볼 수 없다.

37.

37번 문제의 정답은 ③이다. 건강세를 걷으면 성인병을 유발하는 식품의 소비가 억제되는 등 국민 건강 증진에 도움이 되므로 도입할 필요가 있다.

38.

38번 문제의 정답은 ①이다. 청년들이 국회에 진출할 수 있도록 청년 국회 의원의 비율을 확보해 주고 정치 활동을 보장할 필요가 있다.

39.

39번 문제의 정답은 ①이다. ㉠의 앞부분과 주어진 문장은 워터마크의 기원에 대한 내용이다. 고대 이집트에서는 물에 푼 섬유질을 틀에 건조하는 방식으로 종이를 만들었는데 이 과정에서 자연스레 틀의 자국이 남아 워터마크가 생겼다고 했다.

40.

40번 문제의 정답은 ③이다. ㉢의 앞에 과다한 골재 채취로 바닷속 지형이 바뀐다는 것은 해양 생물의 서식지가 파괴된다는 것을 의미한다. 이에 생태계를 보호하려는 노력이 이어지고 있다고 했으므로 주어진 문장이 들어가야 할 곳은 ㉢이다.

41.

41번 문제의 정답은 ②이다. 주어진 문장에서 노숙자 상철은 손님들에게 따스한 위로를 건넨다고 하였고 ㉡의 뒤에서 '이 따스함'이라고 하였으므로 주어진 문장이 들어가야 할 곳은 ㉡이다.

42-43

42.

42번 문제의 정답은 ③이다. (저작권 관련 법령에 따라 해당 문항의 지문 비공개)

43.

43번 문제의 정답은 ①이다. (저작권 관련 법령에 따라 해당 문항의 지문 비공개)

정답

44-45

44.

44번 문제의 정답은 ②이다. 그라피티는 사회 비판적인 메시지를 표현하므로 권력에 대한 소수자와 약자의 저항 정신을 드러낸다.

45.

45번 문제의 정답은 ④이다. 이제 그라피티는 현대 미술에서 제자리를 확고히 하며 예술적 가치를 인정받고 있다.

46-47

46.

46번 문제의 정답은 ②이다. 필자는 무형 문화재를 전수받으려는 사람이 줄고 있어서 무형 문화재의 명맥이 끊이는 것을 우려하고 있다.

47.

47번 문제의 정답은 ②이다. 지문에서 '무형 문화재는 형체가 없으므로 기능을 보유한 사람을 인간문화재로 지정해 이들을 통해 문화재가 보존되도록 한다'라고 하였으므로 ②가 정답이다.

48-50

48.

48번 문제의 정답은 ③이다. 교통 혼잡 문제를 개선하기 위해 '보다 전방위적으로 여러 정책을 시행함으로써 도심 교통 문제 해결에 나설 필요가 있다'라고 주장하고 있다.

49.

49번 문제의 정답은 ④이다. 대중교통 이용이 늘어나면 교통 혼잡이 줄어들기 때문에 ④가 정답이다.

50.

50번 문제의 정답은 ④이다. 교통 혼잡을 유발하는 시설의 소유자에게 교통 유발 부담금을 부과하는 제도도 시행되고 있다고 했으므로 교통 혼잡을 일으키는 시설의 소유자는 그에 따른 부담금을 내야 한다고 한 ④가 정답이다.

memo

한국어능력시험
HOT TOPIK II 읽기

초판 인쇄	2015년 1월 5일
개정2판 인쇄	2025년 9월 15일
개정2판 발행	2025년 9월 22일
저자	김순례, 김종숙, 오선화
편집	김아영, 권이준, 윤상희
펴낸이	엄태상
디자인	김지연
조판	이서영
콘텐츠 제작	김선웅, 장형진
마케팅본부	이승욱, 노원준, 조성민, 이선민, 김동우
경영기획	조성근, 최성훈, 김로은, 최수진, 오희연
물류	정종진, 윤덕현, 신승진, 구윤주
펴낸곳	한글파크
주소	서울시 종로구 자하문로 300 시사빌딩
주문 및 교재 문의	1588-1582
팩스	0502-989-9592
홈페이지	http://www.sisabooks.com
이메일	book_korean@sisadream.com
등록일자	2000년 8월 17일
등록번호	제300-2014-90호

ISBN 979-11-6734-088-7 (13710)

※ 한국어능력시험(TOPIK)의 저작권과 상표권은 대한민국 국립국제교육원에 있습니다.
TOPIK, Trademark® & Copyright© by NIIED(National Institute for International Education), Republic of Korea.

*이 책의 내용을 사전 허가 없이 전재하거나 복제할 경우 법적인 제재를 받게 됨을 알려 드립니다.
*잘못된 책은 구입하신 서점에서 교환해 드립니다.
*정가는 표지에 표시되어 있습니다.